普通高等院校本科应用型规划教材——经管类

Putong Gaodeng Yuanxiao Benke Yingyongxing Guihua Jiaocai——Jingguanlei

市场调查与预测

（第二版）

主编　张永锋　黄　娟　张　勇

西南交通大学出版社

·成　都·

图书在版编目（CIP）数据

市场调查与预测 / 张永锋，黄娟，张勇主编. —2 版. —成都：西南交通大学出版社，2023.3

ISBN 978-7-5643-9179-9

Ⅰ. ①市… Ⅱ. ①张… ②黄… ③张… Ⅲ. ①市场调查－高等学校－教材②市场预测－高等学校－教材 Ⅳ. ①F713.52

中国国家版本馆 CIP 数据核字（2023）第 029859 号

Shichang Diaocha yu Yuce

市场调查与预测（第二版）

主编 张永锋 黄 娟 张 勇

责任编辑 秦 薇
封面设计 墨创文化

出版发行 西南交通大学出版社
（四川省成都市金牛区二环路北一段 111 号
西南交通大学创新大厦 21 楼）
邮政编码 610031
发行部电话 028-87600564 028-87600533
网址 http://www.xnjdcbs.com
印刷 四川森林印务有限责任公司

成品尺寸 185 mm × 260 mm
印张 15.25
字数 379 千
版次 2009 年 3 月第 1 版
2023 年 3 月第 2 版
印次 2023 年 3 月第 6 次
定价 39.50 元
书号 ISBN 978-7-5643-9179-9

课件咨询电话：028-81435775
图书如有印装质量问题 本社负责退换

第二版前言

市场调查与分析是企业经营的重要出发点，对企业经营管理有着重要影响。市场调查与预测是管理、经济类专业开设的一门专业基础课程，通过学习可以使学生比较系统地掌握市场调查、预测的基本理论、基本知识、基本方法，培养和提高市场研究分析和解决企业经营管理问题的能力。市场调查与预测的实践性、综合性，还有助于提高学生沟通、协调管理等综合素质。

第二版在对第一版内容保持和延续的基础上，结合使用中的反馈和同行建议进行了一些优化调整：对第一版中存在的内容及编校等错误进行了修改；每个章节前增加了学习目标，有助于学生对章节重点的把握；在市场调查部分相关章节里设置实践训练环节，这些环节组合后将构成一个完整的市场调查任务；考虑到教学层次及学时的限制，删除了弹性分析法与马尔可夫预测，增强了教材的整体性。

教材整体框架分为市场调查和市场预测两个部分。其中市场调查部分包含七章内容，分别为市场调查概述、市场调查组织与策划、市场调查问卷设计、市场调查方式、市场调查方法、调查资料的整理与分析、市场调查报告的撰写；市场预测部分包含四个章节内容，分别为市场预测概述、定性预测法、时间序列预测法、回归分析预测。

本书可作为高等院校市场营销专业的主干课教材，也可作为管理、经济类其他专业的教材，还可作为市场营销从业人员的参考读物，具有较强的针对性和实用价值。

本书在编写过程中，得到了四川轻化工大学陈一君教授的指导，参阅了大量同行专家的有关著作。在此，谨向广大学者表示衷心的感谢！

限于编者的水平，书中难免有不足及不当之处，敬请广大读者和同行批评指正，以便今后对本书进行修改、补充和完善。

编　者

2022 年夏于自贡

第一版前言

市场研究起源于20世纪初的欧美国家，于20世纪80年代初期进入中国，它是伴随着市场经济的确立而逐步成长起来的。1984年，民办北京社会发展研究所在内部成立了社会调查中心，这是较早的有案可查的民办调查机构的开始。1986年，成立了北京社会调查所（后改称为中国社会调查所、中国市场调查所）和北京社会调查事务所（后改称为中国社会调查事务所），最早将民意调查结果推向媒体。1987年7月，广州市场研究公司正式注册成立，这是中国第一家提供有偿服务的以“公司”命名的专业市场调查机构。1991年下半年，在北京、广州又诞生了数家调查机构，但真正有较多调查机构成立的时间是在1992—1993年。1998年，我国市场调查行业协会筹备委员会正式成立，2001年，正式成立“中国信息协会市场研究业分会”。据《中国经营报》报道：目前中国执业的市场调查机构已达800余家，1997年的行业营业额有4.5亿，1998年全国调查业营业额已高达6～8亿元人民币，与1990年的1 000万元相比，已有60～80倍的增长。2007年已迅猛发展到56亿，十年的时间增长了超过十倍。预测未来十年，行业的年增长率仍将保持在20%左右。

中国市场调查业的快速发展，在带给各界人士惊喜的同时，也引发了业内人士对其存在问题的诸多思考。目前中国市场调查行业整体仍处于低水平动作阶段，存在若干问题。诸如地区分布呈现非均衡状态，数据收集方法传统落后，分析数据方法传统落后，市场调查企业规模小、经验缺乏、知名度低，市场调查服务的需求比较低，专业人才比较匮乏等。针对以上问题，业内人士只有正确认识分析市场调查研究行业的现状，找准存在的问题，分析其原因，借鉴国外先进经验，采取相应对策，才能促进我国市场调查研究行业健康快速发展。

由于中国市场研究是在20世纪80年代后兴起的一个新兴产业，到现在仅有近30年的发展历程，人们对这个新兴的产业还不是十分的熟悉。但作为一门课程，“市场研究”（2009年前后的课程名为《市场调查与预测》，此次修订是在之前基础上的完善和更新）是全国高等教育经济管理类专业开设的一门专业基础课，是为了培养和检验学生的市场经营管理的基本理论与方法的知识和应用能力而设置的一门专业基础课程。

“市场研究”是随市场经济的发展而产生与发展起来的一门综合性、应用性的新学科，它属于现代管理学范畴。市场研究是以马克思主义的立场和方法为指导，主要研究我国社会主义市场经济体制下，企业经济管理活动中主观能力与客观实践这个矛盾对立统一体中，人的主观能力如何正确认识、驾驭和控制企业经济活动向着预期目标变化与发展，提高减少风险与趋利避害能力的规律性和方法；是为了培养和检验学生的市场经营管理的知识和应用能力而设置的一门专业基础课程，其内容具有综合性、战略性、实用性的特点，目的是使学生认识现代管理的规律性，即管理的重心在决策，决策科学化在于信息，市场研究与管理决策是决策科学化的前提；又能使学生比较全面系统地掌握市场调查、预测、经营决策的基本理论、基本知识、基本方法与经验，培养和提高正确开展市场研究分析和解决企业经济管理问题的能力，以便能够较好地适应现代企业制度建立后经营管理工作的需要。

本书按照市场研究的基本流程来进行撰写，讲解市场研究的基本理论与方法，共分12章，其中第一章为市场调查概述，第二章市场调查策划，第三章市场调查基本方法介绍，第四章问卷设计，第五章数据分析与整理，第六章调查报告撰写，第七章市场预测总论，第八章定性预测方法，第九章弹性分析预测，第十章时间序列分析预测，第十一章因果分析预测，第十二章马尔科夫预测。

本书的特色主要体现在以下几个方面：

（1）紧扣培养目标。全书力求紧扣统计本科教育的培养目标，在教材编写中以市场调查、市场预测的方法及应用为主线，从理论和实践的结合上着重阐述市场调查与预测在新时期的应用特点、应用领域，着力于培养、提高学生的职业岗位能力和创业能力。

（2）突出新知识、新技术、新方法的运用。现代科学技术发展日新月异，信息产业更是以空前的速度快速发展。在教材中特别注意了市场调查方面的新知识、新技术、新方法的应用，注重市场调查发展的新趋势、新动向。

（3）突出实用性。教材编写力求从本科教育的实际出发，注意内容的实用性，不讲述过多的理论，一方面是为了避免该教材的理论部分与同一专业其他相关课程在内容上的重复，以压缩基本理论教学课时比重；另一方面，也是为了把更多的课时用于实践性教学环节，以加大实训力度，突出对学生技能的培养。

（4）突出灵活性。考虑到随着社会的发展，教学内容也要不断更新，尤其是教学过程中教师要结合社会信息反馈、行业规范的更新等做出相应的知识补充和技能训练，以满足社会对统计人才需求的需要。

（5）注重计算机在市场调查数据处理、分析与预测中的应用。统计与计算机相结合是一种必然趋势，只有借助计算机，才能使统计具有更广阔的应用前景，才能提高学生运用统计方法解决实际问题的能力。教材中所有市场调查数据的处理、分析、预测，均通过计算机辅助完成，利用先进的计算机软件完成数据的统计处理、分析、预测。

（6）注重实践技能的培养。应用型本科教育的特点之一是培养学生的动手能力，要彻底改变应用型本科教育重理论教学、轻实践教学、不注重技能训练的倾向，而这首先要在教材中体现出来。

本书是我们多年教学和探索市场研究的一个阶段性产物，也是我们多年来任教过的数十个班级几千名学生集体智慧的结晶。鉴于此，我坚信本书有特别的存在价值，至于其实际效果如何，需由各位读者及实践者来最终评判。

在本书的撰写过程中，我们得到了四川理工学院的黄娟、张勇、张春国、甘伦知、李琛老师，重庆文理学院的周丽永、蒋先平老师，长江师范学院的金小琴老师，重庆三峡学院的林雅军老师，重庆工商大学的邓华老师，重庆科技学院的尹文专老师等的大力支持和帮助，并参与部分内容撰写。在此，我将把此书首先献给他们，以表真诚谢意。同时，在本书的出版过程中还得到了学校技术经济与战略管理学科的支持，以及西南交通大学出版社的大力支持和帮助，在此也一并致谢。

尽管我力图编写出一本精练、系统、适用的市场调查教材，同时也做了不少努力，但由于市场调查是一门日新月异的学科，理论上不断有新的发现，实践上也不断在做出探索，加之编者水平所限，编写时间又相对较短，最后的结果与我们的愿望还有相当距离，因此书中难免有不妥和漏误之处，恳请广大教师和读者批评、指正。

编　者

2014 年冬于千年盐都南国灯城自贡

目　录

第一章　市场调查概述

【学习目标】

1. 了解市场调查产生的原因与发展过程；
2. 理解市场的含义、市场调查的定义、市场调查的特征与作用、市场调查的原则；
3. 掌握市场调查的内容与程序。

市场调查是随着商品生产与交换的发展逐步出现与成熟的一项管理活动。市场调查是获得市场信息资料、认识市场变化规律的重要途径。本章介绍市场调查概述、市场调查的原则与类型、市场调查的程序、市场调查的产生与发展等内容。

第一节　市场与市场调查的概念

一、市场的概念

市场调查是以市场为对象的研究活动。人们对“市场”理解的充分性和深刻性，直接影响市场调查活动的广度和深度。因此，要明确市场调查，首先应知道什么是市场，只有正确把握市场的内涵，才能准确把握市场调查的内涵。随着商品经济的发展，市场这个概念的内涵也在不断充实和发展，目前对市场较为普遍的理解主要有以下几点：

（一）市场是商品交换的场所

商品交换活动一般都要在一定的空间范围内进行，市场首先表现为买卖双方聚在一起进行商品交换的地点或场所。这里是一个时空市场概念，是人们对市场最初的认识，虽不全面但仍有现实意义。因为市场集中了商品、购买者、供应者、服务中介等相关参与要素，作为商品交换活动发生的重要场所，是市场调查活动开展的理想地点。同时处在不同地域、场所的人们，由于生活方式和习惯不同，对商品的要求会有所区别，对同种商品的需求量也会出现较大的差异。市场调查人员应该清楚自己所研究的商品交换活动主要发生在哪些场所。

（二）市场是商品的需求量

从市场营销者的立场来看，市场是指具有特定需要和欲望、愿意并能够通过交换来满足这种需要或欲望的全部顾客。只有存在某种需要的人，并存在能满足这种需要的购买能力及购买欲望，才能构成市场。顾客是市场的中心，而供给者由于都是同行业竞争者，只能形成行业，而不能构成市场。

人口、购买能力和购买欲望这三个相互制约的因素结合起来，才能构成现实的市场，并决定着市场的规模与容量。例如，一个国家或地区人口众多，但收入很低，购买力有限，则不能构成容量很大的市场；或者购买力虽然很强，但人口很少，也不能形成很大的市场。只有人口多，购买力又强，才能成为有潜力的大市场。但是，如果产品不符合消费者需要，不能引起人们的欲望，对销售者来说，仍然不能成为现实的市场。人们常说的“某某市场很大”，并不都是指交易场所的面积宽大，而是指某种商品的现实需求和潜在需求的数量很大。这样理解市场，对开展市场调查有直接的指导意义。

（三）市场是商品供求双方相互作用的总和

在不同的市场条件下，商品供求双方的力量表现有所不同，如人们经常使用的“买方市场”或“卖方市场”的说法，就是反映商品供求双方交易力量的不同状况。在买方市场条件下，市场调查的重点应放在买方；反之，则应放在卖方。因此，必须对市场的供求关系进行分析研究，对买卖双方交易能力的强弱做出判断。

（四）市场是商品交换关系的总和

这是从商品流通的全局出发，将市场作为一个社会整体来观察。在现代市场经济条件下，生产趋于专业化，人们通过交换来获取所需之物，使自己的劳动消耗得到补偿，国家经济乃至世界经济都是由各种交换过程联结成的复杂体系。在市场上，一切商品都要经历“商品—货币—商品”的循环过程。市场上每一种商品的形态变化，都不是孤立的，而是与其他商品的形态变化交织在一起的。这种互相联系、不可分割的商品买卖过程，就形成了社会整体市场。市场调查人员必须从企业之间的联系出发，将本企业置身于整体市场之中，才能把握市场活动的规律。

二、市场调查的概念

市场调查，也被称为市场调查研究、营销调查或市场研究等。由于市场经济、市场营销始终处于不断发展之中，市场调查也随之不断发展。加之各自立足点不同和认识上的差异，导致了人们对市场调查理解上的差异。

一种观点是把市场调查理解为对市场的调查研究（相当于 Market Research）。由于对市场的理解存在差异，市场调查又分为狭义和广义两种。狭义的市场调查是把市场理解为商品销售对象，即顾客的集合。市场调查是对顾客的调查研究，即以购买商品、消费商品的个人或组织为对象，以探讨商品的购买、消费等各种事实、意见及动机。显然，这基本上相当于对消费者及其行为的研究。广义的市场调查是把市场理解为商品交换关系的总和，即一个由各种市场要素构成的，有结构、有功能的体系。包括从认识市场到制定营销决策的全过程，从商品的使用及消费角度，对产品的形态、大小、重量、色彩、价格、美观与否，对销售渠道、销售组织、营销方略、人员培训、促销活动等进行的研究、分析活动。

另一种观点是把市场调查理解为市场营销调查（相当于 Marketing Research）。当然，持这种认识的学者对定义的表述也存在差异。美国学者拉克（Luck）和威尔士（Wales）认为：市场调查是指采用科学方法解决市场营销中的各种问题。美国市场调查协会认为，市场调查是指收集、记录和分析有关生产者将货物与劳务转移及销售给消费者的各种问题的全盘事实。目前国内外越来越多的学者倾向于采用这种定义。

一般认为，市场调查是指个人或组织为某一个特定的市场营销问题的决策所需开发和提供信息而引发的判断、收集、记录、整理、分析、研究市场的各种基本状况及其影响因素，并得出结论的系统的、有目的的活动与过程。

理解市场调查这一概念的内涵，可以从以下几个方面进行：

第一，市场调查是个人或组织的一种有目的的活动。它是个人或组织，主要是各类企业为解决市场营销问题、为营销决策提供信息而开展的活动。这一特征说明，市场调查本身不是目的，而是服务于营销活动，并且是营销活动的一个有机组成部分。

第二，市场调查是一个系统的过程。市场调查不是单个的资料记录、整理或分析活动，而是一个周密策划、精心组织、科学实施，由一系列工作环节、步骤、活动和成果组成的过程。这一特征说明，市场调查是一项复杂的工作，需要有科学的理论和方法指导，同时也需要进行科学的组织和管理。

第三，市场调查包含着对信息的判断、收集、记录、整理、分析、研究与传播等活动，这些活动对市场调查都是必不可少且十分重要的，它们互相联系、互相依存、共同组成市场调查的完整过程。

第四，市场调查从本质上讲，是一项市场信息工作。它是应用一定的技术、方法、手段，遵循一定的程序，收集加工市场信息，为决策提供依据的工作，它应包含信息工作中确定信息需求、信息处理、信息管理和信息提供的全部职能。与一般信息工作相比，其差异仅仅在于其对象是市场信息，且直接为市场营销服务。

第五，市场调查是一个与市场经济相联系的营销管理职能。市场调查是在市场经济条件下，企业和所有市场主体所特有的行为，没有市场经济，就没有市场调查。作为营销管理的范畴，它与决策、计划、组织、指挥、控制、协调等管理职能共同构成营销管理。

三、市场调查的特征

（一）目的性

市场调查是一项由企业或市场调查研究机构根据特定的目的，有计划、有步骤、有组织地了解市场、认识市场、获取市场信息的工作。明确的调查目标是市场调查活动的前提，市场调查的最终目的是为各类企业解决市场营销问题、进行市场预测和决策提供科学的依据。不能解决问题的调查是无用的调查。由于当前市场需求变化越来越快，竞争越来越激烈，这就要求市场调查讲求效率和适用性。每次市场调查的目标不能过多，进行专项调查更有现实意义，比如市场研究、消费者行为研究、品牌或企业形象研究、消费者满意度研究、产品研究、广告研究、营销环境研究等都属于专项调查的范围。

（二）科学性

进行市场调查要在科学原理的指导下进行。只有采用科学的方法，才能确保调查的真实性和调查结果的可靠性。科学性就是市场调查的目标确定、方案设计、资料收集方法、资料整理方法和数据信息分析方法都要在相关的理论统领下进行，涉及的相关学科包括经济学、市场营销学、统计学、消费者行为学、组织行为学等。比如抽样方案的确定，要在统计学理论的指导下，根据调查的实际情况来合理选择抽样方法和样本量。

（三）系统性

市场调查的过程是一项完整地对市场活动、市场状况进行分析、研究的系统工程，是全过程性的活动，它包括调查目标的确定，调查方案的设计，市场调查活动的组织、实施，市场资料的收集、整理和分析，调查结论的得出，以及调查报告的撰写。在调查活动期间，系统各要素之间相互联系、相互依赖，共同组成市场调查的完整过程。

（四）不确定性

由于市场受到多种因素的影响和作用，而市场调查可能只调查了其中的某几个方面的问题，因此市场调查只能掌握部分信息。比如，在以消费者作为调查对象时，由于其心理状态会受到个人消费习惯、价值观念、情绪、商品本身的多样性等的影响，市场调查结果分析难度增加。同时，调查工作本身可能存在调查问卷设计不合理、调查样本选择不合理或样本太少、调查者缺乏训练等问题，这些都会影响调查结果的准确性。

需要说明的是，当市场调查结果与企业实际情况出现偏差时，市场调查者需要对调查结果进行评价和判断。市场调查是决策的必要条件，而不是充分条件，调查结果只能为决策提供参考依据，而不能代替企业决策。

四、市场调查的作用

市场调查可以帮助企业及时地获得关于产品或服务、关于市场、关于消费者心理与行为的最新信息，有利于企业更加科学地决策与管理，对企业的生存与发展具有重要作用。

（一）市场调查是企业实现生产目的的重要环节

企业生产的目的是满足人民日益增长的物质和文化生活需要，为此，首先要了解民众需要什么，以便按照消费者的需要进行生产。尤其是消费者的需要在不断变化，这就不但要调查，而且要及时进行调查。因此，市场调查是国民经济各部门制订计划及企业实现生产目的的重要环节。

（二）市场调查是企业进行决策或修订策略的客观依据

企业进行经营决策，首先要了解内部和外部的环境及信息，要掌握信息，就必须进行市场调查。企业的管理部门或有关负责人要针对某些问题进行决策或修正原定策略——产品策略、定价策略、分销策略、广告和推广策略等，通常需要了解的情况和考虑的问题是多方面的，例如：① 产品在哪些市场的销售前景较好？② 产品在某个市场上的销售预计可达到什么样的数量？③ 怎样才能扩大企业产品的销路，增加销售量？④ 如何去掌握产品的价格？⑤ 应该使用什么方法去组织产品推销？如此种种问题，只有通过市场调查才能得到具体答案，才能为决策或修正策略提供客观依据。

（三）市场调查是企业改进技术和提高管理水平的重要途径

当今世界，科学技术迅速发展，新发明、新创造、新技术和新产品层出不穷，日新月异。

通过市场调查所得到的情况和资料有助于我们及时了解世界各国的经济动态和有关科技信息，为企业的管理部门和有关决策人员提供科技情报。

（四）市场调查是增强企业的竞争力和应变能力的重要手段

市场的竞争是激烈的，情况也在不断发生变化。市场上的各种变化因素可以归结为两类：①“可控制因素”，如产品、价格、分销、广告和推广等；②“非可控制因素”，如“国内环境”和“国际环境”所包括的有关政治、经济、文化、地理条件、战争与国外分支机构等。

这两类因素的关系是相互联系、相互影响，而且不断发生变化的。及时调整“可控制因素”以适应“非可控制因素”的变化情况，才能应付市场上的竞争。只有通过市场调查才能及时了解各种“非可控制因素”的变化情况，从而有针对性地采取某种应变措施去应付竞争。通过市场调查所了解的情况或所获得的资料，除了解市场目前状况外，还可预测未来的市场变化趋势。可以想象，如果一家处在竞争激烈的国际市场上的出口公司不搞市场调查，那就等于丧失了该公司营销业务活动的“耳”和“目”，就像是“聋子”和“瞎子”一样，对市场变化毫无警觉、反应迟钝，甚至一无所知、无所适从，这是十分危险的。

另外，市场调查对于了解国民经济发展状况，分析制约发展的各种因素，实现社会资源的优化配置，提高宏观经济管理水平，也具有十分重要的意义。宏观经济政策的目标是充分就业、物价稳定、经济增长和国际收支平衡。要实现充分就业就需要了解失业率；实现物价稳定就需要了解通货膨胀率（或消费者物价指数 CPI）；实现经济增长就需要了解国内生产总值（GDP）；实现国际收支平衡就需要了解进出口数据。这些数据都需要通过必要的调查统计才能得到。本书主要研究市场调查在企业经营管理中的应用。

第二节　市场调查的产生与发展

一、市场调查产生的原因

随着商品生产和商品交换的发展，市场调查的实践活动很早就产生了。在西方资本主义早期，商品经济已有较大的发展，市场规模也随之扩大。企业由于经营的需要，对市场行情变化的调查已很重视。当时主要凭借传统经验管理企业，虽然积累了一些市场调查和统计分析的经验，对商品供求也做过不少研究，但由于受科学技术水平和经营管理水平的限制，市场调查还没能发展成为一门科学，也没有发挥其应有的作用。

19 世纪末、20 世纪初，资本主义进入垄断阶段，商品经济进一步发展，市场迅速扩大，资本主义经济危机的影响日益加深，企业之间的竞争更加激烈，企业迫切需要了解市场变化及竞争对手的活动情况，作为生产、经营决策和改进销售措施的依据，一些企业纷纷建立调查组织，开展市场调查活动。尤其是 20 世纪 30 年代世界经济危机的爆发和其残酷的后果，使企业更加认识到生产之前做市场调查的重要性。市场调查活动的广泛开展以及经验的积累，需要对市场调查活动本身进行深入系统的研究。于是，市场调查作为一门方法论科学便应运而生了。

市场调查之所以能形成一门学科，并广泛应用于企业营销活动过程，其原因在于：

（一）买方市场的形成是市场调查产生的基础条件

买方市场是相对于卖方市场而言的。在卖方市场条件下，由于市场是供不应求的态势，企业生产什么就卖什么，而且商品销售基本上不成问题，因此缺乏进行市场调查的动力。而买方市场则是产品供过于求，消费者根据自己的需要决定购买意向。企业要想把自己的产品顺利地销售出去，就必须研究消费者的消费心理及购买行为过程，即进行有效的市场调查。

（二）市场竞争的日益激烈促使市场调查快速发展

市场是买卖双方交换的场所，是由供给与需求两方组成的，它们之间彼此为对方提供市场。在商品日益丰富的情况下，作为供应一方的生产者面临着激烈的市场竞争，这种竞争既有产品、资金、人才的竞争，也有技术水平和技术设施的竞争；既有直接竞争，也有间接竞争。企业在市场上面临着全方位的竞争。作为需求一方的消费者，在一个日益庞大、种类繁多的商品群面前必然会有所选择，其选择过程和结果必然会引起企业之间的竞争，在这种市场条件下谁能赢得消费者的青睐，谁就是成功者；反之，则面临着被挤出市场的命运。为此，企业只有进行全方位的市场调查，深入了解市场，才能达到在竞争中取胜的目的。

（三）消费者需求的多样化与多变性是市场调查产生的主因

企业营销的中心就是满足消费者的需求。消费者的需求一方面是多样化的，不同的消费者会有不同的需求，即使是同一消费者在不同时间、不同地点也会有不同的需求。另一方面消费者的需求又是多变的、动态的。企业要充分地满足消费者的需求越来越困难，为此企业只有借助市场调查来深入了解消费者及需求变动的趋势，方能在满足消费者需求的基础上获得持续的发展。

二、西方市场调查业发展简史

根据 1961 年美国市场营销协会（A-MA）对市场调查所下的定义：市场调查是指系统地收集、记录和分析与产品和服务的市场营销问题有关的资料。市场调查为企业的决策提供依据，用系统化的信息指导企业行为，是现代企业进行市场营销活动的客观需要。

市场调查作为一种获取市场信息的手段，是伴随着商品经济的产生而产生的，并随商品经济的发展而发展。在自然经济时代，生产水平低下，劳动生产率低，劳动者生产出来的产品基本上只能满足自己的需要，交换经济不发达，市场得不到发展，市场调查也就没有用武之地。伴随着生产水平和劳动生产率的提高，商品经济产生，劳动者生产出来的产品不仅可以用于自我消费，还可以进入市场进行交换和销售。市场出现后，市场信息搜集工作的重要性就得到了显现，市场调查也就得以发展。17 世纪的工业革命，使得西方资本主义市场经济快速发展，市场规模日益扩大，市场上的竞争也日趋激烈。对广大厂商来说，只有了解市场动态和市场信息才可以根据市场需要调整生产，在竞争中得胜，市场调查因此得到进一步发展。进入 20 世纪，市场调查作为一门学科得以建立和完善，并随着数学方法的改进和计算机的普遍应用得到快速发展。

市场调查业在世界范围的发展具体来说可分为三个阶段：

（一）建立阶段

20 世纪初至 30 年代是市场调查业的建立阶段。在此阶段，市场调查作为一个行业在各个领域开始发展：美国的多家大学创建了所属的市场调查所，有关市场调查的学术专著、手册和教材开始陆续发表，并产生了一批有影响的著作；美国的一些企业也开始应用市场调查技术为企业营销服务，成立市场调查部，并获得了成功。1907—1912 年，美国的哈佛商务学校创建了市场调查所。1918 年，西北商业学校创建了所属的商务调查所。1911 年，美国纽约的柯蒂斯出版公司，聘请了佩林任经理，他编写了《销售机会》一书。这是第一本有关市场研究的专著，内容包括美国各大城市的人口分布、人口密度、收入水平及相关资料，佩林也被推崇为市场调查学科的先驱。1915 年，美国的橡胶公司成立了商业调查部。1917 年，斯威夫特公司也成立商业调查部。1919 年，美国芝加哥大学教授邓肯发表了《商业调查》，这是市场调查方面的第一本学术专著。1921 年，怀特发表了《市场分析》，这是第一本调查手册书。1929 年，在美国政府的主持下，在全美展开了一项分销调查，内容涉及市场结构、商品销售通道、中间商和分配渠道、中间商的经营成本等，为企业提供了较为系统和准确的市场活动资料，这次调查被视为美国市场调查史上的里程碑。1937 年，美国市场营销协会资助的出版物《市场调查技术》问世，该书汇集了有关市场调查理论和实践两方面的知识，市场调查正式成为大学商学院的课程之一。同年，布朗的《市场调查与分析》出版，该书一经推出就作为有关市场调查方面的教材而被广泛使用。但是，在市场调查作为一门学科的创建初期，与市场调查有关的理论方法大部分局限于平均数、长期趋势、单相关等内容，经济计量在市场调查学中也仅有初步的发展和使用。市场调查所涉及的理论知识和方法论都还是处于发展的初级阶段。在市场调查的建立阶段，陆续确立了实地调查法、观察法和实验法，也开始发展了调查表法和抽样理论。其中，1910—1920 年，问卷设计兴起，问卷调查成为当时主流的市场调查方式。

（二）巩固提高阶段

20 世纪 30 年代末到 50 年代初是市场调查业的巩固提高阶段。在这个阶段，市场调查的方法得到创新。30 年代末和 40 年代初，样本设计技术获得很大进展，抽样调查兴起。调查方法的革新使得市场调查方法应用得更加广泛。40 年代，在 Robert Merton 的领导下，又创造了“焦点小组”方法，使得抽样技术和调查方法取得很大进展。1946 年，著名社会学家莫顿和邓德尔在《美国社会学杂志》上发表专文，对“焦点小组”方法进行了系统的论述，并且在其后的几十年里，该方法一直应用于商业性的市场调查中。20 世纪 40 年代后，有关市场调查的书籍陆续出版，越来越多的大学商学院开设了市场调查课程，教科书也不断翻新。在此期间，配额抽样、随机抽样、消费者固定样本调查、问卷访问、统计推断、回归分析、简单相关分析、趋势分析等理论也得到了广泛地应用和发展。

（三）成熟阶段

20 世纪 50 年代后，市场调查学进入了一个大发展的新阶段，主要是调查方法的创新、分析方法的发展和电脑技术的应用，形成了一股研究市场调查方法的热潮。第二次世界大战结束后，西方资本主义国家进入了经济迅速发展阶段。市场经济空前繁荣，企业竞争激烈，

激烈的竞争促使企业经营理念由生产导向转变为市场消费需求导向。消费导向的市场要求企业更加重视对市场的调查研究和市场情报的搜集工作。市场调查业进入了迅速发展阶段。在西方，市场调查业经过这么多年的发展，已经形成了相当的规模。西方国家大约73%的公司都设立有市场调查和研究部门。美国有1300多家公司直接从事市场调查和咨询服务业，美国企业每年花在市场调查方面的费用超过100亿美元。市场调查的结果在企业的决策中起着举足轻重的作用。社会和企业对市场调查的普遍重视和广泛应用，又反过来促进了学科的发展。很多大学已经把市场调查作为重要课程，有关市场调查的书籍、教材、报纸、杂志得到大量的出版发行。市场调查的理论、方法、技术越来越高级化、系统化、实用化。在大发展阶段，由于电子计算机的出现，市场信息的收集、整理和分析各个过程都实现了电脑化。调查数据的分析、储存和提取能力大大提高。同时，各种调查技术，如动态分析、运筹学运用、态度测量表、多元回归分析、数理模式、计算机模拟、经济计量模型、决策理论和方法都得到创新和发展。计算机的普及又促进了各种分析工具的应用，如 SPSS、SAS 等。这些分析工具大大促进了分析速度以及简化了分析过程，进一步推动了市场调查业的电脑化。至今，市场调查业以及有关市场调查的理论和方法依然在发展完善中。

三、市场调查业在我国的发展

在我国，市场调查业自出现后也有了相当一段时间的发展。我国市场调查业的发展过程既部分继承了国外的发展方式，又由于我国的特殊国情和不同于别国的经济、政治体制，明显带有中国特色。

（一）初创阶段

自新中国成立至改革开放前是我国市场调查业的初创阶段。新中国成立以后，政府部门是进行市场调查的开山鼻祖和主导力量。国家、地方、各部门都设立了统计机构，开始对国民经济、社会发展等资料进行全面收集、整理和分析工作，如50年代成立的城市抽样调查队伍，了解城市职工生活状况及市场变动。其后又陆续建立了农村抽样调查队伍和企业抽样调查队伍，政府进行市场调查的范围越来越大。同时，少数企业也设立了专门的调查机构，并由专门的调查人员从事市场调查。由于在新中国成立以后的较长一段时间里，我国一直处于计划经济体制，对市场经济和市场信息的认识不足，市场调查的重要性一直得不到足够的认识，业务范围也基本局限于政府市场调查的范围，市场调查业无法得到发展，这是我国市场调查业在初创阶段的主要特征。

（二）发展阶段

自从我国进行经济体制改革以后，市场调查业在我国得到了迅速的发展。在这个阶段，市场调查作为一个行业正式建立，并且由原来的政府主导转变为政府和市场调查公司共同发展。根据《中国信息报》报道，1995年我国市场调查业的营业额为3.5亿元人民币，相较于1990年的数据增长了30多倍。1997年为4.5亿元人民币。根据相关资料，1999年约为11亿元人民币，2001年超过19亿元人民币，2003年已经达到32亿元人民币。2001年，全国市场研究行业协会成立，对我国市场调查行业的规范化发展起到了重大的引导和推动作用。2004年，我国政府组织实施了第一次全国经济普查，这次规模浩大的经济调查活动，标志着我国市场调查和经济行业日渐成熟。随着网络技术在我国的普及，专业的问卷调查网站和在线问卷调查平台相继出现，标志着我国市场调查行业达到了国际先进水平。

相对于发达国家而言，我国的市场调查行业虽然起步较晚，但由于企业经营、政府决策、市场发展都迫切需要市场调查的支持，从而形成了巨大的市场调查需求。各类专业市场调查机构和企业市场调查部门使我国市场调查行业已成长为极具活力的行业。

四、市场调查的发展趋势

（一）市场调查的地位日益提高

随着经济全球化的发展和市场竞争的日益激烈，企业利用市场调查为预测和决策服务的频率将大为提高，在市场调查上的投入也将大大增加，如国外大公司的调查经费约占公司全部销售额的 1%～3.5%，市场研究的地位与作用在企业营销过程中更加突出，市场调查活动成为营销过程中的重要环节，甚至决定营销活动的成败。

（二）市场调查体系更加完善，市场调查机构趋向多元化

市场调查机构，包括政府、企业、新闻媒体、专业调查咨询公司在内的调查机构，充分发挥各自获取信息的优势。如英国的路透社、日本经济新闻社等均为世界级的综合性经济信息中心，在它们下属的综合经济信息系统中，有着庞大的、全面的经济数据库系统，其信息网络遍布全球，可以在极短的时间内向用户提供与市场活动有关的数据。与此同时，市场信息的社会化程度、企业和公众对市场信息的依赖程度也大大增加。

（三）市场调查方法更加先进、科学

为保证企业经营决策的科学性，就要求为之提供资料和信息的市场调查更加精确，在调查方法上将更加趋于多种调查方法的结合应用，网络调查将得到发展与普及。此外，各种高科技技术将更广泛地应用于市场调查中，与市场调查有关的统计软件的不断开发也将促使市场调查方法更加成熟和完善。

（四）行为科学将在市场调查中被广泛采用

在未来的市场调查中，对消费者心理和行为的研究将更加受到重视，因此心理学、社会学、管理学中的行为科学方法在市场调查活动中会得到进一步应用。市场调查逐步成为信息产业的重要组成部分，发挥着越来越重要的作用。

第三节 市场调查的类型和内容

一、市场调查的类型

从各种角度将市场调查区分为不同的类型，有利于对市场调查做全面系统的理解，也有利于在市场调查实践中明确调查目的和确定内容。

（一）按市场调查的目的和功能分类

按市场调查的目的和功能分为探索性调查、描述性调查、因果关系调查和预测性调查4种类型。

（1）探索性调查。探索性调查的目的是提供一些资料以帮助研究者认识和理解所面对的问题、产生想法和洞察内部。常常用于在大规模的正式调查之前，帮助研究者将问题定义得更准确些，将解决问题的方案定得更明确些，为问卷的设计提供更好的思路和更多的相关资料，等等。一般采用没有什么代表性的小样本。常用的方法有：专家咨询或调查、试点调查、个案研究、二手资料分析、定性研究等。探索性调查得到的结果一般通过所谓的结论性研究来证实。结论性研究的基本目的是检验假设和考察变量间的关系。一般要以大规模的、有代表性的样本为基础，所得的数据要做定量分析。

（2）描述性调查。描述性调查的目的是描述总体（市场）的特征或功能。前提假定是研究者事先已对所研究的问题有了许多相关的知识了解。一般以有代表性的大样本为基础。描述性调查的特征为：有事先制定好的具体的假设、有事先设计好的有结构的方案。常用的方法有：二手资料分析、抽样调查、固定样本连续调查、观察法、模拟法等。

（3）因果关系调查。因果关系调查的目的是获取有关原因和效果之间关系的证据。管理部门常常根据一些假设的因果关系来做决策，例如“降价可以使销售量增加”“现场广告可以促进冲动购买”，等等，这些假设应该通过正式的因果关系调查来检验其有效性。因此一般要了解哪些是原因变量，哪些是结果变量，以及它们之间的相互关系的性质。因果关系调查的特征为：要处理一个或多个独立变量、要控制其他中间变量或间接变量。常用方法有：实验法等。

（4）预测性调查。预测性调查是指为对市场未来的发展和可能出现的市场行情的变动趋势进行预测而进行的市场调查活动，其主要用于支持企业营销战略决策。在市场竞争日益激烈的情况下，为了避免企业决策错误，就必须进行调查和预测市场潜在需求，这样才能把握市场机会。如在快餐店的经营中，通过建立销售与广告的因果关系，得知广告与销售额成正比例关系，据此就可以预测下年由于提高广告费增加多少销售额。

（二）按市场调查的对象分类

按市场调查的访问对象分类，有消费者调查和非消费者调查两类。

（1）消费者调查。在消费者调查中，调查的对象是购买商品、使用商品的消费者，或是有可能购买、使用商品的潜在消费者。当然这里的“消费者”和“购买”都应从广义上去理解。例如，在媒介研究、广告研究中，听众、观众、读者（统称受众）就是使用媒介的消费者。

（2）非消费者调查。非消费者调查指的是调查对象为“消费者”以外的其他对象的调查，包括企业的职员或雇员、政府或企业的领导者、舆论导向者如新闻记者等；还可能包括诸如零售店、百货商店、工厂、银行等单位或企业。

（三）按市场调查分析的方法分类

按市场调查分析的方法分类，有定量调查和定性调查两大类。

（1）定量调查。定量市场调查主要是指收集和了解有关市场变化的各种数据进行量化或模型分析，预测潜在的需求量和商品销售的变化趋势。

（2）定性调查。定性市场调查是根据性质和内容对市场进行调查，如对市场环境、政治经济环境，以及来自消费者各个方面的反映等进行定性分析，为企业的营销决策提供可靠依据。

（四）按市场调查的组织形式分类

按市场调查的组织形式分类，有专项调查、连续性调查和搭车调查三类。

（1）专项调查。专项调查一般是指受某个客户的委托针对某些问题进行一次性的调查，即从给定的总体中一次性地抽取样本进行调查，并且只从样本中获取一次性信息。专项调查研究可以是定量的，也可以是定性的。

（2）连续性调查。连续性调查一般指的是对一个（或几个）固定的样本进行定期的、反复的调查。样本中的被调查对象（人或单位）一般不随调查时间的变化而变化。例如消费者固定样组或其他固定样组调查，连续的跟踪研究和品牌测量，连续的媒介研究，等等，都属于连续性调查。

（3）搭车调查。搭车调查是指多个客户共同利用一个样本进行调查，就像是大家一起搭乘一辆公共汽车那样。根据各个客户搭车调查问题的个数和类型，来决定客户的费用。一般有搭车调查业务的调查公司，每年实施搭车调查的时间和价格都是固定的，例如每月实施一次或每周实施一次等。由于搭车调查的实施一般都是定期的，因此经常将搭车调查归入连续性调查类，但是要注意的是，搭车调查每次所用的样本不一定是固定的。

（五）按市场调查的空间范围分类

根据市场调查的空间范围不同，市场调查可分为国内市场调查与国际市场调查两类。

（1）国内市场调查。国内市场调查是指以国内市场为对象进行的调查，可以分为全国性市场调查、地区性市场调查；还可以划分为城市市场调查、农村市场调查。

（2）国际市场调查。国际市场调查是以世界市场的需求动向为对象而进行的调查。我国国内市场是国际大市场的重要组成部分，国际市场同时也影响着我国国内市场。按不同空间范围所组织的市场调查资料，对于研究不同空间市场的特点，对于合理地组织各地区商品生产与营销及区间合理的商品流通，具有十分重要的价值。

二、市场调查的内容

市场调查的内容比较广泛，企业所面对的问题不同，对市场及市场调查的概念的理解不同，调查的内容也不尽相同，任何一个关于市场营销方面的问题都能够成为市场调查的项目。经典的营销理论把市场营销活动的影响因素区分为市场营销管理可控制的因素和不可控制的因素。在这里，不可控的因素是环境因素，是企业营销系统以外的一切存在，通常包含市场环境调查、市场需求调查、市场供给调查、市场竞争调查。而与环境相对应的，是众多可控的市场营销因素，比如产品调查、价格调查、渠道调查、促销调查。

（一）市场环境调查

企业的任何活动脱离不了其所处的外部市场环境，这些外部市场环境是客观存在的，不以人的意志为转移，并对企业营销活动提供机遇，或者施加威胁。企业必须重视对市场环境

的研究，重视对环境变化的信息的收集与预测，从而通过调整自身可控制的因素，适应环境的变化以求得生存和发展。对市场环境的调查主要包括如下内容：

1. 自然环境调查

自然环境决定了企业的生存方式，包括自然资源、地理和气候环境等。

（1）自然资源的调查。自然资源的禀赋，尤其是短期内不可再生的资源，对企业的影响极大，比如石油对汽车业的影响等。因此企业必须调查与自己有关的资源的储存、开发情况以及该资源的替代更新程度。

（2）地理环境的调查。地理环境决定了地区之间资源的分布状态、消费结构和消费习惯，它对企业产品的销售、运输和仓储方式的选择起着关键性的作用。如平原与丘陵对自行车生产企业的影响不同。因此企业应注意产品在不同地理环境下的适用程度和需求程度差异方面的调查，由此采取相适应的营销策略。

（3）气候环境的调查。气候会影响消费者的饮食习惯、衣着、居住等，在某种气候下，消费者对商品的选择会带有一定的针对性。如制冷产品、服装、饮食等在我国南方与北方有很大的差别，就是某一地区不同时期的气候也会影响着消费者的消费习惯。因此对气候环境的调查可能是大多数企业不可忽视的重要内容。

2. 经济环境调查

任何企业总是处于一定的经济环境中，经济环境对企业的市场活动有着直接的影响。企业对经济环境的调查主要可以从以下两个方面进行：

（1）经济发展水平。经济发展水平主要影响市场容量和市场需求结构。经济发展水平增长快，就业人口就会相应增加。而失业率低，企业开工率高以及经济形势好，必然引起消费需求的增加和消费结构的改变；反之，需求量就会减少。

（2）消费水平。消费对生产具有反作用，消费水平决定市场的容量，也是经济环境调查不可忽视的重要因素。消费水平的调查主要是了解某一地区的国民收入、消费结构、物价水平和物价指数等。

3. 政治法律环境调查

政治环境是指企业面临的外部政治形势、状况和制度，分为国内政治环境和国际政治环境。对于国内市场，主要应当了解党的路线、方针和政策，国内政治、经济状况，地区、部门的政策、制度规定及调整变化等情况。对于国际市场，由于国家不同，情况就复杂得多，主要可以从以下几个方面进行调查。

（1）国家制度和政策。主要了解其政治制度、对外政策，包括对不同国家和地区的政策等。鉴于有些国家政权不够稳定，因此，只有了解并掌握这些国家的政权更迭和政治趋势，才能尽可能避免承担经济上的风险和损失。

（2）国家或地区之间的政治关系。随着国际政治关系的变化，对外贸易关系也会发生变化，如设立或取消关税壁垒，采取或撤销一些惩罚性措施，增加或减少一些优惠性待遇等。

（3）政治和社会动乱。由于罢工、暴乱、战争等引起的社会动乱，会影响国际商品流通和交货期，给对外贸易带来一定的风险，但同时也可能产生某种机遇，通过调查有助于企业随机应变，把握市场成交机会。

（4）国有化政策。国有化政策是指了解各国对外国投资的政策，如外国人的投资是否要收归国有，什么情况下要收归国有等。

4. 社会文化调查

每一个地区或国家都有自己传统的思想意识、风俗习惯、思维方式、宗教信仰、艺术创造、价值观等，这些构成了该地区或国家的文化并直接影响人们的生活方式和消费习惯。对于市场营销人员来说，营销活动只有适应当地的文化和传统习惯，其产品才能得到当地消费者的认可与接受。在构成文化的诸因素中，知识水平影响消费者的需求构成及对产品的评判能力。知识水平高的市场，高科技的产品会有很好的销路。宗教信仰和风俗习惯的调查也是营销活动中极为重要的内容。

（二）市场需求调查

市场是企业营销活动的出发点和归宿点，市场需求调查是市场调查中最基本的内容，它包括消费需求量调查、消费结构调查、消费动机调查等内容。

1. 消费需求量调查

消费需求量直接决定市场规模的大小，它一般受以下两个因素的直接影响。

（1）人口数量。人口数量是计算需求量时必须考虑的因素，一般来说人口数量多，市场规模就大，对产品的需求量也必然会增加，如我国人口约占全球总人口的 21.5%，其潜在市场规模较大。在考虑人口数量时，也要分析人口的属性状况，如性别、年龄、教育程度等，如我国逐渐成为老年型国家，“银发市场”的潜力极大。

（2）购买力。消费需求量除了人口数量外，还受到可支付购买力的影响。在拥有一定的可支付购买力的条件下，人口数量与消费需求量有密切的相关关系。分析消费购买力主要看消费者的货币收入的来源、数量、需求支出方向以及储蓄状况等。

2. 消费结构调查

消费结构是指消费者将其货币收入用于不同产品支出的比例，它决定了消费者的消费投向。对消费结构的调查主要是对恩格尔系数的了解。所谓恩格尔系数就是消费者的食品支出占全部支出的比例。系数越小，说明用于食品方面的支出就越少，而在其他方面的支出就越多。

3. 消费者购买动机调查

购买动机就是为满足一定的需要，而引起人们购买行为的愿望和意念。消费者购买动机的影响因素较多，既有客观方面的原因，也有主观方面的原因，因而消费者购买动机调查难度较大，需要通过将直接调查法和间接调查法相互结合来了解消费者购买动机的影响因素、表现类型等。

（三）市场供给调查

企业在生产过程中除了要掌握市场需求情况外，还必须了解整个市场的货源状况，包括供应来源、供应能力和供应范围的调查等。

1. 商品供应来源的调查

市场中商品供应量的形成有着不同的来源。除了对全部供应量的宏观情况进行调查外，还要进一步了解影响供应量各种来源的因素。

2. 商品供应能力的调查

商品供应能力的调查主要包括以下几个方面的内容：

（1）企业商品供应能力，包括商品的流转规模、速度、结构状况是否满足市场的需求。

（2）企业设备供应能力，包括设备条件、技术水平和更新状况等。

（3）企业资金供应能力，包括资金来源、构成、分配和使用状况等。

（4）企业员工的工作能力，包括现有员工的数量、构成、素质，以及为今后企业发展储备的人才状况等。

3. 商品供应范围的调查

商品供应范围及其变化会直接影响到企业营销目标的变化。商品供应的范围实际上就是企业营销的目标市场，在一定时期内市场目标的定位是稳定的，但是随着市场环境和消费者需求偏好的变化，企业的目标也会发生相应的变化，因此及时调查企业产品供应范围的变化，对调整营销策略有着至关重要的作用。如美国某一化妆品公司，原来生产的洗发液主要供应和满足儿童市场的需要，但是随着美国婴儿出生率的下降，儿童市场的需求量在不断地减少，因此该公司经过详细调查之后，果断地将产品供应范围扩大到青少年市场，保证了企业的持续发展。

（四）市场竞争对手调查

任何产品在市场上都会遭遇竞争对手，不同企业所处的行业不同，其竞争者数量和竞争程度也不同。美国管理学家迈克尔·波特将竞争对手划分为五类，即同行业的竞争者、潜在的竞争者、替代品的竞争者、卖者讨价还价的竞争、买者讨价还价的竞争。不论上述哪一种竞争者，都会对企业构成威胁。因此对竞争对手进行调查来确定自己的竞争战略就显得非常重要，正可谓“知彼知己，百战不殆”。一般而言，对竞争对手的调查包括：① 企业竞争者是谁？② 主要竞争者所占有的市场份额是多少？③ 主要竞争者的竞争优势表现在什么地方？④ 主要竞争者是否存在劣势？⑤ 行业竞争者采取的营销战略与策略是什么？

只有将以上情况调查清楚，才能判断出本企业所具备的与竞争对手相抗衡的条件或可能性，才能清楚地知道自己在市场竞争中所处的地位（市场地位有四类：市场领导者、市场挑战者、市场追随者和市场补缺者），也才能确定自己的有效竞争策略。

（五）市场营销调查

市场营销调查是调查活动中的重要内容，涵盖的内容较多，主要包含四个方面。

1. 产品调查

产品是市场营销组合中最重要也是最基本的因素。在营销活动中，企业应该向市场提供什么产品？产品品牌、款式、功能、性能和包装等应该如何设计？都是企业必须关注的问题。产品研究主要包括产品概念发展及测试、品牌扩张及测试、市场测试、现有产品改良测试、产品包装研究、目标顾客在产品款式、性能、包装等方面的偏好预测以及竞争产品研究等。

2. 价格调查

价格是市场营销组合因素中最活跃的因素，它直接关系到市场对产品的接受程度，影响市场需求和企业利润，涉及生产者、经营者、消费者等各方面的利益。价格策略是企业市场营销组合策略中一个重要的组成部分。价格研究也是市场营销调查的重要内容，主要包括成本研究、利润分析、价格弹性分析、需求分析（市场潜量、销售潜量、销售预测等）及竞争价格分析等内容。

3. 渠道调查

成功的市场营销活动，需要选择合适的分销渠道和销售方式向市场提供令消费者满意的产品和服务。对分销渠道和销售方式的研究也是市场营销调查的重要内容。分销研究主要包括工厂、仓库布局研究、渠道行为研究、渠道职能研究、渠道覆盖研究、出口和国际市场营销研究等内容。

4. 促销调查

企业在制定促销组合策略时，会遇到许多实际问题和许多不确定性因素。如果要使这些策略更为有效，企业必须进行相关的营销调查。促销组合与媒体研究主要是对企业在产品和服务的促销活动中所采用的各种方法的有效性和媒体进行研究测试。其内容主要包括消费动机研究、广告效果研究、竞争广告研究、促销活动研究（奖券、赠品、经销商竞赛等）、企业公众形象研究、媒体接触率研究、媒体收视（听）率研究、广告监测研究、媒体广告量统计分析、媒体广告效果测试等。

第四节 市场调查的原则和步骤

市场决定企业的成败，对市场进行调查分析对于任何企业都是必要的，但是任何企业无论在何时何地从事这项工作，都要遵守一定的调查原则和安排好调查的程序。

一、市场调查的原则

（一）实事求是原则

市场调查工作要把收集到的资料、情报和信息进行筛选、整理，再通过调查人员的分析得出调查结论，供企业营销决策之用。因此要求我们在进行市场调查时必须实事求是，尊重客观事实，切忌以主观臆断或带着框框来代替科学的分析。同样，片面以偏概全的做法也是不可取的。实事求是原则是市场调查的基本原则。

（二）时效性原则

在现代市场营销中，时间就是机遇，时间就是金钱，丧失机遇，会导致整个营销策略和活动的失败；抓住机遇，则为成功铺平了道路。市场调查的时效性表现为应及时捕捉和抓住市场上任何有价值的情报、信息，及时分析和反馈，为企业在营销过程中适时地制定和调整策略创造良好的条件。在市场调查工作开始之后，要充分利用有限的时间，尽可能地收集所需要的资料和情报。调查工作的拖延，不但会增加费用支出、浪费金钱，还会使营销决策滞后，对企业的营销极为不利。

（三）系统性原则

市场调查的系统性表现为应全面收集有关企业生产和经营方针方面的信息资料。因为在社会大生产条件下的企业生产和经营活动既受内部也受外部因素的影响和制约，这些因素既可以起积极作用，也可以阻碍企业的正常发展。由于很多因素之间的变动是互为因果的，如果只是单纯地了解某一事物，而不去考察这一事物如何对企业发挥作用和为什么会产生如此

的作用，就不能把握这一事物的本质，也就难以对影响经营的关键因素做出正确的结论。因此市场调查既要了解企业的生产和经营实际，又要了解竞争对手的有关情况；既要认识到企业内部机构设置、人员配备、管理素质和方式等对经营的影响，也要调查社会环境的各方向对企业和消费者的影响。

（四）经济性原则

市场调查是一项费时、费力、费财的活动，它不仅需要人的体力和脑力，同时还要利用一定的物质手段，以保证调查工作的顺利进行和调查结论的正确性。在调查内容不变的情况下，采用的调查方法不同，费用支出也会有所差别；同样，在费用支出相同的情况下，不同的调查方案也会产生不同的效果。由于各企业的财力情况不同，因此需要根据自己的实力去确定调查费用的支出，并制定相应的调查方案。对中小企业来说，如果没有大企业那样的财力去做规模较大的市场调查，则可更多地采用参观访问；直接听取顾客的意见；大量阅读各种宣传媒体上的有关信息；收集竞争者的产品等方式进行市场调查，只要工作做得认真仔细而又有连续性，同样会达到很好的调查效果。因此，市场调查也要讲求经济效益，力争以较少的投入取得最好的效果。

二、市场调查的步骤

企业实施市场调查将花费大量的人、财、物力及时间，调查的结论及建议要能针对企业实际需要，充分发挥下述效果，方能称之为成功的市场调查：一是协助企业经营者制定营销策略；二是改进企业市场营销活动的缺陷；三是提供市场新契机的建议；四是避免错误的营销决策。为达到该效果需要在市场调查中建立一套系统科学的程序。一般来说，市场调查步骤分为四个阶段，即市场调查准备阶段、市场调查的资料收集阶段和市场调查的资料整理分析阶段以及调查结果处理阶段。

（一）市场调查的准备阶段

市场调查的准备阶段是市场调查工作的准备和开始，准备阶段是否充分周到，对后面的市场调查工作的开展和调查的质量影响很大。这一阶段工作的内容主要包括确定调查目标、确定调查项目、选择调查方法、估算调查费用、编写调查建议书等。

调查目标就是调查所要达到的具体目的，包括企业产品问题、经营中出现的困难、市场竞争问题及未来的发展方向等。为使调查目标明确具体，必须要考虑调查的目的、调查的内容、调查结果的用途及调查结果的阅读者等问题，从而为下一步调查工作的顺利进行奠定基础。在确定调查目标后，就要拟定调查方案和工作计划。调查方案是对某项调查本身的具体设计，主要包括调查的具体对象、调查的地区范围、调查资料收集和整理的方法等内容。调查工作计划是指对某项调查的组织领导、人员配备和考核、完成时间、工作进度和费用预算等事先进行的安排，目的是使调查工作能够有计划地进行，以保证调查方案的实现。在实际调查中，调查方案和调查工作计划各有不同的作用。一般大型的市场调查需要分别制定调查方案和调查工作计划，小型的市场调查可以统一考虑调查方案和工作计划。

（二）市场调查的资料收集阶段

拟定的调查计划和建议书经企业主管审查批准后，就进入到调查资料的收集实施阶段。这个阶段的主要任务是组织调查人员按照调查方案的要求和工作计划的安排，通过文献调查和实地调查系统地收集各种资料数据。一般而言，市场调查所要收集的资料主要有直接资料和间接资料。

直接资料是由市场调查者自己采用各种市场调查方式方法，对市场信息进行收集、整理、分析的结果，即通过实地市场调查取得的市场资料，如典型调查、重点调查、抽样调查等方式，观察法、实验法和访问法等方法。直接收集的市场资料实用性强、可信程度高。但取得直接资料需要较多的费用，有些资料又是企业无法取得的，直接资料在反映市场及其影响因素的广度下带有一定的局限性。

间接资料是指从别人所组织的各种调查收集和积累起来的材料中，摘取和整理出的市场或与市场有紧密联系的社会经济现象的有关资料，如常见的报纸杂志、经济年鉴、大众媒体等都是间接资料的重要来源。间接资料的主要特点是节省费用，对有些企业无法组织的调查，可依靠其他有关调查机构的调查资料，但间接资料的适用性没有直接资料强，往往需要对资料进行再整理。此外，对于间接资料的可信程度一定要进行考查。

资料收集阶段是市场调查的主要内容，是市场调查能否取得成功的关键，也是花费财力和人力最多而且最容易产生调查差错的阶段。因此要深入研究各种调查方法、调查方式以及科学地制作调查问卷。

（三）市场调查的资料整理分析阶段

市场调查资料的整理分析阶段是调查全过程中关键的一环，关系着市场调查能否充分发挥作用。当取得大量的市场调查资料之后，首先要对其进行审核订正、分类汇总，根据研究目的进行加工整理，然后进行分析，即运用统计学的有关原理和方法，研究市场现象总体的数量特征和数量关系，揭示市场现象的发展规律、水平，总体结构和比例，市场现象的发展趋势和速度等。因此，市场调查人员还需要掌握一定的统计分析技术，通过分析研究，在确定弄清市场活动和过程的基础上，研究其动向及其发展变化规律，探索解决问题的方法。

（四）调查结果处理阶段

撰写调查报告是市场调查的最后一项工作内容，市场调查工作的成果将体现在最后的调查报告中，调查报告将提交给企业决策者，作为企业制定市场营销策略的依据。市场调查人员要根据整理后的调查资料进行分析论证，得出结论，然后撰写市场调查报告，并在调查报告中提出若干建议方案，供领导在决策时作为参考依据。一份完整的调查报告应包括调查的目的和内容、调查的方法、调查的结果、提出的建议及必要的附件。市场调查报告要按规范的格式撰写，并且报告的写作应力求语言简练、明确、易于理解，内容讲求适用性，并配以图表进行说明。如果是技术性的报告，因其读者大多数是专业人员或专家，因此，要力求推理严密，并提供详细的技术资料及资料来源说明，注重报告的技术性，以增强说服力。提出了调查的结论和建议，不能认为调查过程就此完结，而应继续了解其结论是否被重视和采纳、采纳的程度和采纳后的实际效果以及调查结论与市场发展是否一致等，以便积累经验，不断

改进和提高调查工作的质量。在整个调查过程结束后，应对所有的信息进行归档存储，以便日后需要时查阅。

复习思考题

1. 试述市场的含义。
2. 如何理解市场调查的含义与特征?
3. 市场调查产生的原因是什么?有什么作用?
4. 市场调查有哪些类型?
5. 市场调查包括哪些内容?应该按什么程序进行?
6. 市场调查机构有哪些类型?

第二章　市场调查组织与策划

【学习目标】

1. 了解市场调查机构的类型、市场调查人员的素质及能力、市场调查方案设计的含义；

2. 理解选择市场调查机构的条件、市场调查人员培训的内容及方法、市场调查方案设计的意义；

3. 掌握市场调查方案设计的内容及可行性评价。

市场调查泛指为获得商业数据而专门进行的市场研究活动,也是一种借助信息把消费者、顾客及公共部门与市场联系起来的特定活动。这些获得的信息将用于识别和界定市场机会和问题产生、改进和评价企业经营活动，监控绩效，增进对决策过程的理解。任何市场调查活动，需要特定的机构和人员，以调查活动的策划为基础展开。市场调查策划是进行市场调查最基础和关键的环节，它对市场调查的整体活动有着指导性作用。通过调查策划，可以形成市场调查计划书来指导调查活动。

第一节　市场调查的机构和人员

一、市场调查机构

从理论上说，有市场经营活动，就需要有一定的市场调查活动，从而必须有相应的市场调查机构和人员。市场调查机构是指市场调查活动的组织者与具体实施者。它可以具体表现为承担市场调查职能的各类人员和组织机构。根据国内外的实际情况和理论的概括，市场调查机构大体可以分为两大部分，即企业内部的市场调查机构和专业性的市场调查机构。调查机构在企业内部的好处是可以保持调查研究的连贯性，培养人才，容易保密及得到迅速反馈。使用外部专业性调查机构的好处是调查可能会更客观一些，调查结果不会受企业内部纷争的影响，并且专业性调查机构具有专长，价格成本可能比自己做更低一些。

（一）企业内部的市场调查机构

企业内部的市场调查机构在市场调查与预测活动中占有十分重要的地位。在许多大公司，如通用汽车、宝洁公司、柯达公司等公司内部，都有自己的市场调查研究部门或机构。在市场经营活动不发达的情况下，企业内部的市场调查机构承担着主要的市场调查职能，即使在市场调查行业和专业机构相当发达的情况下，企业内部的市场调查机构仍具有不可替代的作用。

1. 企业内部市场调查机构的类型

按发展的逻辑过程、发达程度和表现形态，企业内部的市场调查机构大体可以归纳为三类。

（1）在企业中没有明确的组织机构承担市场调查任务，而是由某些人员实际上从事着一些必要的市场调查工作。这些人员可能有企业的经营决策人员、计划人员、供销人员、统计分析人员、财会人员等。显然，在这种状态下，企业中没有专职的，而只有兼职的市场调查人员，它可以看作是企业内部市场调查机构的初级形态。

（2）在企业中明确有某个或某几个职能机构或业务机构兼负责和承担市场调查的全部或部分职能。这样的机构可能是计划科、经营科、市场部、计统科等。通常，企业中设有若干名专职人员负责市场调查的组织或实施。这种只有兼职机构的内部市场调查机构，可以看作是中级形态。

（3）在企业内部既配备专职的市场调查人员，又设有专业的市场调查机构。显然，它可以被认为是企业内部市场调查机构的高级形态。

应该说明的是，在企业内部设置专业的市场调查机构的情况下，并不排斥其他有关部门承担一定的调查或预测工作。事实上，专业机构主要负责企业中市场调查工作的组织、总体规划和协调，以及承担某些主要的职能工作和调查任务，其他一些部门完全应该结合本部门的职能工作或业务活动，兼有一部分市场调查与预测工作，比如市场信息的收集、记录，初步的整理、分析等。专业机构、专职人员与兼职机构和人员有机组合、协同工作是企业搞好市场调查的条件和保证，而这正是目前我国许多企业的薄弱环节。

2. 企业内部市场调查机构配置的影响因素

企业对内部市场调查机构的配置，受多种因素的影响和制约。客观上影响企业内部市场调查机构配置的因素主要有：

（1）企业的规模。一般而言，大型企业的产品种类多、市场范围大、力量雄厚，有可能建立专业的市场调查机构。

（2）经营业务性质和范围。如果企业经营的业务受国家控制比较严，市场调查的任务相应较小。

（3）企业的经营条件。配置市场调查机构，应充分考虑资金、人员等条件。

（4）市场状况。作为外部条件，企业经营商品的供求、竞争等状况，也影响市场调查的任务。

总之，企业配置何种形态的市场调查主体，应视具体条件和要求而定，特别是要以企业的市场信息需求即市场调查的工作量大小、符合经济核算为原则，而并非不顾条件，越高级越好。

在企业内部建立专职机构的，应明确机构本身的职能，以及内部人员的分工与协作，还应明确市场调查机构在企业组织体系中的地位。现代企业内部市场营销机构的设置主要有两种模式：一种是在企业市场营销副总经理领导下，分设销售部门和其他营销部门两大机构。在这种模式下，市场调查机构隶属于其他营销部门；另一种模式是在市场营销副总经理领导下，分设产品规划部、销售部、市场调查部、公关广告部等。显然，在这种模式下，市场调查机构的地位得到了加强。

企业应从自身实际出发选择和确定自己的模式。除了明确机构设置外，还要明确市场调查机构与其他市场营销机构的关系，如与产品规划部门、销售部门等的关系，明确市场调查机构与企业中其他部门的关系，如与生产部门、计划部门、财会部门等之间的关系，建立分工协作关系，这些均具有十分重要的意义。

（二）专业性的市场调查机构

1. 市场调查专业机构的含义

市场调查专业机构是专业的市场调查主体，是专业从事市场调查业务的独立的组织与机构。市场调查专业机构可以认为是企业之外受托的市场调查主体。

市场调查专业机构主要包括，专门从事市场调查业务的市场调查公司；以办理企业经营指导业务为主，兼办市场调查业务的经营顾问公司；广告公司的调查机构；咨询公司；服务公司；还包括大专院校、研究部门以及学术团体等。从另一个意义上说，政府机构设立的调查部门，如国家、省、市级的统计、审计和工商行政管理部门等所设的调查机构，各专业管理机构和委员会下属的调查部门等也都可以归属为专业的市场调查主体。

2. 市场调查专业机构的职能

市场调查专业机构的最主要职能是服务职能，即根据委托方的要求，进行各种市场调查、研究和预测，提供企业所需的各类数据、资料、情报、信息，为企业的经营服务。

具体来说，市场调查专业机构的职能有：

（1）承接市场调查项目。市场调查专业机构具有专门人才，有从事市场调查的丰富经验和能力，可以公开承接社会各方的委托，按客户的要求，开展市场调查、研究与预测活动。一般而言，市场调查专业机构所能承接的市场调查项目包含的范围较广。

① 可以为开发新产品的市场营销活动进行市场调查与预测，包括调查市场占有率、竞争者实力、销售渠道、季节影响和产品生命周期等。② 可以对市场的规模、结构进行调查分析。③ 可以对市场的供求关系的现状和发展趋势进行调查与预测。④ 可以对消费者的消费需要、购买动机和购买行为进行调查研究。⑤ 可以对产品的性能、包装等进行试验。⑥ 可以对市场价格及其走势进行调查与预测。⑦ 还可以对其他客户需要的问题和方面进行调查与预测。

（2）提供信息。市场调查专业机构往往有自己的信息网络，因工作业务所需，它们订有大量的专业期刊和信息杂志，并有大量的信息来源，在长期的实践中也积累有大量的信息资料，从而其本身就是一个很大的信息库，可以为社会和用户提供有关的信息资料。这种提供可以是由市场调查机构主动、无偿地向社会提供，也可以按有关客户的要求有偿提供。

（3）咨询顾问。市场调查专业机构依赖于其专业优势、人才优势、知识优势，可以为企业和社会各方提供各种咨询和顾问服务，为客户的经营决策和营销活动设计方案，提供备选的对策设想，为企业的科学决策和经营管理提供服务。

此外，某些市场调查专业机构还承担一些中介服务、策划服务等职能。

3. 市场调查专业机构的类型

专业市场调查机构的类型是多样的，它们在机构的配置、人员的组成以及具体的职责等方面也都是有区别的，以下是一些主要的机构类型：

（1）市场调查公司。这是一类专门负责市场调查任务的机构。这类公司在接受客户委托后，针对委托人提出的调查范围，制定调查方案，然后开展工作。市场调查公司有些是综合性的，即调查的范围涉及面较广，可以承担多种类型和行业的调查；有些是专业性的，它精通某一专业或行业的知识，并有一定的联系渠道和某一专业的大量信息资料，它主要承担涉及相关行业或专业的调查任务。

（2）广告公司的调查部门。广告公司中普遍存在有自己的调查部门，这是经营广告业务所必需的。由于这类部门经常承担有关制作广告与广告效果的调查，所以经验较丰富，一些企业就委托他们进行市场调查，或进行广告制作，或用于指导经营，解决经营中出现的问题。

（3）咨询公司。这类公司一般是由资深的专家、学者和有丰富实践经验的人员组成，为企业和一些部门的生产、经营提供指导性的建议，即发挥顾问的作用。这类公司在进行咨询时，也要进行市场调查，对企业的咨询目标进行可行性分析。它们以调查的结果为依据，结合专家的实际经验和专门知识，提出对咨询目标的看法和建议。这类公司一方面拥有一些高水平的专家进行研究，另一方面有专业人员专门负责市场调查的各项具体业务。

（4）政府机构设立的调查部门。这些调查部门如国家、省、市级的统计、审计和工商行政管理部门所设的调查机构，各专业管理机构或委员会下属的调查部门等。这些部门主要是根据国家经济形势的发展和制定相应政策的需要，对现实的政治、经济状况进行调查，以便对下属企业进行指导和咨询，提供它们所需的资料和信息，减少企业的盲目经营。与单个企业相比，政府机构在获取各方面的资料和信息方面有自身的优势。在政府职能转换的过程中，由管理型向服务型的转换是关键所在。政府主管部门改变过去那种支配、指挥、干预企业生产经营的做法，把工作重心转移到帮助和指导企业生产经营上来，这就需要充实和加强市场调查机构的功能。因此，政府机构的调查部门的作用是不可忽视的。

二、市场调查人员

（一）市场调查人员的基本素质

市场调查人员是市场调查工作的主体，其数量和质量直接影响市场调查工作的结果，因此，市场调查机构必须根据市场调查工作量的大小和难易程度，配备适宜数量且较高素质的调查人员。一般而言，作为一个市场调查人员，应具备以下基本素质。

1. 品德素质

品德即道德品质，是指个体依据一定的社会道德准则和规范行动时，对社会、对他人、对周围事物所表现出来的稳定的心理特征或倾向。其实，我们通常讲的道德是指人们的行为应遵循的原则和标准。《周易·系辞》里说："地势坤，君子以厚德载物"。"德"是立人之本，是中华民族的核心观念。自古以来，已经形成了道德判断的标准，即儒家所提倡的待人接物的准则，"仁、义、礼、智、信、温、良、恭、俭、让"，总体就是提倡人们在社会活动中要有仁爱、忠义、礼和、睿智、诚信、温和、善良、恭敬、节俭、忍让这十种美德。

2. 政治素质

政治素质是指政治主体在政治社会化的过程中所获得的对他人的政治心理和政治行为发生长期稳定的内在作用的基本品质，是社会的政治理想、政治信念、政治态度和政治立场在人的心理中形成的并通过言行表现出来的内在品质。它是人们从事社会活动所必需的基本条件和基本品质，是个人的政治方向、政治立场、政治观念、政治态度、政治信仰、政治技能的综合表现。我们的政治素养，就是要热爱祖国，拥护中国共产党的领导，坚定不移地走中国特色社会主义道路。

3. 身心素质

市场调查工作是既辛苦又困难的工作，要求市场调查员首先要有健康的身体，其次就是有很好的心理素质。因为市场调查工作是和不同的人打交道，经常会遭闭门羹，对市场调查员而言，要有一定的心理承受力、心理伪装力和随机处理事务的能力。只有具备良好的身心素质，才能使调查工作产生良好效果。

4. 业务素质

业务素质要求调查人员有较高的文化素质和必要的市场调查专业知识。首先，因为调查人员在工作中需要同各行各业、各种层次类型的人接触，调查过程中无论是测试性调查，还是同被调查方的直接接触，首先需要与对方有共同的话题作为切入点，认同感是使被调查方解除戒备的唯一途径。要找到使被调查方有认同感的话题，尤其是那些专业性比较强的话题，更需要调查人员对相关专业知识有一定的了解。这种知识面对调查员来讲仅仅是广、博，而不一定要求深、精。因为我们没有时间、机会去做太深入的了解和研究。所以调查员的知识结构可以说是一种杂学的集合，大到上知天文，下知地理、新闻时事政治，小到甚至"打鱼、摸虾"等。广泛的知识结构主要是为适应各类人群的共同话题，这在调查工作中会有非常实际的作用；其次，还要有较强的信息收集、资料鉴别、整理等方面的专业素养。

（二）市场调查人员的能力要求

1. 语言表达能力

语言表达能力是指在口头语言（说话、演讲、做报告）及书面语言（写文章）的表达过程中运用字、词、句、段的能力。具体指用词准确，语意明白，结构妥帖，语句简洁，文理贯通，语言平易，合乎规范，能把客观概念表述得清晰、准确、连贯、得体，没有语病。市场调查人员因为要与被调查对象交流，并且还要写调查公文，要求其具备较好的口语与书面语表达能力。

2. 危机应变能力

危机应变能力包括利用各种情报资料的能力、对调查环境较强的适应能力以及能够分析、鉴别、综合信息资料的能力。调查员在复杂多变的社会环境里，随时都可能遇到千奇百怪的突发情况和意外问题，都需要独自解决，所以调查人员能灵敏反应、轻巧应对难题非常重要。

3. 交际沟通能力

调查人员在调查工作的实施过程中，时时、事事与人在不停地打交道，这就要求调查人员要性格外向、开朗，善于和陌生人攀谈，并且懂得与人交际的礼仪，同时又可以和被调查对象顺畅交流，才可能完成调查任务。

4. 学习创新能力

学习创新能力一般是指人们在正式学习或非正式学习的环境下，自我求知、做事、发展的能力。一个人的学习能力往往决定了一个人竞争力的高低，并且调查人员要求具备宽泛、渊博的知识，且当代世界知识更新换代的速度加快，更要求其具备持久的学习力，才不至于落后。创新能力是运用知识和理论，在科学、艺术、技术和各种实践活动领域中不断提供具有经济价值、社会价值、生态价值的新思想、新理论、新方法和新发明的能力。市场调查员时刻面临不同的新问题，必须具备创新精神与能力，才能不断、圆满地解决这些问题。

5. 自我管理能力

自我管理能力是指受教育者依靠主观能动性，按照社会目标，有意识、有目的地对自己

的思想、行为进行转化控制的能力。市场调查员的工作相对机动，不容易量化控制，所以这就要求其具备一定的自我管理能力，能评估自己、完善自己，从而管理自己。

（三）市场调查人员的培训

1. 市场调查人员的培训内容

在实际调查中，调查任务是通过组建一支良好的调查队伍来完成的。其中调查员素质的高低直接影响调查的质量和结论的正确。虽然人的素质和才能是有差异的，先天不足还是可以通过后天的教育、培训来弥补的，要达到调查工作需要的理想标准，就要不断地通过各种途径，利用各种方法去提高调查员的素质和能力。对调查员的培训内容主要包括下列三个方面。

（1）态度训练。其目的是让调查员明确访问工作对市场调查客观性、科学性的重要作用。通过训练，促使他们在今后的访问实践中做到认真、细致、一丝不苟地按照要求完成所有任务。组织调查人员学习市场经济的一般理论，国家有关政策、法规，充分认识市场调查的重要意义，使他们有强烈的事业心和责任感，端正工作态度和工作作风，激发调查的积极性。此外，规章制度也应列入培训的内容，调查人员必须遵守组织内部和外部的各种规章制度，这是调查得以顺利进行的保证。

（2）技能训练。其目的是提高调查员与陌生人打交道的能力，以有效地完成访问任务。性格修养方面的培养主要包括对调查员在热情、坦率、谦虚、礼貌等方面进行培训，使其具有开朗性格，以自然开朗的个性与受访者讨论各种问题。调查中的技能表现在调查员能否及时把握受访者的心态，能否针对一些特殊情况做出恰当的反应。技能训练可通过讲解在调查过程中受访者可能出现的种种心态，以及如何能够进入交谈状态并使受访者产生信任，吐露心声的技巧，并结合模拟调查训练来进行。

（3）理论知识培训。调查基本知识介绍，如问卷的结构、问题的类型、各类问题的提问及记录方式，各种访问方法的特点和注意事项，如调查基本认识、抽样技术、市场调查问卷性质等，不仅需要讲授市场调查原理、统计学、市场学、心理学等知识，还需要加强问卷设计、提问技巧、信息处理技术、分析技术及报告写作技巧等技能方面的训练。目的是让调查员对市场调查的基础知识有基本的了解，在进行访问时，能够从调查的角度出发，正确地处理所出现的问题。

2. 市场调查人员的培训途径

培训有两条基本途径：一是业余培训，二是离职培训。业余培训是提高调查员素质的有效途径，是调动调查人员学习积极性的重要方法，它具有投资少、见效快的特点；离职培训则是一种比较系统的训练方法，它可以使调查人员集中精力和时间进行学习。离职培训可以采取两种方式：一种是举办各种类型的调查人员培训班；另一种是根据调查人员的工作特点和本部门的需要，送他们到各类经济管理院校的相应专业，系统学习一些专业基础知识、调查业务知识、现代调查工具的使用知识等。这种方法能使调查人员有较扎实的基础，但投资较大。

3. 市场调查人员的培训方法

培训方法主要有以下几种，培训时可根据培训目的和受训人员的情况加以选用。

（1）集中讲授的方法。这是目前培训中采用的主要方法。就是请有关专家、调查方案的

设计者，对调查课题的意义、目的、要求、内容、方法及调查工作的具体安排等进行讲解，在必要的情况下，还可讲授一些调查基本知识，介绍一些背景材料，采用这种培训方法，应注意突出重点，针对性要强，讲求实效。

（2）以会代训的方法即由主管市场调查的部门召集会议。有两种形式的会议：一是开研讨会。主要就需要调查的主题进行研究，从拟定调查题目到调查的设计，资料的收集、整理和分析，调查的组织等各项内容逐一研究确定。二是开经验交流会。在会上，大家可以介绍各自的调查经验、先进的调查方法和成功的调查案例等，以集思广益，博采众长，共同提高。采取以会代训的方法，一般要求参加者有一定的知识水平和业务水平。

（3）以老带新的方法。这是一种传统的培训方法，它是由有一定理论和实践经验的人员，对新接触调查工作的人员进行传、帮、带，使新手尽快熟悉调查业务，得到锻炼和提高。这种方法能否取得成效，取决于带者是否无保留地传授，学者是否虚心求教。

（4）模拟训练的方法即人为地制造一种调查环境，培训者和受训者或受训者之间相互分别装扮成调查者和被调查者，进行模拟调查，练习某一具体的调查过程。模拟时，要将在实际调查中可能遇到的各种问题和困难表现出来，让受训者做出判断、解答和处理，以增加受训者的经验。采用这种方法，应事先做好充分准备。

（5）实习锻炼的方法。在培训者的策划下，让受训者到自然的调查环境中去实习和锻炼，这样，才能将理论和实践有机地结合，在实践中发现各种问题，在实践中培养处理问题的能力。采用这种方法，应注意掌握实习的时间和次数，并对实习中出现的问题和经验及时进行总结。

第二节　市场调查方案设计

市场调查是一项十分具体、细致的工作，需要花费较多的人力、物力、财力和时间，为了在整个调查过程中统一认识、统一内容、统一方法、统一步调，按时、按量、按质完成调查任务，有必要事先制订出一个科学、严密、可行的市场调查计划。

一、市场调查方案设计的含义

市场调查方案设计也称为市场调查策划，是为收集和分析数据或资料而选择研究方法和研究内容的决策过程。市场调查方案设计的目的是使信息价值尽可能地大于信息的成本。市场调查方案设计的内涵，可以从以下几个方面理解：

第一，市场调查是一系列特定方法和内容的选择过程，包括决策获得信息的特征、资料的收集方法、测量方法、被测量对象的特征、资料的分析方法等。

第二，数据资料是为了帮助解决特定决策问题而收集的。因此，市场调查所收集来的资料最终都要与解决的决策问题相关。

第三，信息是有价值的。这表现在，一方面，信息能够帮助改进决策，并且能够带来经济效益；另一方面，若信息是自己收集的，则要花费的一定的人、财、物，若是由外部得来，则往往需要购买。

第四，对于同样的问题，通过市场调查可以获得不同精确度的信息。信息的精确度受很多可能发生的误差影响。

第五，市场调查涉及的目的，并不是为了获得尽可能准确的信息，而是为了使信息的价值与获得信息的成本之间的差最大，也就是说，调查涉及的目的是用特定的费用获得尽可能准确的信息。

二、市场调查方案设计的作用

市场调查是一项复杂的、严肃的、技术性较强的工作，一项全国性的市场调查往往要组织成千上万的人参加，为了在调查过程中统一认识、统一内容、统一方法、统一步调，圆满完成调查任务，就必须事先制定出一个科学、严密、可行的工作计划和组织措施，以使所有参加调查工作的人员都依此执行。具体来讲，市场调查方案设计的作用有以下三点：

第一，从认识上讲，市场调查方案设计是从定性认识过渡到定量认识的开始阶段。虽然市场调查所搜集的许多资料都是定量资料，但应该看到，任何调查工作都是先从对调查对象的定性认识开始的，没有定性认识就不知道应该调查什么和怎样调查，也不知道要解决什么问题和如何解决问题。例如，要研究某一工业企业生产经营状况，就必须先对该企业生产经营活动过程的性质、特点等有详细的了解，设计出相应的调查指标以及搜集、整理调查资料的方法，然后再去实施市场调查。可见，市场调查方案设计正是定性认识和定量认识的连接点。

第二，从工作上讲，市场调查方案起着统筹兼顾、统一协调的作用。现代市场调查可以说是一项复杂的系统工程，对于大规模的市场调查来讲，尤为如此。在调查中会遇到很多复杂的矛盾和问题，其中许多问题是属于调查本身的问题，也有不少问题则并非调查的技术性问题，而是与调查相关的问题。例如，抽样调查中样本量的确定，按照抽样调查理论，可以根据允许误差和把握程度大小，计算出相应的必要抽样数目，但这个抽样数目是否可行，要受到调查经费、调查时间等多方面条件的限制。

第三，从实践要求上讲，市场调查方案设计能够适应现代市场调查发展的需要。现代市场调查已由单纯的搜集资料活动发展到把调查对象作为整体来反映的调查活动，与此相适应，市场调查过程也应被视为是市场调查设计、资料搜集、资料整理和资料分析的一个完整工作过程，调查方案设计正是这个全过程的第一步。

三、市场调查方案设计的主要内容

市场调查方案设计实际上是一系列判断与选择的过程。为了解决某一特定的决策问题，需要按照市场调查的程序，一步一步地对收集和分析资料的方法加以选择和限定，其内容主要包括：

1. 确定调查目的和任务

调查目的是指特定的调查课题所要解决的问题，即为何要调查、要了解和解决什么问题，调查结果有什么用处。明确调查目的是调查策划的首要任务，只有确定了调查目的，才能确定调查的范围、内容和方法，否则就会列入一些无关紧要的调查项目，而漏掉一些重要的调查项目，无法满足调查的要求。调查任务是指调查目的的既定的条件下，市场调查应获取什么样的信息才能满足调查的要求。明确调查的目的和任务是调查策划设计的关键，

因为只有调查目的和任务明确，才能确定调查的对象、内容和方法，才能保证市场调查具有针对性。

2. 确定调查对象和调查单位

确定调查对象和调查单位是为了明确向谁调查和由谁来提供资料的问题。调查对象是根据调查目的和任务确定的一定时空范围内的所要调查的总体，它是由客观存在的具有某一共同性质的许多个体单位所组成的整体。调查单位就是调查总体中的各个个体单位，它是调查项目的承担者或信息源。确定调查对象和调查单位应注意以下几个问题：

（1）必须严格规定调查对象的含义和范围。例如，城市个体经营户的经营情况调查，必须明确规定个体经营户的性质、行业范围和空间范围。

（2）调查单位的确定应根据调查的目的和对象而定。如调查城市个体经营户的经营情况时，调查对象是所有的个体经营户，调查单位是每一个个体经营户。

（3）调查单位和填报单位是两个不同的概念。调查单位是调查项目的承担者，填报单位是负责填写和报送调查资料的单位，两者有时一致，有时不一致。

（4）不同的调查方式会产生不同的调查单位。如采取普查方式，调查总体内所包括的全部单位都是调查单位；如采取重点调查方式，只有选定的少数重点单位是调查单位；如果采取典型调查方式，只有选出的有代表性的单位是调查单位；如果采取抽样调查方式，则用各种抽样方法抽出的样本单位是调查单位。

3. 确定调查项目

调查项目是将要向调查单位调查的内容。调查项目的确定取决于调查的目的和任务，以及调查对象的特点与数据资料搜集的可能性。为此应注意以下几点：

（1）调查项目的确定既要满足调查目的和任务的要求，又要能够取得数据，包括在哪里取得数据和如何取得数据，凡是不能取得数据的调查项目应舍去。

（2）调查项目应包括调查对象的基本特征项目，如调查课题的主体项目（回答是什么）和调查课题的相关项目（回答为什么）。

（3）调查项目的表达必须明确，调查项目的答案选项必须有确定的形式，如数值式、文字式等，以便被调查者填写，也便于调查数据的处理和汇总。

（4）调查项目之间应尽可能相互关联，使取得的资料能够互相对应，具有一定的逻辑关系，便于了解调查现象发展变化的结果、原因，检查答案的准确性。

（5）调查项目的含义必须明确、肯定，必要时可附加调查项目或指标解释及填写要求。

4. 设计调查表或问卷

调查项目确定之后，就可以设计调查表或者问卷，作为搜集市场调查资料的工具。调查表或问卷既可作为书面调查的记载工具，亦可作为口头询问的提纲。调查表是用纵横交叉的表格按一定顺序排列调查项目的形式；问卷是根据调查项目设计的对被调查者进行调查、询问、填答的测试试卷，是市场调查搜集资料的常用工具。

5. 确定调查时间和调查期限

调查时间是指调查资料所属的时间。如果所要调查的是时期现象，就要明确规定资料所反映的是调查对象从何时起到何时止的资料；如果所要调查的是时点现象，就要明确规定统一的标准调查时点。

调查期限是规定调查工作的开始时间和结束时间。包括从调查方案策划到提交调查报告的整个工作时间，也包括各个阶段的起始时间，其目的是使调查工作能及时开展，按时完成。为了提高信息资料的时效性，在可能的情况下，调查期限应尽量缩短。

6. 确定调查方式和方法

市场调查方式是指市场调查的组织形式，通常有市场普查、重点市场调查、典型市场调查、抽样市场调查、非概率抽样调查等。调查方式的选择应根据调查的目的和任务、调查对象的特点、调查费用的多少、调查的精度要求做出选择。

市场调查方法的确定应考虑调查资料搜集的难易程度、调查对象的特点、数据取得的源头、数据的质量要求等做出选择。若调查课题涉及面大、内容较多，则应选择多种调查方法获取数据和资料，既要获取现成的资料，又要获取原始资料。

例如，商场顾客流量和购物调查，通常采用系统抽样调查的组织方式，即按日历顺序等距抽取若干营业日信息调查顾客流量和购物情况，而搜集资料的方法主要有顾客流量的人工计数或仪器计数、问卷测试、现场观察、顾客访问、焦点座谈等。

7. 确定资料整理和分析方法

采用实地调查方法搜集的原始资料大多是零散的、不系统的，只能反映事物的表象，无法深入研究事物的本质和规律性，这就要求对大量原始资料进行加工汇总，使之系统化、条理化。目前这种资料处理工作一般由计算机进行，这在策划中也应予以考虑，包括采用何种操作程序以保证必要的运算速度、计算精度及特殊目的。

随着经济理论的发展和计算机的运用，越来越多的现代统计分析手段可供我们在分析时选择，如回归分析、相关分析、聚类分析等。每种分析技术都有其自身的特点和适用性，因此，应根据调查的要求，选择最佳的分析方法并在方案中加以规定。

8. 确定市场调查的进度安排

市场调查进度一般可分为以下几个阶段：

（1）总体方案的论证、设计；

（2）抽样方案的设计、调查实施的各种具体细节的规定；

（3）问卷的设计、测试、修改、定稿；

（4）问卷的印刷、调查者的挑选和培训；

（5）调查组织实施；

（6）调查数据的整理（计算机录入、汇总与制表）；

（7）统计分析研究；

（8）调查报告的撰写、修订与定稿；

（9）调查成果的鉴定、论证、发布；

（10）调查工作的总结。

9. 市场调查经费预算

在进行经费预算时，一般需要考虑如下几个方面：

（1）总体方案策划费或设计费；

（2）抽样方案设计费（或实验方案设计费）；

（3）调查问卷设计费（包括测试费）；

（4）调查问卷印刷费；

（5）调查实施费（包括选拔、培训调查员费，试点调查费，交通费，调查员劳务费，管

理督导人员劳务费，礼品或酬谢费，复查费等）；

（6）数据录入费（包括编码、录入、查错等）；

（7）数据统计分析费（包括上机、统计、制表、作图、购买必需品等）；

（8）调查报告撰写费；

（9）资料费、复印费、通信联络等办公费；

（10）专家咨询费；

（11）劳务费（公关、协作人员劳务费等）；

（12）上交管理费或税金；

（13）鉴定费、新闻发布会及出版印刷费用等；

（14）不可预见费用。

在进行预算时，要将可能需要的费用尽可能考虑全面，以免将来出现一些不必要的麻烦而影响调查的进度。例如，预算中没有鉴定费，但是调查结束后需要对成果做出科学鉴定，否则无法发布或报奖。在这种情况下，课题组将面临十分被动的局面。当然，不必要的费用就不要列上，必要的费用也应该认真核算出一个合理的估计，切不可随意多报乱报。不合实际的预算不利于调查方案的审批或竞标，因此经费预算时既要全面细致，又要实事求是。

10. 确定调查的组织计划

调查的组织计划，是指为了确保调查工作的实施而制定的具体的人力资源配置的计划，主要包括调查的组织领导、调查机构的设置，调查员的选择与培训，课题负责人及成员，各项调查工作的分工，等等。企业委托外部市场调查机构进行市场调查时，还应对双方的责任人、联系人、联系方式做出规定。

11. 编写市场调查计划书

以上市场调查策划设计的内容确定之后，市场调查策划人员就可撰写市场调查计划书（市场调查总体方案或调查项目建议书），供企业领导审批，或作为调查项目委托人与承担者之间的合同或协议的主体。市场调查计划书的构成要素包括标题、摘要、主体和附录等。其中，主体部分主要包括以上十个方面的内容，有些内容如调查的组织计划亦可列入附录中。附录主要包括调查项目负责人及主要参加者，抽样方案及技术说明，问卷及有关技术说明，数据处理所用软件，等等。

四、市场调查方案的可行性研究

（一）市场调查方案可行性研究的方法

在对复杂社会经济现象所进行的调查中，所设计的调查方案通常不是唯一的，需要从多个调查方案中选取最优方案。同时，调查方案的设计也不是一次完成的，而是要经过可行性研究，实现方案的修改、完善。可行性研究是科学决策的必经阶段，也是科学设计调查方案的重要步骤。对调查方案进行可行性研究的方法有很多，现主要介绍以下三种方法。

1. 逻辑分析法

逻辑分析法主要是检查所设计的调查方案的内容是否符合逻辑。比如某市高、中档商品房市场需求的调查，以调查对象为例，其不符合逻辑之处就在于调查对象包含了没有经济收入的学生。

2. 经验判断法

经验判断法是组织一些具有丰富调查经验的人士，对设计出的调查方案加以初步研究和判断，以说明方案的可行性。例如，对中小学生教育软件的需求进行调查，就不要采用电话调查法。经验判断法能够节省人力和时间，在比较短的时间内做出结论。但这种方法也有一定的局限性，这主要是因为人的认识是有限的、有差异的，事物在不断发生变化，各种主、客观因素都会对人们判断的准确性产生影响。

3. 预调查法

预调查是整个调查方案可行性研究中的一个十分重要的步骤，对于大规模市场调查来讲尤为重要。通过预调查，可以发现调查指标设计是否正确，哪些需要增加，哪些需要减少，哪些说明和规定需要修改和补充。预调查可使调查方案的制订更科学、合理，又可以解决实际问题。

（二）市场调查方案的评价标准

对市场调查方案进行可行性研究主要考察方案的以下几个方面是否符合要求：

1. 方案设计是否体现调查目的和要求

方案设计是否体现了调查的目的和要求，这一条是最基本的。例如，2020 年我国进行的第七次全国人口普查的目的是“全面查清我国人口数量、结构、分布、城乡住房等方面情况，为完善人口发展战略和政策体系，促进人口长期均衡发展，科学制订国民经济和社会发展规划，推动经济高质量发展，开启全面建设社会主义现代化国家新征程，向第二个百年奋斗目标进军，提供科学准确的统计信息支持。”根据这一目的确定的普查登记内容包括：姓名、公民身份证号码、性别、年龄、民族、受教育程度、行业、职业、迁移流动、婚姻生育、死亡、住房情况等。

2. 方案设计是否科学、完整和适用

例如，2020 年我国进行的第七次全国人口普查中居民调查登记表分为《普查表短表》与《普查表长表》。《普查表短表》需要登记性别、年龄、民族、户口性质、受教育程度、本户房间数、本户住房建筑面积等基本情况。《普查表长表》除了需要登记短表的项目外，还需要填写从业者的行业和职业、迁移流动、社会保障、婚姻、生育、死亡、住房情况等。长表是在短表的填报对象中划定标准抽取的部分才进行填写。这样的设置既满足了调查对象的完整性，又兼顾了调查的高效、科学性。

3. 方案设计能否使调查质量有所提高

影响调查数据质量高低的因素是多方面的，但调查方案是否科学可行，对最后的调查数据质量有直接的影响。第七次全国人口普查中全面采用电子化数据采集方式，实时直接上报数据，首次实现普查对象通过扫描二维码进行自主填报，强化部门行政记录和电力、手机等大数据应用，提高了普查工作质量和效率。在 31 个省（自治区、直辖市）中随机抽取 141 个县的 3.2 万户进行了事后质量抽查，结果显示，第七次全国人口普查漏登率为 0.05%。

4. 调查实效检验

评价一项调查方案的设计是否科学准确，最终还是要通过调查实施的成效来体现。通过调查工作的实践检验，来观察方案中哪些符合实际，哪些不符合实际，产生的原因是什么，肯定正确的做法，找出不足之处并寻求改进方法，这样才能使今后的调查方案设计得更加接近客观实际。

（附调查方案样本）

第七次全国人口普查方案

国家统计局

国务院第七次全国人口普查领导小组办公室

第一部分　总说明

根据《中华人民共和国统计法》《中华人民共和国统计法实施条例》《全国人口普查条例》和《国务院关于开展第七次全国人口普查的通知》，制定本方案。

一、普查目的

全面查清我国人口数量、结构、分布、城乡住房等方面情况，为完善人口发展战略和政策体系，促进人口长期均衡发展，科学制定国民经济和社会发展规划，推动经济高质量发展，开启全面建设社会主义现代化国家新征程，向第二个百年奋斗目标进军，提供科学准确的统计信息支持。

二、普查时点

普查的标准时点是2020年11月1日零时。

三、普查对象

普查对象是指普查标准时点在中华人民共和国境内的自然人以及在中华人民共和国境外但未定居的中国公民，不包括在中华人民共和国境内短期停留的境外人员。

四、普查内容和普查表

普查登记的主要内容包括：姓名、公民身份证号码、性别、年龄、民族、受教育程度、行业、职业、迁移流动、婚姻生育、死亡、住房情况等。

根据不同的普查对象和普查内容，具体分为四种普查表。

（一）第七次全国人口普查短表

普查短表包括反映人口基本状况的项目，由全部住户（不包括港澳台居民和外籍人员）填报。

（二）第七次全国人口普查长表

普查长表包括所有短表项目和人口的经济活动、婚姻生育和住房等情况的项目，在全部住户中抽取10%的户（不包括港澳台居民和外籍人员）填报。

（三）第七次全国人口普查港澳台居民和外籍人员普查表

港澳台居民和外籍人员普查表包括反映人口基本状况的项目以及入境目的、居住时间、身份或国籍、就业情况等项目，由在境内居住的港澳台居民和外籍人员填报。

（四）第七次全国人口普查死亡人口调查表

死亡人口调查表包括死亡人口的基本信息，由2019年11月1日至2020年10月31日期间有死亡人口的住户填报。

五、普查方法

普查采用全面调查的方法，以户为单位进行登记。

普查采用按现住地登记的原则，每个人必须在现住地进行登记。普查对象不在户口登记地居住的，户口登记地要登记相应信息。

普查登记采用普查员入户询问、当场填报，或由普查对象自主填报等方式进行。

普查数据采集原则上采用电子化的方式。采取普查员使用电子采集设备（PAD或智能手机）登记普查对象信息并联网实时上报，或由普查对象通过互联网自主填报等方式进行。

普查员应按照工作要求，在户口整顿基础上对所负责普查小区进行全面摸底，掌握普查小区内的人口和居住情况，编制《户主姓名底册》，根据《户主姓名底册》进行入户登记工作，并参考部门行政记录等资料进行比对复查，确保普查登记真实准确、不重不漏。

六、普查数据处理

各级普查机构负责普查数据处理。国务院人口普查办公室统一编制数据采集、审核、编辑、汇总程序。

国务院人口普查办公室集中部署数据采集处理环境。各级普查机构应保障必要的数据处理办公环境和网络条件，采取必要的安全措施，确保数据处理工作安全、顺利地进行。

七、普查组织实施

（一）全国统一领导

国务院第七次全国人口普查领导小组负责普查组织实施中重大问题的研究和决策。普查领导小组办公室设在国家统计局，具体负责普查的组织实施。

（二）部门分工协作

领导小组各成员单位要按照职能分工，各负其责、通力协作、密切配合，共同做好普查工作。对普查工作中遇到的困难和问题，要及时采取措施予以解决。

（三）地方分级负责

地方各级人民政府设立相应的普查领导小组及其办公室，领导和组织实施本区域内的普查工作。村民委员会和居民委员会设立人口普查小组，协助街道办事处和乡镇政府动员和组织社会力量，做好本区域内的普查工作。

普查指导员和普查员可以从国家机关、社会团体、企业事业单位借调，也可以从村民委员会、居民委员会或者社会招聘。借调和招聘工作由县级人民政府负责。

（四）各方共同参与

国家机关、社会团体、企业事业单位应当按照《中华人民共和国统计法》《中华人民共和国统计法实施条例》和《全国人口普查条例》的规定，参与并配合普查工作。

八、普查质量控制

普查实行严格的质量控制制度，建立健全普查数据质量追溯和问责机制，确保普查数据可核查、可追溯、可问责。国务院人口普查办公室统一领导、统筹协调普查全过程质量控制的有关工作。地方各级普查机构主要负责人对本行政区域普查数据质量负总责，确保普查数据真实、准确、完整、及时。各级普查办公室必须严格执行各阶段工作要求，保证各阶段工作质量达到规定标准，确保普查工作质量与数据质量合格达标。

九、普查宣传

各级宣传部门和普查机构应制定宣传工作方案，深入开展普查宣传。

各级宣传部门应组织协调新闻媒体及有关部门，通过报刊、广播、电视、互联网、手机和户外广告等多种渠道，充分利用微博、微信、短视频等新媒体传播手段，宣传普查的重大意义、政策规定和工作要求，积极营造良好的普查氛围。

各级普查机构要组织开展形式多样的宣传活动，动员社会各界支持、参与普查。

十、普查法规与纪律要求

坚持依法普查，普查工作要严格按照《中华人民共和国统计法》《中华人民共和国统计法实施条例》《全国人口普查条例》《国务院关于开展第七次全国人口普查的通知》及相关规定组织开展。

普查对象应当依法履行普查义务，如实提供普查信息，不得虚报、瞒报、拒报。拒绝提供普查所需的资料，或者提供不真实、不完整的普查资料的，由县级以上人民政府统计机构责令改正，予以批评教育，情节严重的依法严肃处理。普查取得的数据，严格限定用于普查目的，不得作为任何部门和单位对各级行政管理工作实施考核、奖惩的依据。普查中获得的能够识别或者推断单个普查对象身份的资料，任何单位和个人不得对外提供、泄露，不得作为对普查对象实施处罚等具体行政行为的依据，不得用于普查以外的目的。各级普查机构及其工作人员，必须严格履行保密义务。

十一、普查主要工作阶段

普查工作分三个阶段进行：

一是准备阶段（2019 年 10 月—2020 年 10 月）。这一阶段的主要工作是：组建各级普查机构，制定普查方案和工作计划，进行普查试点，落实普查经费和物资，准备数据采集处理环境，开展普查宣传，选聘培训普查指导员和普查员，普查区域划分及绘图，进行户口整顿，开展摸底等。

二是普查登记阶段（2020 年 11 月—12 月）。这一阶段的主要工作是：普查员入户登记，进行比对复查，开展事后质量抽查等。

三是数据汇总和发布阶段（2020 年 12 月—2022 年 12 月）。这一阶段的主要工作是：数据处理、汇总、评估，发布主要数据公报，普查资料开发利用等。

十二、其他

（一）香港特别行政区、澳门特别行政区的人口数，按照香港特别行政区政府、澳门特别行政区政府公布的资料计算。

台湾地区的人口数，按照台湾地区有关主管部门公布的资料计算。

（二）因交通极为不便等特殊因素，需采用其他登记时间和方法的地区，须报请国务院人口普查办公室批准。

（三）对认真执行本方案，忠于职守，坚持原则，在普查工作中做出显著成绩的单位和个人，按照国家有关规定给予表彰奖励。

（四）本方案由国务院人口普查办公室负责解释。

（国务院第七次全国人口普查领导小组办公室.中国人口普查年鉴-2020[M].中国统计出版社，2022 年 6 月 10 日，1935-1937.）

复习思考题

1. 什么是市场调查方案设计？其在整个市场调查中的作用是什么？
2. 市场调查方案包括哪些具体内容？

3. 简述市场调查者应该具备的条件和素质。

实践训练——设计调查方案

1. 成立实训任务小组，实训部分全部以组为单位进行。学生自行组队，原则上每组不超过 10 人。每组推选一名组长，负责协调、联系工作。

2. 选择调查主题，分析调查目的，制订调查计划，撰写一份调查方案。

① 选择一个与在校大学生有关的产品或服务作为调查目标。

② 设计有针对性的营销决策问题，明确调查对象。

③ 根据调查目的撰写调查方案，方案内容完整、合理，有深度。

第三章　市场调查问卷设计

【学习目标】

1. 了解问卷和问卷设计含义以及问卷设计的程序；
2. 理解市场调查问卷设计应遵循的原则；
3. 掌握市场调查问卷问句和市场调查问卷量表的设计方法以及问卷的整体设计。

在市场调查活动中，调查的目的是获取足够的信息资料。问卷是国际通用的询问调查的基本工具，是收集资料的主要方式。问卷设计是市场调查活动的一个重要环节，是问卷调查的关键，问卷质量直接决定市场调查活动能否获得准确、可靠的市场信息。为保证问卷的科学性和有效性，专业的问卷设计人员应遵循正确的设计原则和科学的设计程序。问卷设计能力是市场调查的基本能力。

第一节　问卷设计基础

一、问卷设计的概念及作用

（一）问卷设计的概念

在进行市场调查时，面谈访问法、电话访问法、邮寄问卷、网上调查等方式，都需要事先拟好调查提纲。我们把系统记载需要调查的项目及内容的有关文件统称为调查问卷。采用问卷进行调查是国际通行的一种调查方式，也是我国近年来推行最快、应用最广的一种调查手段。

所谓问卷设计，它是调查者根据调查目的和要求所设计的，由一系列问题、调查项目、备选答案、说明等组成的一种调查工具。它系统地记载了所需调查的具体内容，是了解市场信息资料、实现调查目的和任务的一种重要形式。

由于问卷调查通常是靠被调查者通过问卷间接地向调查者提供信息资料，市场调查是市场分析和预测的基础，其科学性决定着整个活动过程及其结果的成败。所以，作为调查者与被调查者之间充当中介的调查问卷，其设计是否科学合理，将直接影响问卷的回收率，影响资料的真实性、可靠性和有效性。因此，在市场调查中，应对问卷设计给予足够的重视。

（二）问卷设计的作用

1. 实施方便，提高精度

问卷可以为调查提供标准化和统一化的数据搜集程序。调查者将所要获得的资料按照一定的顺序以提问的方式在问卷中列出来，并提供大多数问题的答案选项供受访对象选择，使

之易于接受。如果没有问卷，应答者的回答可能受到访问员用词的影响，而不同的访问员会以不同的方式提问，导致所搜集的资料精度下降，这会影响调查结果的质量。

2. 便于对资料进行统计处理和定量分析

问卷不仅将人们实际的购买行为以提问和回答的方式设计出来，而且可以将人们的态度、观点、看法等定性的认识转化成定量的研究，这样研究者除了对调查对象的基本状况有一定的了解外，还可以对各种现象进行相关分析、回归分析等。

3. 节省调查时间，提高调查效率

由于问卷设计已将调查目的、调查内容转化为具体的问题和备选答案罗列出来，除一些特殊情况需要被调查者作文字方面的解答以外，调查对象只需对所选择的答案做上记号即可，因此节省了许多时间，使调查者能在较短的时间内获得更多的有用的信息，调查工作效率大大提高。

二、问卷设计的原则及程序

一个成功的问卷设计应该具备两个功能：一是能将所要调查的问题明确地传达给被调查者；二是设法取得与对方合作，并取得真实、准确的答案。但在实际调查中，由于被调查者的个性不同，他们的教育水准、理解能力、道德标准、宗教信仰、生活习惯、职业和家庭背景等都具有较大差异，加上调查者本身的专业知识与技能高低不同，将会给调查者带来困难，并影响调查的结果。为了克服上述困难，完成问卷的两个主要功能，问卷设计时应遵循一定的原则和程序。

（一）问卷设计的原则

1. 目的性

在进行问卷设计时，首先要明确调查所要研究和解决的问题。因此，所问的问题必须是与调查主题有密切关联的问题。这就要求问卷设计必须做到目的明确，任务具体，以免造成理解不同而使搜集来的资料口径不一。

2. 简明性

简明性原则主要体现在三个方面：① 调查内容要少而精。没有价值或无关紧要的问题不要列入，同时要避免出现重复，力求以最少的项目设计必要的、完整的信息资料。② 含义明确。如果被调查者不了解或是误解问句的含义，不是无法回答就是答非所问。例如，当询问消费者购买某种商品的动机时，有些消费者对动机的含义不了解，很难做出具体回答。③ 调查时间要简短，问题和整个问卷都不宜过长。设计问卷时，不能单纯从调查者角度出发，而要为被调查者着想。调查内容过多，调查时间过长，都会招致被调查者反感。一般问卷回答时间应控制在 30 分钟左右。

3. 可接受性

问卷设计要做到比较容易让被调查者接受。由于被调查者有选择是否参加调查的自由，他们既可以采取合作的态度，接受调查；也可以采取对抗行为，拒答。因此，寻求合作就成为问卷设计中一个十分重要的问题。首先，应将调查目的明确告诉被调查者，让对方知道该项调查的意义和自身回答对整个调查结果的重要性；其次，要替被调查者保密，以消除其某种心理压力，使被调查者自愿参与，认真填好问卷。此外，还应注意问题的逻辑顺序，以及问卷设计用语是否适合被调查者身份、水平等。

（二）问卷设计的程序

问卷设计是由一系列相关工作过程所构成的，为使问卷具有科学性和可行性，需要按照一定的程序进行，如图 3.1 所示。

图 3.1　问卷设计的程序

1. 准备阶段

准备阶段是根据调查需要，确定调查主题的范围和调查项目，将所需收集的资料一一列出。在此阶段，由于设计者自身能力的有限性，应充分征求有关各类人员的意见，以了解问卷中可能出现的问题，力求使问卷切合实际，能够充分满足各方面分析研究的需要。可以说，问卷设计的准备阶段是整个问卷设计的基础，是问卷调查能否成功的前提条件。

2. 初步设计

在准备工作基础上，设计者就可以根据所要收集的信息资料，按照设计原则设计问卷初稿。在此阶段，主要是问题及答案的设计，以及问卷结构的确定并拟定问题的编排顺序。对提出的每个问题，都要充分考虑是否有必要，能否得到答案。在设计问卷的顺序时，应注意问题的安排要具有逻辑性，先易后难，感兴趣的问题排前，可引起答卷者的兴趣与注意力，敏感性问题、开放性问题放在后面。这些都是设计调查问卷时十分重要的工作，必须精心研究，反复推敲。

3. 试答和修改

一般说来，所有设计出来的问卷都存在一些问题，因此，需要将初步设计出来的问卷在小范围内进行试验性调查，以便弄清问卷在初稿中存在的问题，了解被调查者是否乐意回答和能够回答所有的问题，哪些语句不清、多余或遗漏，问题的顺序是否符合逻辑，回答的时间是否过长等。如果发现问题，应做必要的修改，使问卷更加完善。试调查与正式调查的目的是不一样的，它并非要获得完整的问卷，而是要求回答者对问卷各方面提出意见，以便修改。

4. 定稿并印刷

根据试调查情况，修改完善问卷后，就可以进行定稿并根据调查需要印刷正式问卷。一般为了保证问卷回收的有效性，可以适当增加问卷的印刷数量，以保证市场调查中所需要的最小样本数。同时，被调查者接触问卷的第一印象，往往决定着被调查者的合作态度和问卷的回收率。因此，要让被调查者产生好感，应注意以下几点：一是问卷纸张的选择要好，印刷要美观，纸张大小要适宜，便于保管和携带，一般以 16 开或 32 开为宜；二是问卷布局要合理，各问题之间要留出一定的空间，不要编排过密，尤其是开放式问题，留有填写答案的空间要充足。

第二节　问卷设计技术

一、问卷的一般格式

一份完整的调查问卷主要由表头、表体和表脚构成，通常包括标题、问卷说明、调查内容、编码、作业证明记载等内容。

1. 问卷的标题

问卷的标题概括说明调查研究主题，使被调查者对所要回答什么方面的问题有一个大致的了解。确定标题应精确、简练，概括性强且富有感染力。例如“大学生消费状况调查”，“2021年我国旅游市场状况的调查”等，而不要简单采用“问卷调查”这样的标题。

2. 问卷的说明

问卷说明旨在向被调查者说明调查的目的、意义。有些问卷还有问候语、填表说明及其他事项等。问卷说明一般放在问卷开头，通过它可以说明调查者的身份、调查目的以及调查结果的使用与保密措施等，消除顾虑，使被调查者明确填写问卷的要求和方法，并按一定的要求填写问卷。问卷说明既可采取比较简洁、开门见山的方式，也可在问卷说明中进行一定的宣传，以引起被调查者对问卷的重视。下面举例加以说明：

公众医疗保险意识问卷

________女士/小姐/先生：

您好！我是××市场调查公司的访问员，我们正在进行一项有关公众医疗保险意识方面的调查，目的是想了解人们对医疗保险的看法和意见，以便更好地促进医疗保险事业的发展。您的回答无所谓对错，只要真实地反映了您的情况和看法，就达到了这次调查的目的。希望您能积极参与，我们对您的回答完全保密。调查要耽搁您一些时间，请您谅解。谢谢您的支持与合作！

3. 调查内容

调查内容是调查者所要了解的基本内容，也是调查问卷中最重要的部分。它主要是以提问的形式提供给被调查者，这部分内容设计的好坏直接影响整个调查的价值，有关内容将在本章后面加以介绍。

4. 编　码

编码是将问卷中的调查项目变成数字的工作过程，大多数市场调查问卷均需加以编码，以便分类整理，易于采用软件进行计算机处理和统计分析。编码有两种形式：一是调查前编码，叫事前编码；另一种是调查后编码，叫事后编码。在实际调查中，研究者大多采用事前编码。所以，在问卷设计时，应确定每一个调查项目的编号和为相应的编码做准备。通常是在每一个调查项目的最左边按顺序编号。例如：您的姓名；您的职业……而在调查项目的最右边，根据每一调查项目允许选择的数目，在其下方划上相应的若干短线，以便编码时填上相应的数字代号。

5. 作业证明的记载

在调查问卷的最后，附上调查员的姓名、访问日期、时间等，以明确调查人员完成任务的性质。如有必要，还可写上被调查者的姓名、单位或家庭住址、联系电话等，以便审核和

进一步追踪调查。但对于一些涉及被调查者隐私的问卷，上述内容则不宜列入。

二、问题的设计

调查问卷是由若干个问题构成的，所以问题是问卷的核心。而问题又是由题干和答案构成的，因此，问题的类型及答案的设计方法将直接影响调查的成败。

（一）问题的类型

1. 按照问题的询问方式可将问题分为直接性问题和间接性问题

所谓直接性问题是指在问卷中能够通过直接提问的方式得到答案的问题。直接性问题通常给回答者一个明确的范围，所问的是个人基本情况或意见，比如，“您的民族”“您的职业”“您最信任什么品牌的电视”“您最喜欢的洗发水是什么牌子的”等，这些都可获得明确的答案。这种提问对统计分析比较方便，但遇到一些窘迫性或者敏感性问题时，如果采用这种提问方式，可能无法得到所需要的答案。

所谓间接性问题是指那些不宜于直接提问，而采取间接提问的方式获得答案的问题。通常是指那些被调查者因对所需回答的问题产生顾虑，不敢或不愿真实地表达意见的问题。例如，在询问被调查者每月收入时，如被调查者每月收入超过 2 000 元时，他就会将纳税联系在一起，从而有意压低收入的数字。这时，如果将要提问的问题换成其他人的意见和看法，而由被调查者进行选择和评价，就容易多了，而且还会比直接提问获得更多的信息和资料。

2. 按照问题的答案是否列出，可将问题分为开放式问题和封闭式问题

所谓开放式问题是指只提出问题，不列出答案，而由被调查者自由回答的问题。这种类型的问题，由于没有限定答案，有利于发挥被调查者的想象力，突破调查者的思维范围，集思广益，获取更多更深入的信息资料，特别适合询问答案很多又很复杂的问题。但是，这种提问方式由于需要被调查者思考而且书写答案，增加了回答的难度及回答的时间，被调查者往往不愿意合作，影响了问卷的回收率；同时，由于答案的多样性，加大了统计整理的难度，不便于进行分析；这种提问方式对被调查者要求比较高，开放式提问过多，容易影响问卷的质量。所以，在问卷设计时，应尽量减少对开放式问题的使用数量，一般以 2 ~ 3 个为宜。

所谓封闭式问题是指已经列出可供被调查者进行选择的答案，被调查者只要或只能从中选择一个或者几个答案的提问方式。封闭式提问由于有现成答案，回答方便，节省了调查时间；被调查者易于合作，有利于提高问卷的回收率和有效率；答案标准化，便于统计整理和分析。缺点是只能在规定的范围内回答，由于问卷设计者本身能力有限，所列举的答案不一定全面，因而缺乏灵活性和深入性，无法反映被调查者的真实想法，创造性受约束；设计难度也比较大。

3. 按照提问的内容可将问题分为事实性问题、行为性问题、动机性问题、态度性问题

所谓事实性问题是要求被调查者回答一些有关事实性的问题。例如“您通常什么时候看电视？”，这类问题的主要目的是获得有关事实性资料。因此，问题的意见必须清楚，使被调查者容易理解并回答。常在一份问卷的开头和结尾都要求回答者填写其个人资料，如职业、年龄、收入、家庭状况、教育程度、居住条件等，这些问题均为事实性问题，对此类问题进行调查，可为分类统计和分析提供资料。

行为性问题是对回答者的行为特征进行调查而提出的相关问题。例如，“您是否光顾某某商场？”“您是否购买了电脑？”，行为性问题回答多属于事实问题，回答也比较简单，有利于企业了解人们的行为规律，但不利于了解其内心活动及心理变化规律。

动机性问题是对被调查者的行为产生的原因或动机进行调查而提出相关问题。由于此类问题比较容易了解事件或行为产生的原因，所以常常与行为性问题结合使用。例如，“为什么购买电脑？”“为什么光顾某商场？”等。在提动机性问题时，应注意人们的行为可以是有意识动机，也可以是半意识动机或无意识动机产生的。对于前者，有时会因种种原因不愿真实回答；对于后两者，因回答者对自己的动机不十分清楚，也会造成回答的困难。因此，在使用时要注意提出的问题要具有可接受性或易于回答性。

态度性问题是对被调查者的态度、意见、看法等进行调查时而提出的相关问题。例如：“您是否喜欢××牌子的汽车？”“您认为某某的看法是否正确？”等都属于态度性问题。

以上是从不同的角度对各种问题所做的分类。应该注意的是，在实际调查中，几种类型的问题往往是结合使用的。在同一个问卷中，既有开放性问题，也有封闭性问题。甚至同一个问题中，也可将开放性问题与封闭性问题结合起来，组成结构式问题。例如，“您家里目前有空调吗？有____，无____；若有，是什么牌子的？”。同样，既可采取直接提问方式，对于回答者不愿直接回答的问题，也可以采取间接提问方式，问卷设计者可以根据具体情况选择不同的提问方式。

（二）问题设计技巧

问卷的提问设计表达要简明、生动，措辞准确，具体应注意以下几点：

1. 避免提一般性问题

避免提一般性问题，一般性问题对实际调查工作并无指导意义。例如，“您认为我公司的DVD广告有效吗”这样的提法，很可能得到虚假的答案，如果改为，“您认为市场上的DVD广告哪一个给您的印象最深”，得到的答案更可信。又如：“您对某商场的印象如何”这样的问题过于笼统，使被调查者不好回答，很难达到预期效果。若改为：“您认为某商场商品品种是否齐全、营业时间是否恰当、服务态度怎样”等，就比较具体。

2. 避免用不确切的或专业词汇

避免用不确切的或专业词汇，例如“普通”“经常”“最近”等。这些词语，各人理解往往不同。比如当问及“您是否经常食用方便面”，不同的人对“经常”理解不一样，有的人可能认为天天食用为经常，有人可能认为每周食用几次为经常，还有人可能认为每月食用几次也是经常。由于不同的人理解不同，容易产生偏差，若将以上提问改为“您通常一周食用几次方便面”，语意就比较清晰了。同时，在问卷设计中还应注意语句的通俗易懂，应避免或减少使用专业词汇。例如，“您是否认为使用电脑数字技术制作的广告更具有吸引力”，很多人由于没法理解“电脑数字技术”而无从回答。

3. 避免提问内容交叉

避免提问内容交叉，例如，“您最近是出门旅游，还是休息”，出门旅游也是休息的一种形式，它和休息并不存在选择关系，正确的问法是：“您最近是出门旅游，还是在家休息？”

又如，“您觉得这种新款轿车的加速性能和制动性能怎么样？”同时问了两个问题，这样就让人无从回答。

4. 避免诱导性问题

如果提出的问题暗示出调查者的观点和见解，力求使被调查者跟着这种倾向回答，这种提问就是“诱导性提问”。例如：“消费者普遍认为××牌子的冰箱好，您的看法如何？”诱导性提问会导致两个不良后果：一是被调查者不加思考就同意所引导问题中暗示的结论；二是由于诱导性提问大多是引用权威或大多数人的态度，被调查者考虑到这个结论既然已经是普遍的结论，就会产生心理上的顺向反应。此外，对于一些敏感性问题，在诱导性提问下，被调查者不敢表达自己的真实想法等。因此，这种提问是调查的大忌，常常会引出和事实相反的结论。同时，要避免提否定式问题，例如“您觉得这种产品的新包装不美观吗”，很容易让回答者有压力。

5. 避免断定性问题

所谓断定性提问，就是在提出某个问题时，某一事实已经被肯定存在。例如，“您准备什么时候购买电视”，在提出该问题的时候，购买电视就已经被肯定，而对不准备购买电视的人就很难回答。而若改为两个连贯问题，先问：“您是否准备购买电视”，再问：“您准备什么时候购买电视”，就较为严密了。又如：“您一天抽多少支烟？”这种问题即为断定性问题，被调查者如果根本不抽烟，就会造成无法回答。正确的处理办法是此问题可加一条“过滤”性问题。即：“您抽烟吗”，如果回答者回答“是”，可继续提问，否则就可终止提问。

6. 避免敏感性问题

提问时应尽量不要涉及别人的隐私，如果有些问题非问不可，也不能只顾自己的需要、穷追不舍，应考虑回答者的情况。例如，“您下岗后，主要生活来源靠什么”“您是否离过婚、离过几次、谁的责任”等。当然，对于敏感性问题可以采用一些方法进行处理。常见的有如“释难法”，即通过在问题之前加一段有助于缓和被调查者为难程度的文字，使提问自然化；“人称代换法”，指将要直接向被调查者询问的问题，改成关于第三人称的问题，使被调查者处于纯客观的地位，便于回答问题。“数值归档法”，即将要研究的变量的取值划成几个连续的区间，由被调查者选择。适于询问被调查者的年龄、收入等敏感问题。例如，直接询问女士年龄也是不太礼貌的，可列出年龄段：20岁以下，20~30岁，30~40岁，40岁以上，由被调查者选择。

三、答案的设计

在实际的市场调查中，无论是哪种问题的类型，都要对答案进行设计，尤其是封闭性问题，更要进行全面、系统、严格、周密的设计。一般较常用的答案设计方法有：

1. 二项选择法

所谓二项选择法是指出的问题只有两种对立的答案可供选择，被调查者只能在两种答案中选择其一，也称真伪法或二分法。这两种答案是对立的、排斥的，被调查者的回答非此即彼，不能有更多的选择。比如“是”或“否”，“有”或“无”等。例如：“您家里有电脑吗”，答案只能是“有”或“无”。又如，“您是否打算在近五年内购买住房”，回答只有“是”或“否”。

这种方法的优点是易于理解，便于选择，所以可以快速地获取答案；由于备选答案数量少，便于进行统计分析和整理。但回答者没有进一步阐明理由的机会，难以反映被调查者意见与程度的差别，了解的情况也不够深入。这种方法，适用于互相排斥的两项择一式问题，以及对简单的事实性、态度、行为等问题的提问。

2. 多项选择法

所谓多项选择法是指提出的问题有两种以上的答案可供选择，被调查者只需在多种答案中选择一项或几项。

例如，“您喜欢下列哪几种牌号的牙膏？”（在您认为合适的□内划√）

中华□　芳草□　洁银□　康齿灵□　美加净□　黑妹□　其他□

又如：“您不喜欢食用方便面的原因是什么？”（在您认为合适的项目下画上“√”）

① 没有营养　② 有害健康　③ 价格偏高　④ 其他

这种方法的优点是备选答案较多，比二项选择法的选择强度有所缓和，能较好地反映被调查者的意见及其程度差异；由于限定了答案范围，为统计整理和统计分析提供了方便。但是，使用这种方法问题设计的难度较大，对问卷设计的要求较高。同时，设计者要考虑以下情况：一是要考虑到全部可能出现的结果，以及答案可能出现的重复和遗漏；二是要注意根据答案的排列顺序。有些回答者常常喜欢选择第一个答案，从而使调查结果出现偏差。此外，答案较多，也会使回答者无从选择，或产生厌烦。一般这种多项选择的答案应控制在 8 个以内，当样本量有限时，多项选择易使结果分散，缺乏说服力。

3. 顺序选择法

顺序选择法又称顺位法、排队法，是指问卷设计者列出若干个项目，由被调查者按重要性进行排列顺序的一种方法。在实际运用中，主要有两种方法，一是有限顺位法，即按重要程度，规定其顺序位数，并只对其中的某些答案进行排序；另一种是无限顺位法，即不规定顺位数，而由被调查者对答案全部排列或按其理解进行排列。

例如，“在您购买方便面时，请您按重要程度的顺序排列出您认为最重要的 3 个影响因素，并将其序号写在题干后面的括号里。”

① 品牌　② 价格　③ 包装　④ 促销　⑤ 亲朋影响　⑥ 方便性快捷　⑦ 其他（　　）

这属于有限顺位法，因为调查者只要求被调查者排出前 3 位的影响因素。而如果将该题的题干改成：“在您购买方便面时，请您按重要程度将下列影响因素的顺序排列出来，并将其序号按顺序写在题干后面的括号里。”① 品牌　② 价格　③ 包装　④ 促销　⑤ 亲朋影响　⑥ 方便性快捷　⑦ 其他（　　）

又如，“您选购空调看重的是”（请将所给答案按重要顺序填写在□中）。

价格便宜□　外形美观□　维修方便□　牌子知名□

经久耐用□　噪声低□　制冷效果□　其他□

这属于无限顺位法，因为调查者没要求被调查者排出前几位的影响因素，在进行调查时，被调查者可以对全部答案进行排序，也可以根据自己的理解进行排序。

顺位法与选择法相比，它不仅能反映被调查者的意见、动机、态度、行为等方面的因素，还能比较出各种因素的先后顺序，便于被调查者回答，也便于调查者对结果进行统计整理。

实际应用时，应注意：一是备选答案不宜太多，否则会造成排序分散，加大整理分析的难度；二是要注意给定答案的顺序，避免对被调查者产生暗示。因此，这种方法比较适合对备选答案需要排列先后顺序时使用。

4. 比较法

所谓比较法是采用对比提问方式，要求被调查者做出肯定回答的方法。

例如，“请比较下列每一对不同品牌的方便面，哪一种您更喜欢食用？”（每一对中只选一个并画上“√”）

①康师傅　今麦郎　　②康师傅　福满多

③统一　福满多　　④统一　康师傅

⑤今麦郎　统一　　⑥今麦郎　福满多

由于比较法采用了一对一的比较，具有一定的强制性，因而更容易使被调查者的态度明朗化，从而更快地反映调查者的见解和态度，但在使用比较法时应注意：对比项目不宜过多，例如在上例中，列举了4个品牌，就要形成6组对比项目，可见，对比项目越多，形成的对比组合越多，越不便于进行比较；这种方法适合比较具有相同或相似的对比条件的项目，例如产品质量、产品的功能、产品的档次等方面相同或相近的可以采用比较法。同时，在应用比较法的时候要考虑被调查者对所要回答问题中的商品品牌等项目是否相当熟悉，否则将会导致空项发生。

5. 自由回答法

自由回答法又称开放式回答法，它是指问卷的设计者只列出问题，而没有给定答案。例如，“您觉得软包装饮料有哪些优、缺点？”“您认为应该如何改进电视广告？”等。由于自由回答法只需列出题干，因而自由回答法是问卷设计中最简单的一种设计答案的方法。这种方法的优点是涉及面广，灵活性大，回答者可充分发表意见，可为调查者搜集到某种意料之外的资料，缩短问者和答者之间的距离，迅速营造一个调查气氛。缺点是由于回答者提供答案的想法和角度不同，因此在答案分类时往往会出现困难，资料较难整理，还可能因回答者表达能力的差异形成调查偏差。同时，由于时间关系或缺乏心理准备，被调查者往往放弃回答或答非所问，因此，此种问题不宜过多。这种方法适用于那些不能预期答案或不能限定答案范围的开放式问题。

四、问卷的整体设计

（一）问卷编码的设计

1. 编码及其作用

编码，就是按照某种规则，将问卷信息转换成计算机可以识别的代码，以便对其进行数据整理与分析。编码是实现电子计算机数据处理的桥梁，其作用主要有：

（1）将问卷所包含的信息转换成计算机可以识别的符号，便于计算机进行处理；

（2）减少数据录入和分析的工作量，节省费用和时间，提高工作效率。

2. 编码设计的步骤

（1）确定每个变量所用符码的性质；

（2）为每一变量规定符码；

（3）确定每个变量所需编码的位数。

具体编码方法在市场调查资料整理与分析中详细介绍。

（二）问句的排列

问卷的设计应当是经过周密计划的，问题应按照逻辑顺序排列。下一个问题应当很自然地衔接上一个问题，全部结构要设计得使访问者和应答者都能感受到问题自然的提出。这样的结构既可保持应答者的兴趣，便于做出回答，而且使所得的资料构成一个有机的整体。

对一些难度较大或可能使调查者困窘和敏感的问题，应安排在问卷当中或末尾进行，避免应答人一开始就难以回答或拒绝回答而失去继续答题的兴趣。

问卷中应从一个过滤问题开始，以证实应答人是否是提供资料的合适人选。例如，在对本产品的使用者进行调查时，应首先提问：您正在使用本产品吗？如果回答为“是”，访问继续进行，进入正式问题回答；如果回答为“否”，访问者可以接着问明简要原因和有关应答人的年龄、职业、住址、公司规模等背景材料，以做分类之用，并退出访问。如果对上述资料没有了解的必要，也可以直接退出访问。

所以，问卷问题的安排应按如下顺序：

（1）简要介绍，说明调查主题，用委婉和亲切的语气请求对方合作；

（2）过滤问题；

（3）了解背景材料（当应答人不符合调查条件时）；

（4）正式问题；

（5）有关主题的其他问题；

（6）答题人的姓名、联系地址或电话（在有继续联系需要时）。

（三）问卷的排版和布局

问卷的设计工作基本完成之后，便要着手问卷的排版和布局。问卷排版和布局的总的要求是：

（1）问卷的主体部分要突出、醒目；

（2）外观及版式的设计要赏心悦目，让被调查者产生好感；

（3）各问题之间要留出一定的空间，不要排得过密。

第三节　态度测量技术

一、态度测量的含义及类型

（一）态度测量的含义

在许多市场调查中，常常需要对被调查者的态度、意见、感觉等心理活动方面的问题进行判别和测定，如消费者对某种品牌冰箱的喜好程度、消费者对新推出产品的态度和评价等，都要借助各种数量方法加以测定。

态度是指人们的脑海中对某件事物或环境的认识、判断以及指导他们的反应、行动的某种状态。所谓态度测量，就是通过一套事先拟定的用语、记号和数目，来测量人们心理活动的度量工具，它可以将我们要调查的定性资料进行量化。

消费者在市场上选购什么商品，不选购什么商品，不是随意决定的，而是在心里有一定的尺度，这种尺度在心理学中称为量表。量表的最大优点就是能将定性问题定量化。运用量表测量消费者对商品的需求心理评价尺度，便是态度测量法。态度测量法作为对人们心理行为的分析手段，在心理学、社会学领域都得到了广泛的应用。随着社会主义市场经济的发展，买方市场的形成，这一调查方法在市场调查中也得到了一定重视，而且应用前景十分广阔。由于它是一种比较深入细致的调查方法，对于研究消费者心理活动，判断消费心理差别，进而预测由此引发的未来消费流行趋势，具有重要的意义。

（二）态度测量的类型

作为市场研究者，必须要对态度测量的类型有一个基本的认识，这样才能设计出符合调查目的的各种量表，并应用各种统计处理方法，提高问卷调查的效度和信度。目前，态度测量类型主要可以分为类别量表、顺序量表、差距量表和等比量表。这些不同的量表，反映了不同的消费态度和消费者购买意向，可以用来解决不同的调查问题。

1. 类别量表

类别量表又叫名义量表，是根据调查对象的性质差异进行的辨别与区分。例如，消费者对某品牌洗衣机的喜欢程度，答案有两个：喜欢或者不喜欢；对某公司售后服务评价，可以分为满意、不满意等。一般而言，该量表中所列答案只表示分类，不存在比较关系，各类别之间是平等的，没有高低、大小、优劣之分。类别量表的主要目的是在分类的基础之上，得到并分析各类统计资料，这种答案能提供的信息量有限。一般可供选择的统计分析方法有频数分析、比例分析，求众数、部分相关分析等。

2. 顺序量表

顺序量表又叫次序量表，是测量消费者对类别之间不同程度的次序关系。例如，要了解消费者对某品牌洗衣机的看法，可以根据其偏好程度分别给予“5、4、3、2、1”评分，对所调查答案很喜欢的给 5 分，比较喜欢的给 4 分，无所谓的给 3 分，不喜欢的给 2 分，很不喜欢的给 1 分。顺序量表一般要求所列答案之间要具有顺序关系，并且顺序关系由每个被调查者根据自己的态度来确定。各类别间有高低优劣之分，不能随意排列，也不能作加减乘除运算，其差异无法准确计量。因此，可以采用中位数或加权平均数以求平均态度值进行分析。

3. 差距量表

差距量表是用于测量消费者对于喜欢或不喜欢商品次序之间的差异距离的，如 4 分同 3 分的差距等于 3 分同 2 分的差距等。它比顺序量表更为精细，不仅能表示顺序关系，还能测量各顺序位置之间的距离。但应该注意的是，不能说 6 分为 3 分的两倍，因为差距量表上没有一个真正的零点，例如温度测量。所谓的真正的零点是指量表中零点的确定应具有完全客观的标准。因此，量表中所表示的只能是差距关系和顺序关系。各类别间自然有大小之分，但没有绝对的零点，可以做一定的加减运算，但不能进行乘除运算。常用统计分析方法有求平均数、标准差、方差分析、回归分析等。

4. 等比量表

等比量表除了具备差距量表的所有特性以外，还具有真正的零点。等比量表中零的标准是客观存在的，所列答案之间具有类别关系、顺序关系、差距关系和比率关系。等比量表是表明次序关系中数量比率关系的，如 4 分为 2 分的两倍。它既可以作加减运算，也可以进行乘除运算，并适用各种统计方法。例如，身高、年龄、体重等变量的测量都可以用等比量表测定。但采用这种量表对被调查者态度进行测量有一定困难，例如当消费者给予某种品牌产品的评价为 10 分，给另外一种品牌评价为 5 分，只能说明其偏好程度有差异，但不能表示消费者对第一种品牌的喜好程度为第二种的两倍。

二、态度测量的方法

目前，在市场调查中态度测量的方法很多，所使用的量表的种类也比较多，接下来介绍几种比较常用的。

1. 评比量表

评比量表是市场调查中最常用的一种顺序量表。在问卷设计中，调查者根据被调查的可能态度，事先拟定有关问题的答案，然后由被调查者自由选择回答的方法。评比量表的两端为两个对立的极端性答案，在两个极端的中间又划分为若干个阶段，每个阶段按照态度的强度进行排列。阶段数目可多可少，一般可以分为 3 个阶段、5 个阶段或者 7 个阶段及以上。但在制定时应注意阶段划分不能过细，过细的话往往使被调查者难以做出评价。

评比量表中不同态度答案的分数设计一般有两种方式：一种是按照自然数列设计，最不利的态度给 1 分，其次 2 分，其余的依此类推，最有利的得最高分，最高分的分数就等于所列答案的个数；另外一种是中型态度给零分，有利态度分值为正，不利态度分值为负，总分为零，而且要求设计时要相互对称。例如划分为三个阶段的量表，既可以设计为不喜欢（1 分）——无所谓（2 分）——喜欢（3 分）；也可以设计为不喜欢（-1 分）——无所谓（0 分）——喜欢（1 分）。

在进行实际测量时，一般从左到右或者从右到左给每一个阶段依次确定一个数值，然后进行市场调查，确定各个阶段的选择频数，由此可以计算出各种态度所占的比例；同时还可以根据每个阶段的等级分数乘以该段的频数，再除以总频数，得到平均分数，以平均数作为被调查者的平均态度。

2. 语义差异量表

语义差异量表是用成对的反义形容词测试被调查者对某一问题的态度。这种方法是将被测量的事物放在量表的上方，下面列出将要测定的各个因素，每个因素的两端都用两个相反的词列出，中间可以分为若干个等级（一般为 5 个或 7 个），每一等级的分数从左到右可以定为 5，4，3，2，1 或 +2，+1，0，-1，-2。然后，由被调查者根据自己的感觉在每一量表的适当位置划上记号，最后由调查者对分数进行计算整理，从而掌握人们对某事物的综合看法。在市场调查中，它主要用于市场比较、个人及群体之间的差异比较以及人们对事物的态度研究等。例如，要了解人们对某商场的看法和态度，采用语义差异量表测定，将其划分为7个等级，具体见表3.1。

表3.1　××商场

地理位置好	7	6	5	4	3	2	1	地理位置不好
服务态度好	7	6	5	4	3	2	1	服务态度不好
商品质量好	7	6	5	4	3	2	1	商品质量不好
商品价格合理	7	6	5	4	3	2	1	商品价格不合理
购物环境好	7	6	5	4	3	2	1	购物环境不好

假设某被调查者在问卷上回答的标记情况见表3.2。

表3.2　××商场

地理位置好	7	6	5	④	3	2	1	地理位置不好
服务态度好	7	⑥	5	4	3	2	1	服务态度不好
商品质量好	7	6	⑤	4	3	2	1	商品质量不好
商品价格合理	7	⑥	5	4	3	2	1	商品价格不合理
购物环境好	⑦	6	5	4	3	2	1	购物环境不好

由此可以看出，该被调查者对商场的总体评价得分为：4 + 6 + 5 + 6 + 7 = 28，综合评价的满意度为：个人评价分数/总分数 = 28/35 = 80%。

3. 固定数值分配量表

固定数值分配量表指按调查对象的特征，调查人员列举出若干答案，被调查者根据自己的认识程度给每个答案评分，由被调查者分配数值的一种态度测量表，而且不管分数如何分配，其总和必须是一个固定数值。固定数值分配量表是市场研究中常用量表之一。一般用于不同品牌产品的比较以调查消费者的偏好，也可以用于对不同因素的重要性程度的比较。在对被调查者的态度测量中，分配的数值必须以10或100为固定值，也就是说，这种量表要求对几种商品的态度测量之和应为10或100。例如，以100为固定值，调查消费者对A、B、C三种品牌的商品的态度，如果被调查者认为A牌商品比B牌商品好，B牌商品又比C牌商品好，那么可以给A牌商品50分，B牌商品30分，C牌商品20分。或者表示差别更大一些，给A牌商品60分，B牌商品30分，C牌商品10分。应用数值分配量表，便于计算汇总和进行百分率对比。通过这种态度测量，可以判别消费者对商品的喜爱、偏好程度，作为制定竞争策略，开拓市场，提高市场占有率的有意义的信息资料。

（附问卷样本）

问卷节选

亲爱的女士/先生：

您好！为了更好地满足消费者对超市的需求，提高超市服务质量和水平，特组织此次调查，请您抽出一点宝贵的时间，回答下列问题，您的意见对我们决策很重要，谢谢您的合作！我们将对您的回答严格保密。

××超市

填写说明：请根据您的情况在下列 □ 中打“√”。

1. 您是否习惯去超市购物：□是　　□否
2. 您一般到超市最想购买的商品是：（可选一项或多项）
   □食品　　□日用品　　□服装　　□家电　　□其他
3. 您通常到超市购物的间隔时间为：
   □每天一次　　□二、三天一次　　□每周一次　　□不定期
4. 您的家庭每月用于超市购物的支出一般为：
   □500 元以下　　□500～1 000 元　　□1 000～1 500 元　　□1 500 以上
5. 目前，您对超市目前所经营的产品看法是：（每一条只选一项）
   品种：□太少　　□合理　　□太多
   价格：□太贵　　□合理　　□较便宜
6. 最能吸引您到超市购物的促销方式是：（可选一项或多项）
   □有奖销售　　□折扣销售　　□赠品销售　　□广告宣传　　□其他
7. 您认为目前超市应该从以下哪些方面改进工作：（可选一项或多项）
   □合理定价　　□调整经营品种　　□改进服务质量　　□其他（　　）
8. 请问您对超市还有什么意见或建议。

复习思考题

1. 简述问卷的一般格式。
2. 简述问卷设计的程序。
3. 试述问题的类型有哪些？
4. 试述答案的设计方法有哪些？
5. 态度测量的种类有哪些？

实践训练二——设计调查问卷

以实践训练一形成的调查方案为基础，结合问卷使用条件设计一份调查问卷。

问卷应结构合理，内容完整，有针对性，问句形式多样。调查问卷不少于 20 个问题，至少包含一个量表。

第四章　市场调查方式

【学习目标】

1. 了解全面调查、重点调查、典型调查、抽样调查的含义；
2. 理解每种调查方式的优缺点、重点调查与典型调查的区别、随机抽样与非随机抽样的区别；
3. 掌握随机抽样和非随机抽样的主要方法和抽样误差的估计方法。

市场调查的组织方式指的是进行市场调查的过程中，对所要调查的市场总体是全部调查还是局部调查。市场调查组织方式可以分为全面调查和非全面调查，非全面调查又可以分为典型调查、重点调查和抽样调查。本章重点介绍抽样调查。

第一节　全面调查

一、全面调查的概念

全面调查又称为市场普查，简称普查，是指为了收集比较全面、精确的调查资料而对某一时点的市场总体对象进行的一次性调查，是对调查对象的全部单位无一例外地逐个进行的调查。通过全面市场调查可以取得被调查总体的全面的、准确的统计资料，以掌握一定时点上某种市场现象的总体情况，并可以对获得的资料加以分析研究，制定相应的应对策略。全面调查是范围广、规模大的普查。例如，我国的七次人口普查，就是对我国每个人所进行的调查；工业普查，就是对每一个工业企业进行调查。由于调查对象可以是宏观的、中观的，也可以是微观的，因此全面调查也有宏观、中观和微观之分。由此可以看出，全面调查的划分是相对的，大至全球市场，小至每一个具体的企业，只要是对其中的每个个体所进行的调查，都是全面调查。在我国，系统的全面调查工作是在 20 世纪 50 年代初期建立了国家统计机构之后开始进行的。

全面调查可以在全国、全省、全市范围内进行，也可以在某个部门、某个行业以及某个专门组织的范围内进行，所以在具体实施的过程中有两种做法：一是由上级同意制定普查表，由下级根据具体情况填报；二是由专门的普查机构，派出专门的调查人员，对调查对象进行逐个登记。全面调查可以让调查者不被某些个别现象所迷惑，便于把握事物的一般特征，并可以根据不同时期的对比分析，找出事物发展变化的规律。

全面调查就一个国家、一个地区、一个部门或一个单位来说，对其一般特征可以做出全面、准确的描述，对了解基本情况，把握社会现象总体的全貌，得出具有普遍意义的结论，制定战略规划或工作计划，具有十分重要的作用。

二、全面调查的优点和缺点

1. 全面调查的优点

（1）调查资料全面。全面调查是对全部的调查对象逐个进行的调查，范围涉及调查对象的所有个体，所以就相关调查项目来说，全面调查所收集的资料是所有市场调查中最全面的一种组织方法。

（2）调查资料的准确性高。正因为全面调查涉及的调查对象范围广泛，并且参加的人员多，组织工作复杂，所以调查的项目就不宜太多，必须尽可能简化，这就保证了全面调查的准确性。另外，全面调查必须收集同一时间的市场现象的资料，避免了收集资料时的重复或遗漏，这就减小了调查误差，提高了精确度。

（3）调查资料的标准化程度高。全面调查要求调查项目、调查时间、调查方法以及资料的统计整理方法等必须统一，能大幅度提高资料的标准化。

（4）能对市场现象的基本情况和调查总体的基本特征有比较全面的把握。全面调查只对总体的基本特征进行分析，而不对总体中的每一个单位做具体分析，所以全面调查是了解国情、省情等最重要的方式，对于了解总体的某些基本特征非常适用。例如利用人口普查中得到的相关资料，可以分析人口因素对市场的影响。如人口总量及其变动对市场需求量的影响；人口年龄、性别、职业等构成对市场商品需求结构的影响等。能够比较全面地了解市场变化的一般特征。

2. 全面调查的缺点

（1）工作量大，组织工作复杂，所需时间长，时效性差。

（2）费用高。全面调查的涉及面广，工作量大，花费的人力、物力、财力和时间都比较多，成本高。

（3）调查的内容有限。只能调查一些最基本、最一般的现象，很难对问题进行深入细致的研究。

正因为全面调查有这样一些缺陷，所以它的应用范围比较狭窄，适用性小，通常只能用于对有关全局性的、至关重要的基本情况的调查，不宜经常使用。当然在准确、全面反映市场总体的某些特征方面，全面调查方法的作用是非常明显的，是其他调查组织方法无法取代的。

三、全面调查的实施要点

（1）确定统一的调查时点。为了使全面调查获得的资料具有一致性和可比性，所收集的资料必须是反映某一时点上的基本资料。

（2）统一规定调查项目。全面调查的量大、面广、情况复杂，只有规定统一的调查项目，才便于统一综合和汇总，确保调查资料的质量。

（3）统一调查的步骤和方法。为了确保调查资料具有一定的时效性，调查范围内的各个调查点必须同时行动，在方法和步骤上必须协调一致。

（4）选择适当的调查时间。根据全面调查的任务和条件以及调查对象的特点，选择最适当的调查时间，力求调查资料具有相当的完整性和系统性。

第二节　典型调查

一、典型调查的概念

典型调查是从调查对象中选择有代表性的部分单位作为典型单位，并通过对典型单位的

调查来认识同类市场现象总体的本质及其发展规律的方法。这种调查方法是在对调查对象做全面分析、比较的基础上，有意识地选择少数有代表性的调查样本作为典型，并对其进行比较系统的、深入的、面对面的调查，而且主要是进行定性的调查。典型调查的关键是恰当地选择典型单位，使之具有充分的代表性。

二、典型调查的优点和缺点

1. 典型调查的优点

（1）典型调查由于是面对面的调查，能获得比较真实可靠、广泛和丰富的第一手资料。

（2）调查的技术方法选择面大，可以做较系统、深入的调查。

（3）能够把调查和研究结合起来，有利于揭示事物内在的本质、发展规律和未来的发展趋势。

（4） 由于是对少数典型单位进行的调查，范围小，样本少，有利于节约人力、物力和财力。同时也节省时间，时效性强，对市场变化的反映比较敏锐。

2. 典型调查的缺点

（1）典型单位的选择容易受到调查者主观判断的影响，有很大的主观随意性。

（2）由于只是对少数典型单位进行调查，以此调查结果来推断调查总体的特征总会存在一定的差异，准确程度不高。

（3）典型调查的调查结论的适用范围，只能根据调查者的经验来判断，很难用科学的手段准确测定。

（4）典型调查主要是一种定性的调查方法，很难对调查对象总体进行定量的分析和研究。

三、典型单位的选择

正确地选择典型单位是典型调查的关键。典型单位指的是对总体具有代表性的单位，必须是具有反映市场现象总体一般性特征的单位，因此不能按照人的意志去臆想，必须根据客观实际情况，采取实事求是的态度选择，以保证典型单位的客观性。要保证典型单位的代表性，在选择典型单位之前，必须对市场现象的总体情况进行必要的分析，把握总体的大致情况，否则就无法判断哪些单位对总体具有代表性。在实际调查过程中，选择典型单位的方法一般有两种：一是从调查总体中直接选择有代表性的单位。这种做法适用于市场现象发展比较平衡，总体单位之间无明显差异的情况。二是对调查总体进行分类后，从各类中选择典型单位。这种做法适用于市场总体发展不平衡，总体单位之间差异明显，且可以根据这种差异将总体分为若干类别的情况。如居民收入的差异决定了其消费结构的差异；经营单位的城乡差别决定消费者商品需求结构的不同等。

第三节　重点调查

一、重点调查的概念

重点调查是从市场调查总体中选取少数重点单位进行的调查，并用重点单位的调查结果

来反映市场总体的基本情况。重点调查的目的是对某个市场总体的数量状况做出基本的推断，所以主要是进行定量调查。

重点单位是指在调查总体中占有十分重要地位的单位，其单位数在总体中的比重不大，但某一标志值在总体中占绝大比重的单位。由于这样的重点单位数量不多，而某一标志值在总体中的比重大，在调查总体中极具代表性。所以当调查任务不要求全面准确的资料，而且在总体中确实存在着重点单位时，进行重点调查能以较少的人力、物力、财力和时间较准确地掌握调查对象的基本情况。

二、重点调查的特点

（1）重点调查涉及的对象较少，调查单位数目不多。因此所获得的资料只是少数单位的情况，调查结论也只是对少数单位的研究结果，对总体的推断不太准确、精确度相对较低。

（2）调查的项目可以适当增加。正因为调查的单位较少，所以针对每个调查对象的调查项目就可以多一些，可以进行深入、细致地研究。

（3）比较节省人力、物力和财力。

（4）适用面较窄。重点调查适合于总体中有重点单位存在的市场现象。如果总体中个体单位发展比较平衡，无法找出重点单位，就不能采用重点调查。

三、重点调查的适用范围

重点调查适用于那些只要求掌握总体的基本情况，调查标志比较单一，在数量上集中于少数单位的调查任务。例如，要了解我国钢铁市场的基本情况，在全国众多的钢铁公司中，只要对宝山钢铁公司、首都钢铁公司、鞍山钢铁公司、武汉钢铁公司、攀枝花钢铁公司等几家大型钢铁企业的产销情况进行调查即可；又如，要了解全国棉花收购的进展情况，只要调查湖北、河北、江苏、山东、新疆等主要棉产区的收购进度，就可以大致掌握整体情况。

第四节　抽样调查

市场是由千差万别的个体所构成的总体，对市场总体情况进行调查，若能够做到全面的、普遍的调查，所得到的资料当然是最能够反映市场总体特征的。但是在很多情况下要实施全面调查是非常困难的，甚至是不可能的。在这种情况下，只能采用抽样调查方法。随着市场调查工作的深入开展和频繁进行，抽样调查已经成为一种最重要的市场调查组织方式，得到了极为广泛的应用。

一、抽样调查的基本知识

（一）抽样调查的概念和特点

抽样调查是按照一定方式，从调查总体中抽取部分单位作为样本，并根据对样本的调查结果来说明总体情况的一种调查方法。抽样调查是现代市场调查中的重要组织方法，是目前

国际上公认和普遍采用的科学的调查手段。

抽样调查的特点：

（1）抽样调查的调查对象是样本，是总体的一部分单位，不是全部单位，也不是个别或少数单位。

（2）抽样调查样本抽取可以按照随机原则进行，也可以采用主观判断抽样，但主要按照随机原则进行。

（3）抽样调查的目的不是说明样本本身的特点，而是根据数理统计原理从数量上推断总体。

（二）抽样调查的优点和缺点

1. 抽样调查的优点

（1）样本抽取的客观性和科学性强，调查结果的真实性和可靠性强。由于抽样调查主要按照随机原则抽取样本，这就排除了调查者主观因素的干扰，保证了样本对总体的代表性和客观性，大大提高了调查结果的真实性和可靠性。

（2）推断总体的准确性较高。由于抽样调查的数学基础是概率论与数理统计，抽样误差不但可以准确计算，还可以根据研究的需要，对误差大小加以适当控制，这有别于其他的非全面调查方法。另外，由于抽样调查涉及的范围相对较小，克服了全面调查中因涉及面广、工作量大、人员庞杂、易发生重复和遗漏等问题造成的对调查结果准确性的影响。

（3）调查费用较低，经济性强，调查时间短，时效性强。抽样调查由于缩小了调查对象的范围，仅仅是对市场总体中的部分样本进行调查，所以相对于全面调查来说，组织工作相对简单一些，所花费的人力、物力、财力相对较少，调查费用经济。而且抽样调查的时间较短，收集资料和整理资料都比较及时，提高了资料的时间价值。

（4）通过抽样调查，可以使收集的资料在深度和广度上都大幅度提高。

（5）抽样调查的应用范围非常广泛。

2. 抽样调查的缺点

（1）抽样调查主要适合于定量调查，不适合于定性调查。

（2）不适用于调查总体的范围不十分明确的调查对象。

（3）对调查人员要求较高。抽样调查要求调查人员具有一定的数学知识，尤其是概率论与数理统计方面的知识。

（4）有时因样本庞大，使调查的深度和广度受到影响。

（5）有时会因样本数量不足而影响调查结果的准确性。

（三）抽样调查中常用的概念

1. 全及总体和抽样总体

全及总体简称总体，是指所要调查对象的全体。总体中的单位如果是不可计数的，称为无限总体，如果是可以计数的，称为有限总体。总体一般用 N 表示总体规模的大小。抽样总体简称样本，又称为样本容量，是从全及总体中抽选出来所要直接观察的全部单位。样本单位数的多少一般用 n 表示。如调查某学校学生的平均月生活费收入和支出，可以按抽样调查理论从全体学生中抽取部分学生了解，那么全校学生就是全及总体，抽取的部分学生就是抽样总体。

2. 全及指标和抽样指标

全及指标是根据全及总体各单位指标值计算的综合指标，由总体各单位的标志值或标志属性决定。全及指标是唯一的、确定的指标。常用的全及指标有：全及总体平均数、全及总体成数、全及总体方差和均方差。

全及总体平均数：是全及总体所研究的平均值，根据所掌握资料的情况，可有简单式和加权式的计算方法。其计算公式为：

$$\bar{X}=\frac{\sum X}{N}$$

式中：$\bar{X}$ 表示全及总体平均数；X 表示总体各单位标志值；N 表示全及总体单位数。

全及总体成数：是指一个现象有两种表现时，其中具有某种标志的单位数，在全及总体中所占的比重。例如，产品可分为合格产品和不合格产品，产品总体中合格品率或不合格品率即为成数。计算公式为：

$$P=\frac{N_1}{N}$$

式中：P 表示全及总体成数；N_1 表示具有某一特殊标志的单位数。

全及总体方差和标准差是用来说明全及总体标志变异程度的指标，是理解和应用抽样调查时很重要的基础指标。计算公式为：

全及总体方差 $\sigma^2=\frac{\sum(X-\bar{X})^2}{N}$

全及总体标准差 $\sigma=\sqrt{\frac{\sum(X-\bar{X})^2}{N}}$

全及总体成数方差 $\sigma_P^2=P(1-P)$

抽样指标是根据抽样总体各单位标志值计算的综合指标。常用的抽样指标有样本平均数、样本成数、样本方差和样本标准差等。计算公式分别为：

样本平均数 $\bar{x}=\frac{\sum x}{n}$

样本成数 $p=\frac{n_1}{n}$

样本方差 $S^2=\frac{\sum(x-\bar{x})^2}{n}$

样本成数方差 $\sigma_p^2=p(1-p)$

式中：x 表示样本标志值；$\bar{x}$ 表示样本平均数；n_1 表示具有某一特征的样本单位数；p 表示样本成数。

3. 重复抽样和不重复抽样

重复抽样又称回置抽样，是一种在全及总体中允许多次重复抽取样本单位的抽选方法，即从总体中随机抽出一个样本，将它再放回去，使它仍有被抽到的可能性，在整个抽样过程

中，总体单位数保持不变，被抽中的样本单位的概率也是完全相同的。

不重复抽样又称不回置抽样，即先被抽选的单位不再放回全及总体中去，一经抽出，就不会再有第二次被抽中的机会了，在抽样过程中，抽样总数逐渐减少。

4. 总体分布和样本分布

总体分布是指全及总体中的各个指标值经过分组所形成的变量数列。样本分布是指所有可能的样本指标经过分组而形成的变量数列。一般来讲，当总体分布为正态分布时，则样本分布也一定是正态分布，但当总体不是正态分布时，则样本是否是正态分布主要取决于样本的数量大小，抽样调查的基本要求就是使样本分布尽可能地接近于总体分布。

5. 抽样框和抽样单元

抽样框是指将抽样单元按某种顺序排列编制的名单，是供抽样所用的所有的调查单位的详细名单。例如：要从 10 000 名职工中抽出 200 名组成一个样本，则 10 000 名职工的名册，就是抽样框。抽样框一般可以用现成的名单，如户口、企业名录、企事业单位职工的名册、地图、数据包等，在没有现成的名单情况下，可由调查人员自己编制。无论抽样框采取何种形式，在抽样之时，调查者必须能够根据抽样框找到具体的抽样单元。因此，抽样框必须是有序的，即抽样单元必须编号，且根据某种顺序进行了排列。另外，抽样框中包含的抽样单元务必要“不重不漏”，否则将出现抽样误差。

构成抽样框的单元即为抽样单元。抽样单元不仅指构成抽样框的目录项，同时还表示该目录项所对应的实际总体特定的一个或一些单元。抽样单元不一定是组成总体的最小单位——基本单元。抽样单元可能包含一个或一些基本单元，最简单的情况是只包含一个基本单元。在简单随机抽样中，抽样单元即为基本单元；而在整群抽样中，群即为抽样单元，而群可能包含相当多的基本单元，比如在随机调查中，抽中一栋居民楼，居民楼是抽样单元，而楼中的每个居民就是基本单元。

（四）抽样调查的适用范围

（1）对一些不可能或不必要进行全面调查的社会经济现象，适宜用抽样方式解决。例如，对有破坏性或损耗性质的商品质量检验；对一些具有无限总体的调查（如对森林木材积蓄量的调查）等。

（2）在经费、人力、物力和时间有限的情况下，采用抽样调查方法可节省费用，争取时效，用较少的人力、物力和时间达到满意的调查效果。

（3）运用抽样调查对全面调查进行检查和验证。全面调查涉及面广、工作量大、花费时间和经费多，组织起来比较困难。全面调查的质量如何，需要检查验证，这时，显然不能再用全面调查方式进行。例如，工业普查，前后需要几年的时间才能完成，为了节省时间和费用，常用抽样调查进行检查和验证。

（4）对某种总体的假设进行检验，判断这种假设的真伪，以决定行为的取舍时，也经常用抽样调查来测定。

（五）抽样调查的分类

抽样调查分为随机抽样和非随机抽样两类。

随机抽样是按照随机原则抽取样本，即在总体中抽取单位时，完全排除了人的主观因素

的影响，使每一个单位都有同等的可能性被抽到，即被抽到的概率相等。遵循随机原则，一方面可使抽取出来的部分单位的分布情况（如不同年龄、文化程度人员的比例等）有较大的可能性接近总体的分布情况，从而使根据样本所做出的结论对总体研究具有充分的代表性；另一方面，遵循随机原则，有助于调查人员准确地计算抽样误差，并有效地加以控制，从而提高调查的精度。随机抽样又可以分为简单随机抽样、分层随机抽样、分群随机抽样、等距随机抽样和多阶段随机抽样。

非随机抽样不遵循随机原则，它是从方便的角度出发或根据主观的选择来抽取样本。非随机抽样无法估计和控制抽样误差，无法用样本的定量资料，采用统计方法来推断总体，但非随机抽样简单易行，尤其适用于做探测性研究。非随机抽样又可以分为任意非随机抽样、判断非随机抽样和配额非随机抽样。

二、抽样调查的程序

抽样调查必须遵循一定的程序进行，才能顺利完成，并取得应有的效果。抽样调查一般可以分为四个步骤：

1. 确定调查总体

确定调查总体是根据抽样调查的目的和要求，明确调查对象的内涵、外延及具体的总体单位数量，并对总体进行必要的分析。抽样调查虽然是仅对一部分单位进行调查，但它最终目的不是描述所调查的这一部分单位的特征，其目的是研究总体的特征及规律。如果不确定调查总体，就无法明确样本是谁的部分单位，也无法说明用样本特征所要推断的是什么。如对某地区居民购买力进行抽样调查，那么首先要明确居民购买力是居民具有货币支付能力的需求量；其次要明确是城市居民，还是城乡居民；最后明确总体的数量是多少，若以户为单位进行调查，就要掌握该地居民总户数。在此基础上，还要对总体情况进行必要的分析，如该地区居民购买力是否存在明显的水平差异，形成不同的层次，如果存在，可以考虑用分层随机抽样抽取样本，这样用样本特征推断总体特征时才更准确。

2. 设计和抽取样本

设计样本包括两项具体工作，一是确定数目的大小或样本容量的多少，即样本所要包括的部分总体单位的个数；二是选择具体的抽样方式，必须根据调查目的和调查总体的具体情况选择适当的方式，对此将在后面进行详细说明。对样本进行周密设计后，就可以实际进行抽样。

3. 收集、整理样本资料，计算样本指标

收集样本资料是一项非常具体的工作，它可以采取各种收集方法，对样本各单位进行实际调查。收集到样本的资料后，还要对资料进行整理和分析，计算出样本指标。

4. 推断调查总体指标

统计推断是抽样调查的最后一步工作，是认识总体的过程。在用样本指标推断总体指标时要利用抽样误差，同时依据概率论的有关理论，对推断的可靠程度加以控制。

抽样调查的程序是保证调查任务顺利完成的条件，其各个步骤相互联系，缺一不可。在应用抽样调查尤其是随机抽样时，一定要按程序进行。

三、随机抽样调查

（一）随机抽样的概念和特点

1. 随机抽样的概念

随机抽样是指按照一定的程序，遵循随机性原则，从总体中抽出一部分个体组成样本，通过对样本的调查研究，达到从数量上认识总体特征的一种抽样方式。

在大多数情况下，如没有特别说明，抽样调查指的就是随机抽样，它是整个数理统计应用的始点和基础。数理统计的一切描述和推断方法，都是围绕抽样所取得的局部资料进行种种分析和解析而展开的，这是一种严密、科学的方法，在市场调查中已经广泛应用。

2. 随机抽样的主要特点

（1）抽取样本时遵循随机性原则。遵循随机性原则抽取样本是随机抽样的最主要的特点，也是区别于其他非全面调查的主要方面。根据抽样理论，随机原则是指在样本的抽取过程中，保证总体中的所有个体都有同等被抽中的机会。遵循随机性原则，可以避免调查的组织者在抽取样本时受到主观因素的干扰，从而保证所抽取的样本对总体有足够的代表性，使样本真正成为总体的一个缩影。但随机性原则并不是随便或任意抽样，而是按照可以保证随机性原则实现的程序进行。

（2）从样本数量上认识总体。研究样本的目的是认识总体，而且是从数量上去推断总体，以得出关于总体的明确的数量概念。这样由样本推断总体的过程叫作估计，这是随机抽样的另一个基本特点。

（3）抽样调查的精确度及可靠程度可以测定并加以控制。抽样调查毕竟是一种非全面市场调查方式，是由部分去估计总体，因此不可能绝对地准确可靠，必然会存在误差，因而必须对推断总体的可靠程度进行测定和控制。

（二）随机抽样的具体方式和抽样方法

1. 简单随机抽样

简单随机抽样又称为单纯随机抽样，是最基本的随机抽样方式，是按照随机原则，从总体中不加任何分组、划类、排序等现行工作，直接地抽取样本。这种方法的特点是每个样本被抽取的概率相等，各个样本完全独立，彼此之间无一定的关联性和排斥性，完全排除了主观因素的干扰。在实际运用中简单随机抽样主要采取以下三种抽样方法：

（1）抽签法。首先给调查总体中每个单位进行编号，然后将序号写到签上，将签搅拌均匀，从中抽选，被抽到的号码所代表的单位就作为样本的一个单位，直到抽足预先规定的样本量为止。

抽签法直观明了，易于掌握，但如果总体规模非常庞大，从做签到抽签都不太方便。所以，抽签法适合于总体规模较小的情况。

（2）直接抽取法。就是直接从调查总体中抽取样本进行调查的方法。直接抽取法适合于总体单位在空间上比较集中的情况，如对仓库存放的材料和产品进行抽样质量检验。

（3）乱数表法，又称随机数表法。就是把 0 到 9 这十个数字随机排列成一张表，抽样时，根据总体单位的数目确定使用几位随机数，从随机数表中任何一列的任何一行开始抽取，凡

是符合总体单位编号的，即为样本单位。重复抽样时，遇到已经选用的号码仍然选用；不重复抽样时，已经用过的号码都不要，直到抽足样本数量为止。

利用随机数表抽取样本的程序和方法：第一步，将总体单位进行编号排序，准备好随机数表。第二步，确定利用随机数表中数字的位数，需要利用的数字位数由总体单位数决定，如总体单位是千位，就利用随机数表中的 4 位数字，如果总体单位数是百位，则利用随机数表的 3 位数字。第三步，确定起始点的行和列以及读数的方向，抽样的起始点可以从随机数表的任何一列的任何一行开始，如第 j 列第 i 行的第 x 位数，读数的方向也可以随意确定，上下左右都可以，不过方向一旦确定，就不能改变，否则会破坏随机性。第四步，抽取样本，凡是随机数表的读数符合总体单位的编号，就可以作为样本，重复的读数只算一次。随机数表见表 4.1。

表 4.1　随机数表

	(1)	(2)	(3)	(4)	(5)	(6)
1	26 934	88 743	32 460	11 492	61 718	40 785
2	77 178	79 334	23 790	64 267	97 045	79 411
3	57 402	90 843	94 678	87 089	89 722	78 345
4	96 483	60 975	68 310	20 142	81 235	95 620
5	99 279	47 913	96 124	98 675	56 743	37 231
6	74 955	59 276	67 432	32 563	34 568	50 783
7	16 750	75 780	20 987	96 321	10 563	10 569
8	50 940	17 964	71 350	45 329	75 457	34 567
9	11 395	64 836	88 464	67 543	15 619	29 765
10	93 430	61 958	11 718	32 446	75 433	90 852
11	22 165	78 065	65 750	90 821	10 142	35 037
12	72 635	21 389	15 642	90 078	22 058	44 850
13	66 442	98 560	31 772	69 946	78 652	69 205
14	82 590	69 035	59 346	62 463	26 890	32 555
15	65 519	70 906	88 725	69 917	78 691	79 821

例如，要从 100 个调查对象中抽取 10 个样本进行抽样调查，拟用简单随机抽样中的随机数表法抽取样本，首先给总体单位按 00～99 编号；然后确定随机数表中适用的数字位数（这里适用两位数字就可以了），可以是表中 5 位数字的任意两位数，这里假定使用前两位。假设从第三列的第二行的第一个数字开始。从上往下抽取，那么抽出的样本编号分别为 23、94、68、96、67、20、71、88、11、65。

简单随机抽样是随机抽样最基本的方式，优点是严格遵循等概率的随机原则，完全排除了抽样中主观因素的影响，简单易行。缺点是只适用于总体单位之间特性差异程度较小的调查对象，否则会导致样本分布过于分散，很不均匀，会给调查工作带来困难。

2. 等距随机抽样

等距抽样又称为机械抽样或系统抽样，就是先将全及总体各单位按一定标志排列起来，然后按照固定的顺序和一定的间隔来抽取样本单位。

排列总体单位所依据的标准有两种：一种是按与调查项目无关的标志排队。例如：在住户调查时，选择住户可以按住户所在街区的门牌号码排队，然后每隔若干个号码抽选一户进行调查；另一种是按与调查项目有关标志排队。例如：住户调查时，可按住户平均月收入排队，再进行抽选。

在排队的基础上，计算抽样距离（间隔），抽样距离（R）的大小等于总体数量（N）除以样本数量（n）。计算公式为：

$$R=\frac{N}{n}$$

（1）等距抽样的具体使用方法。

① 将抽样总体的各单位按照某种标志排列并连续编号；

② 根据总体数和抽样数，计算抽样距离，如计算结果是小数按四舍五入化成整数；

③ 确定抽样距离之后，可以采用简单随机抽样方式，从第一段距离中抽取第一个单位，为简化工作并防止出现某种系统性偏差，也可以从距离的 1/2 处抽取第一个单位；

④ 将第一个单位的编号加上抽样距离，抽取第二个单位，依此类推继续抽取剩余单位，直到抽完为止。

例如，从 6 000 名大学生中抽选 50 名大学生进行调查，可以利用学校现有的名册顺序按编号排队，从第 1 号编至 6 000 号。

抽样距离　$$R=\frac{N}{n}=\frac{6\ 000}{50}=120\text{（人）}$$

如从第一个 120 人中用简单随机抽样方式，抽取第一个样本单位，如抽到的是 8 号，依次抽出的是 128 号、248 号、368 号……

（2）等距抽样的优点和缺点。

等距抽样的优点：

① 等距抽样的组织实施简单易行，便于抽样又不易出错；

② 等距抽样可以使抽取的样本单位比较均匀地分布在全及总体中，样本单位的代表性较强，尤其当被研究现象的标志值变异程度较大时，更为有效；

③ 在实际工作中不可能抽取更多的样本单位时，这种方法更直观有效，因此，等距抽样是市场调查中应用最广的一种抽样方式。

等距抽样的缺点：

① 运用等距抽样的前提是要有全及总体每个单位的有关资料，特别是按有关标志排队时，往往要有较为详细具体的资料，这是一项十分复杂和细致的工作。

② 当抽样距离和被调查对象本身的周期性变化相吻合，而在抽样过程中没有注意到这种周期性变化时，抽取的样本代表性极差，会影响调查的精度。如对某商场每周的商品销售量情况进行抽样调查，若抽取的第一个样本是周末，抽样间隔为 7 天，那么抽取的样本单位都是周末。而往往周末商品销售量最大，这样就会发生系统性偏差，从而影响等距抽样的

代表性。

③ 在实际工作中采用的等距抽样不是严格意义上的随机抽样，使得等距抽样的误差难以估计。

3. 分层随机抽样

分层抽样又称为类型随机抽样，是先将总体按一定标志分成各种类型（称为层），然后根据各层占总体单位的比重，确定从各层中抽取的样本单位数，最后按照随机原则从各层中抽取需要的样本数，组成调查的样本总体。

分层抽样的关键是分层的标准要科学，要符合调查总体的实际情况，所以分层时应注意：

（1）选择好分层的标准或依据。进行分层抽样设计，首先要对调查对象进行分析，采用科学的标准对总体进行分层，分层的依据应根据调查目标而定。

（2）分层以后应使层内的差异缩小，层间的差异扩大。这样可以提高样本的代表性，提高估计的精度。层内差异指的是分层后，各层内部个体之间的差异，一般用层内方差测定。层间差异是指层与层之间的差异，一般用层间方差表示。在分层时应将特征比较接近的个体分在同一层，这样既可以缩小层内差异，又增加了层间差异。

（3）分层不宜太多，以免失去层的特性，不便于抽样。在实际的市场调查中，一般将总体分为 5 层比较合适，最多不要超过 7 层。

分层随机抽样又可以分为分层比例抽样、分层最佳抽样和分层最低成本抽样。

（1）分层比例抽样。分层比例抽样就是按照每个层次中单位数占总体单位数的多少，使各层分配的样本数量比例相同。计算公式为：

$$n_i = \frac{N_i}{N} n$$

式中：n_i 表示第 i 层应抽取的样本单位数；N_i 表示第 i 层的总单位数；N 表示总体单位数；n 表示样本单位数。

例如，某城市有 10 万户居民家庭，按照收入水平可分为高收入户、中等收入户和低收入户，其中高收入户 2 万户、中等收入户 5 万户、低收入户 3 万户，现抽 100 户进行某种耐用品调查，每层应各抽多少户作为样本？

$$\text{高收入户样本数量} = \frac{20\ 000 \times 100}{100\ 000} = 20\text{（户）}$$

$$\text{中等收入户样本数量} = \frac{50\ 000 \times 100}{100\ 000} = 50\text{（户）}$$

$$\text{低收入户样本数量} = \frac{30\ 000 \times 100}{100\ 000} = 30\text{（户）}$$

分层比例抽样适用于各层之间的标准差大致相近的事物，若各层之间的标准差相差很大，应采用分层最佳抽样。

（2）分层最佳抽样。分层最佳抽样就是根据各层在总体中所占比重的大小，又考虑各层标准差的差异程度而进行抽样。这样有利于降低各层之间的差异，以提高样本的可信程度。计算公式为：

$$n_i = \frac{N_i S_i}{\sum N_i S_i} n$$

式中：S_i 表示第 i 层的标准差。

例如，设上例中高收入户的标准差为 300，中等收入户的标准差为 200，低收入户的标准差为 80，则各层的抽样数量为：

$$高收入户样本数量=\frac{20\ 000\times300\times100}{20\ 000\times300+50\ 000\times200+30\ 000\times80}\approx33（户）$$

$$中等收入户样本数量=\frac{50\ 000\times200\times100}{20\ 000\times300+50\ 000\times200+30\ 000\times80}\approx54（户）$$

$$低收入户样本数量=\frac{30\ 000\times80\times100}{20\ 000\times300+50\ 000\times200+30\ 000\times80}\approx13（户）$$

分层最佳抽样因为需要根据各层的差异程度来配置样本，这对于调查单一标志是比较理想的，但对于调查多标志则难于兼顾，同时在计算上比较麻烦。因此，如果总体各层差异程度不是过分悬殊，还是采用分层比例抽样。

（3）分层最低成本抽样。分层最低成本抽样就是根据抽样的费用支出来确定各层应抽样本数的抽样方法。这样既考虑样本对总体的代表性，又考虑到抽样的费用。其样本容量的计算公式为：

$$n_i=\frac{N_iS_i/\sqrt{C_i}}{\sum N_iS_i/\sqrt{C_i}}n$$

式中：C_i 表示第 i 层的单位调查费用。

例如，在上例中，假定其他条件不变，各层的单位调查费用分别为：高收入户 10 元，中等收入户 8 元，低收入户 7 元，各收入层应抽多少样本？表 4.2 为样本量计算数据表。

表 4.2　样本量计算数据表

按收入分组	调查单位数 N_i	样本标准差 S_i	单位调查费用 C_i	$N_iS_i/\sqrt{C_i}$
高收入户	20 000	300	10	1 897 366.60
中等收入户	50 000	200	8	3 535 533.91
低收入户	30 000	80	7	907 114.73
合计	100 000			6 340 015.34

$$高收入户样本数量=\frac{1\ 897\ 366.60}{6\ 340\ 015.34}\approx30（户）$$

$$中等收入户样本数量=\frac{3\ 535\ 533.91}{6\ 340\ 015.34}\approx56（户）$$

$$低收入户样本数量=\frac{907\ 114.73}{6\ 340\ 015.34}\approx14（户）$$

分层抽样的优点非常明显：① 当总体内部类型明显时，分层抽样能够克服简单随机抽样和等距抽样的不足，按总体中各类型的分布特征，在不同类型确定样本的分布，使样本结构与总体结构接近，增强了样本对总体的代表性。② 分层抽样提高了样本指标推断总体指标的抽样精确度，在市场现象存在明显不同层次的条件下，分层抽样比简单抽样和等距抽样误差都小，也就是在同样的精确度下，分层抽样的样本容量较小，可以减少收集资料的工作量。③ 分层抽样有利于了解总体中各类别的情况。

分层抽样适用于总体单位数量较大，并且内部类别比较明显的市场调查对象。因此，这种抽样方式要求调查者对总体及总体各类型有一定的了解，否则就无法对总体做出科学的分类，也就无法实施分层抽样。在确定了各类样本单位数后，即可按简单随机抽样或等距抽样的方式抽取样本。

4. 整群抽样

整群抽样又称为分群随机抽样，是指将市场调查的总体按一定的标准分为若干群，然后从中随机抽取部分群体，对群内的所有单位进行调查的方式。比如，对工业产品进行质量调查时，在实际工作中，为了便于调查，节省人力和时间，就一批一批地抽取样本（如每隔五个小时，抽取一个小时的产品进行检查），每抽一批时，把其中所有单位全部加以登记，以此来推断总体的一般情况。

划分群时，每群的单位数可以相等，也可以不等，在每一群中的具体抽选方式，既可以采用随机的方式，也可以采用等距抽样的方式，但不管什么方式，都只能用不重复的抽样方法。

整群抽样的优点是样本单位比较集中，组织工作比较方便，确定一组就可以抽出许多单位进行观察，可以节省时间和费用。但是，正因为以群体为单位进行抽取，抽取单位比较集中，明显地影响了样本分布的均匀性。因此，整群抽样与其他抽样比较，在抽样单位数目相同的条件下抽样误差较大，代表性较低，在抽样调查实践中，采用整群抽样技术一般都要比其他抽样技术抽选更多的单位，以降低抽样误差，提高抽样结果的准确程度。

当然，整群抽样的可靠程度主要还是取决于群与群之间的差异大小，当各群间差异越小时，整群抽样的调查结果就越准确。因此，在大规模的市场调查中，当群体内各单位间的误差较大，而各群之间的差异较小时，最适宜采用整群抽样方式。

随机抽样方式除了以上几种常用的方式以外，还有多阶段随机抽样方式，由于这种方式使用不太普遍，在此就不做详细介绍。

四、非随机抽样调查

（一）非随机抽样调查的概念

非随机抽样调查是指不按随机原则，而由调查抽样人员根据调查的目的和要求，主观地从总体中抽取部分样本进行调查的抽样调查方式。非随机抽样调查是在选择样本时，加入了人为的主观因素，使总体的个体被抽取的机会不均等，是一种主观的抽样方式。

（二）非随机抽样调查的特点

和随机抽样调查相比，非随机抽样调查具有以下特点：

（1）抽样过程的主观性。由于非随机抽样调查不是按照随机原则抽取样本，而取决于调查者的主观判断和个人好恶，带有主观性。非随机抽样调查的这个特点直接关系到样本的代表性，而要提高样本的代表性，在抽样的过程中必须同时注意两点：一是抽样者的个人素质、认识水平和判断能力；二是抽样者的责任心和科学态度。不然的话，样本的代表性不高，将导致不准确甚至错误的推断。

（2）误差的不可测定性。非随机抽样调查虽然也是对总体作数量的估计，但这种估计的精度，也就是抽样误差是不可计量的。当然，这和抽样的主观性有关。

（3）对总体的了解程度要求较高。非随机抽样在很大程度上依赖于总体调查变量关于分布的大量假设的有效性，这就要求事先对总体情况有较多的了解或充分的预计，才能使非随机抽样的估计有充分的可靠性。

（4）简单易行。非随机抽样的技术限定少，运用简单易行，多数情况下，抽样都是现场完成的，所以非随机抽样在市场调查中运用范围较广。

（三）非随机抽样的具体方式

（1）任意非随机抽样。任意非随机抽样也叫偶遇抽样或便利抽样，是根据调查者的方便程度任意地抽取样本的方式，是以方便为基础的。如在公园、商场等公共场所，调查者根据自己的判断，拦住某过往游客或顾客作询问调查。

任意非随机抽样的优点是：简便易行，能及时获取信息，费用低。缺点是：对调查对象缺乏了解、样本偏差大、代表性差，调查结果的可靠程度低。所以一般用于非正式的探测性调查。

（2）判断非随机抽样。判断非随机抽样又叫主观抽样或目的抽样，是调查者根据调查目的和自己的主观判断选择调查样本的一种非随机抽样方式。判断非随机抽样中的“判断”主要指的是两个方面：一是对总体的判断，即判断总体的规模结构等；二是对样本代表性的判断，即针对总体的特点，选出调查者认为有代表性的样本进行调查。如果对总体认识正确，调查者又能准确判断出有代表性的个体，能抽出一个代表性较强的样本进行调查，因此这种方式比任意非随机抽样的估计精确度高。

判断非随机抽样获取样本单位的具体做法有两种：一是由专家判断决定样本单位，如总体中属于“多数型”或“平均型”的单位，多数型是在总体中占大多数的单位，平均型是在总体中处于中等水平的单位；二是根据掌握的统计资料，由调查者按照一定的标准来选定样本。这种方式的判断依据是客观的，抽样的确定标准则要根据具体情况而定。

判断非随机抽样样本的代表性取决于调查者本身的知识、经验和判断能力，并要求调查者对总体特征有相当的了解，所以对调查者要求较高。当然，这种方式也和调查总体的规模和结构有关，这会影响调查者的认识程度和判断效果。如果总体规模较小，结构不复杂，调查者对总体的特征认识比较全面，判断非随机抽样所抽取的样本的代表性会比较大，主观偏差较小，因此，判断非随机抽样适合于规模较小的总体。另外，判断非随机抽样具有简单、快捷的优点，如果需要较快速地获取市场信息资料，可以采用此种方式。

（3）配额非随机抽样。配额非随机抽样又称定额抽样，是指按照市场调查对象总体单位的某种特征，将总体分为若干类，按一定比例在各类中分配样本单位数，再进行主观抽样。在市场调查实践中，采用配额非随机抽样简单易行，省时省力，配额非随机抽样与其他非随机抽样方式相比，从结构上加强了样本与总体的衔接，使得各类都保证有样本作为代表，能保证样本单位在总体单位中均匀分布，进而提高了样本的代表性，调查结果比较可靠。

五、抽样误差

（一）调查误差

在市场调查中，无论是全面调查还是非全面调查，都有可能发生调查误差，调查误差是指调查的结果和客观实际情况的出入和差错。调查误差的分类见图 4.1。

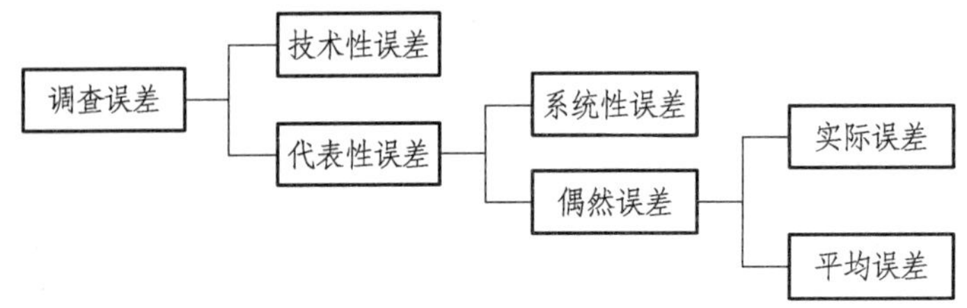

图 4.1　调查误差的类型

技术性误差是指在调查统计工作中，由于工作上的种种原因而产生的差错。如调查工作中由于登记、汇总、计算的差错所引起的误差，或者是调查方案设计的缺陷，调查统计方式不够科学等造成差错，这种误差在全面调查和非全面调查中都有可能发生。代表性误差是指由于样本结构与总体结构不一致，以样本综合指标推断总体综合指标所产生的误差。代表性误差又有两种：一是由于抽样过程中因违反随机抽样原则或抽样方式不妥而造成的系统性误差；二是由于样本不能完全代表总体所产生的偶然误差。技术性误差和系统性误差都可以避免，而偶然误差是不可避免的，只能严格控制。所以这里的抽样误差专门指偶然误差。

（二）抽样误差

1. 抽样误差的概念

抽样误差是由于随机抽样的偶然因素使样本单位的结构不足以代表总体中各单位的结构，而引起的样本指标和全及指标之间的偏差。即用样本指标推断总体特征所产生的误差，是抽样调查中不可避免的误差。抽样误差的实际表现又有两种：一种是实际误差，指的是样本综合指标与相应总体综合指标的实际偏差。如某地区的实际人均年收入为 1 548.68 元（总体平均数），而抽样调查的结果是人均年收入为 1 526.28 元（样本平均数），则实际抽样误差是 22.40 元。但是在实际的调查中，总体综合指标值是不知道的，所以实际误差是无法计算的。另一种是平均误差，指的是各种可能被抽中的样本组合数的综合指标同总体相应综合指标的平均离差，表明样本指标与综合指标可能相差的范围，而不是确切的误差数值。抽样误差带有偶然性，不同样本组合的调查结果是不一样的，因此，抽样误差可能大也可能小，可能是正值，也可能是负值。如果把这些样本指标同总体指标的误差加以平均，就可以反映抽样误差的一般水平，就是抽样平均误差（或平均抽样误差）。

这里所说的抽样误差，主要指抽样平均误差。抽样平均误差的大小，反映样本的代表性的大小。平均误差越大，样本的代表性就越小；相反，平均误差越小，样本的代表性就越大，推断的结果就越准确。

2. 抽样误差大小的影响因素

抽样误差的大小，主要受以下三个因素的影响：

（1）被研究总体各单位标志值的变异程度。总体的方差和均方差越大，抽样误差就越大；反之，则抽样误差越小。如果总体各单位标志值之间没有差异，那么，抽样指标和全及指标相等，抽样误差也就不存在了。

（2）抽取的调查单位数目，即样本容量的大小。在其他条件不变的情况下，抽样单位数越多，抽样误差就越小，反之，则越大。当样本单位数扩大到与全及总体数一致后，也就是全面调查，抽样误差也就不存在了。

（3）抽样调查的组织形式，即抽样方式。抽样误差也受抽样组织形式的影响，一般来说，按照等距抽样和分层抽样方式组织抽样调查，由于经过排队，可以缩小差异程度，因而抽取相同数目的样本，其抽样误差要比简单随机抽样和分群抽样方式的误差小。不重复抽样的误差比重复抽样的误差要小。

3. 抽样误差计算方法

由于简单随机抽样是抽样调查的基础，所以这里着重介绍简单随机抽样条件下的抽样误差的计算。

（1）抽样平均误差的计算。在抽样调查中，往往可以根据调查的需要，从同一全及总体中抽取很多样本，每个样本都有相同的或不同的样本容量，同时，每个样本都可以计算相应的抽样平均数或抽样成数，这样，从理论上讲，可以计算出许多抽样误差，为了反映这些误差的一般水平，就要计算抽样平均误差。

抽样平均误差是指所有样本抽样的平均数。它不是一个简单的算术平均数，而是抽样平均数或抽样成数的标准差，即可能出现的样本的平均离差。因此，抽样平均误差被用作衡量样本指标对总体指标代表性高低的尺度。抽样平均误差的计算公式为：

$$\mu_x=\sqrt{\frac{\sum(\bar{x}-\bar{X})^2}{m}} \quad 或 \quad \mu_p=\sqrt{\frac{\sum(p-P)^2}{m}}$$

式中：$\bar{x}$ 表示样本平均数；$\bar{X}$ 表示总体平均数；p 表示样本成数；P 表示总体成数；m 表示可能抽样数。

① 平均数指标抽样误差的计算方法。

重复抽样条件下的计算公式：

$$\mu_{\bar{x}}=\sqrt{\frac{\sigma^2}{n}}=\frac{\sigma}{\sqrt{n}}$$

式中：$\mu_{\bar{x}}$ 表示抽样平均误差；n 表示样本单位数；σ^2 表示总体方差；σ 表示总体标准差（在没有总体标准差的情况下，可以用样本标准差代替）。

不重复抽样条件下的计算公式：

$$\mu_{\bar{x}}=\sqrt{\frac{\sigma^2}{n}\left(\frac{N-n}{N-1}\right)}$$

式中：N 表示总体单位数。

当总体单位数 N 值很大时，为简化计算，也可用下列公式计算：

$$\mu_{\bar{x}}=\sqrt{\frac{\sigma^2}{n}\left(1-\frac{n}{N}\right)}$$

② 成数指标抽样误差的计算方法。

成数就是在总体中具有所研究标志的样本数所占的比重。成数抽样误差的计算与平均数指标抽样误差的计算原理相同，不同的是总体方差的计算方法不一致，因为各个样本成数的平均数就是总体成数本身，既表明在总体中的比重，同时又是总体的平均数。

重复抽样条件下的计算公式：

$$\mu_p=\sqrt{\frac{P(1-P)}{n}}$$

式中：μ_p 表示成数的抽样误差；P 表示总体成数（可以用样本成数来代替）。

不重复抽样条件下的计算公式：

$$\mu_p=\sqrt{\frac{P(1-P)}{n}\left(\frac{N-n}{N-1}\right)}$$

当 N 很大时，上式可以简化为

$$\mu_p=\sqrt{\frac{P(1-P)}{n}\left(1-\frac{n}{N}\right)}$$

从上述抽样误差的计算公式中可以看出，因为 $1-n/N$ 总是小于1，所以不重复抽样的抽样误差必定小于重复抽样的误差。所以在实际市场调查工作中，通常采用不重复抽样方式。

其他抽样方式的抽样误差的计算与简单随机抽样误差的计算原理相同。在实际的工作中，可以用简单随机抽样的抽样误差计算公式来近似代替。

（2）抽样极限误差的确定。抽样平均误差可以用来测定抽样指标对总体指标的可能离差。根据概率原理，用一定的概率可以保证抽样误差不超过某一给定范围，这个给定的范围就叫作抽样极限误差。一般用 $\mu_{\bar{x}}$（平均数）和 Δ_p（成数）表示。计算公式为：

$$\Delta_{\bar{x}}=t\mu_{\bar{x}} \quad 和 \quad \Delta_p=t\mu_p$$

式中：t 表示概率度。

抽样极限误差就是在 $\pm\Delta_{\bar{x}}$ 或 $\pm\Delta_p$ 之间。

中心极限定理已证明，概率度 t 和概率 p 成函数关系，即 $p=F(t)$，t 每取一个值，都有唯一确定的 p 值与之相对应。在实际工作中，为了使用的方便，将不同的 t 值与其相应

的概率 p 预先算好，编成概率表，供调查时使用。几个常用的概率度和概率之间的关系如表 4.3。

表 4.3　概率度和概率函数关系表

t	$\Delta = t\mu$	概率 $F(t)$
1.00	1μ	68.27%
1.50	1.5μ	88.64%
1.96	1.96μ	95.00%
2.00	2μ	95.45%
2.50	2.5μ	98.76%
3.00	3μ	99.73%
4.00	4μ	99.94%
5.00	5μ	99.9999%

4. 必要样本容量的确定

对抽样误差的控制，除了要根据实际问题正确地选择抽样方式外，另一个重要问题就是必要样本容量的确定。样本数太多，会造成人力、物力、财力和时间上的浪费，抽样调查成本费用太高；样本数太少，又会使调查结果存在较大误差，达不到要求的精确度。所谓必要样本容量，就是在事先给定的抽样误差范围内所确定的，能够达到调查结果精度要求的必要的抽样数目。

（1）影响必要样本容量的因素。

① 总体各单位之间的标志差异程度的大小。在抽样误差一定的情况下，总体各单位之间的标志差异程度越大，需要的必要样本容量越大；相反，则越少。因为总体单位之间的差异越大，一定数目的总体单位对总体的代表性就越低；总体单位之间的差异越小，一定数目的总体单位对总体的代表性就越高。

② 允许误差的大小（调查结果的准确度的高低）。在其他条件一定的情况下，允许的误差小，抽样数目就应多一些；允许误差越大，抽样的数目就应少一些。在进行抽样调查时，应取多大的允许误差，要根据调查的目的要求、调查经费和时间来确定。一般来说，调查的准确度要求高、调查力强、调查经费充足，允许误差就可以小一些；相反，允许误差就只能大一些。

③ 抽样的组织方式和抽样方法。一般情况下，简单随机抽样和分群随机抽样比等距抽样和分层抽样所需要的样本单位数要多，重复抽样比不重复抽样的必要样本容量要多。

（2）必要样本容量的确定。必要样本容量的计算公式可以从允许误差和抽样误差的计算公式推导得出。这里只介绍简单随机抽样方式条件下，必要样本容量的计算方法。

① 平均数指标必要样本容量的确定。

重复抽样条件下必要样本容量的确定，根据平均数指标允许误差的计算公式：

$$\Delta_{\bar{x}} = t\mu_{\bar{x}} = t\sqrt{\frac{\sigma^2}{n}}$$

两边平方得

$$\Delta_{\bar{x}}^2=\frac{t^2\sigma^2}{n}$$

移项得

$$n=\frac{t^2\sigma^2}{\Delta_{\bar{x}}^2}$$

式中：t 表示概率度；σ 表示总体标准差；$\Delta_{\bar{x}}$ 表示平均指标允许误差；n 表示必要样本容量。

不重复抽样必要样本容量的确定：

$$\Delta_{\bar{x}}=t\mu_{\bar{x}}=t\sqrt{\frac{\sigma^2}{n}\left(1-\frac{n}{N}\right)}$$

两边平方得

$$\Delta_{\bar{x}}^2=\frac{t^2\sigma^2N-t^2\sigma^2n}{Nn}$$

移项得

$$n=\frac{t^2\sigma^2N}{N\Delta_{\bar{x}}^2+t^2\sigma^2}$$

② 成数指标必要样本容量的确定。

重复抽样的必要样本容量的确定，根据重复抽样误差的计算公式：

$$\Delta_p=t\sqrt{\frac{P(1-P)}{n}}$$

两边平方得

$$\Delta_p^2=\frac{t^2P(1-P)}{n}$$

移项得

$$n=\frac{t^2P(1-P)}{\Delta_p^2}$$

不重复抽样的必要样本容量的确定，根据不重复抽样误差的计算公式：

$$\Delta_p=t\sqrt{\frac{P(1-P)}{n}\left(1-\frac{n}{N}\right)}$$

两边平方得

$$\Delta_p^2=t^2\left[\frac{P(1-P)}{n}-\frac{P(1-P)}{N}\right]$$

移项得

$$n=\frac{t^2NP(1-P)}{N\Delta_p^2+t^2P(1-P)}$$

复习思考题

1. 什么是全面调查，全面调查有什么优缺点？
2. 什么是典型调查，典型调查有什么优缺点？
3. 什么是重点调查，重点调查有什么优缺点？
4. 重点调查与典型调查的异同。
5. 随机抽样与非随机抽样的异同。
6. 什么是整群抽样，它和分层抽样有什么区别？
7. 影响抽样误差的因素有哪些？
8. 某机构要调查家庭的宽带安装情况。现对某市 120 万户家庭进行调查，按收入水平分层，高收入家庭有 12 万户，中等收入家庭有 83 万户，低收入家庭有 25 万户，计划抽取样本 10 000 户。如果采用分层抽样，各层应该抽取多少样本？
9. 某企业在一次产品质量抽查中，从 5 000 件产品中抽出 300 件产品进行检验，发现其中有 5 件不合格。计算在重复抽样和不重复抽样两种情况下的抽样误差。
10. 对某游乐场的调查表明：有 60%的顾客喜欢玩滑行铁道。若要调查顾客对一种新式滑行铁道的态度，并要求误差不超过 2%，置信度为 95%，计算所需要的样本量。

实践训练三——设计抽样方案

结合本组的调查任务，形成一个抽样方案。方案中应说明选择该抽样方案的理由和具体实施内容。

第五章　市场调查方法

【学习目标】

1. 了解文献调查的资料来源，各种调查方法的分类和特点；
2. 理解各种调查方法的优缺点和适用范围；
3. 掌握主要的市场调查方法。

市场调查方法是指收集各种市场信息资料所使用的技术和办法。不同的技术方法适用于不同的调查对象，对市场信息的回收率、真实性及调查费用等有不同的影响，对调查人员的素质要求也不同。在掌握市场调查组织方式的基础上，还要掌握各种调查技术，才能根据市场的具体情况灵活运用。

第一节　文献调查法

一、文献调查法的概念和特点

（一）文献调查法的概念

文献调查法是指调查人员在充分了解调查目的后，通过收集各种有关的文献资料，选取现成的文献资料、现成的数据加以整理和分析，进而提出市场调查报告及有关建议的市场调查方法。由于文献调查法主要是在室内进行，所以又称为室内研究法。

（二）文献调查法的特点

与实地调查法相比，文献调查法具有以下几个特点：

（1）文献调查是收集已经加工过的次级资料，而不是对原始资料的搜集。

（2）文献调查以收集文献性信息为主，它具体表现为各种文献资料。

（3）文献调查所收集的资料包括动态和静态两个方面，尤其偏重动态角度。

二、文献调查法的作用和局限

（一）文献调查法的作用

1. 文献调查法可以发现问题，并为市场研究提供重要参考依据

（1）市场供求趋势分析。即通过收集各种市场动态资料并加以分析对比，以观察市场发展方向。例如，根据某企业近几年的营业额平均以 15%的速度增长，由此可推测未来几年营业额的变动情况。

（2）进行回归分析。即利用一系列相互联系的现有资料进行回归分析，以研究现象之间相互影响的方向和程度，并可在此基础上进行预测。

（3）市场占有率分析。是根据各方面的资料，计算出本企业某种产品的市场销售量占该市场同种商品总销售量的份额，以了解市场需求及本企业所处的市场地位。

（4）市场覆盖率分析。是用本企业某种商品的投放点与全国该种产品市场销售点总数的比较，反映企业商品销售的广度和宽度。

2. 文献调查为实地调查创造条件且协助鉴定实地调查资料的准确性

（1）通过文献调查，可以初步了解调查对象的性质、范围、内容和重点等，并能提供实地调查无法或难以取得的市场环境等宏观资料，便于进一步开展和组织实地调查，取得良好的效果。

（2）文献调查所收集的资料还可用来证实各种调查假设，即可通过对以往类似调查资料的研究来知道实地调查的设计，用文献调查资料与实地调查资料进行对比、鉴别和证明实地调查结果的准确性和可靠性。

（3）利用文献调查资料并经适当的实地调查，可以用来推算所需掌握的数据资料。

（4）利用文献调查资料，可以用来帮助探讨现象发生的各种原因并进行说明。

3. 文献调查有利于有关部门和企业进行经常性的市场调查

实地调查与文献调查相比，更费时、费力，组织起来也比较困难，故不宜经常进行。而文献调查的受控因素少，可以节省调查费用和时间，如果经调查人员精心策划，尤其是在建立企业及外部文案市场调查体系的情况下，具有较强的机动性和灵活性，随时能根据企业经营管理的需要，收集、整理和分析各种市场信息，定期为决策者提供有关市场调查报告。

4. 文献调查不受时空限制

从时间上看，文献调查不仅可以掌握现实资料，还可获得实地调查所无法取得的历史资料。从空间上看，文献调查既能对企业内部资料进行收集，还可掌握大量的有关企业外部环境方面的资料。

（二）文献调查法的局限

（1）文献调查法所收集的资料主要是历史资料，过时资料比较多，对现实中正在发展变化的新情况、新问题难以及时地反映。

（2）文献调查所收集、整理的资料和调查目的往往不能很好地吻合，数据对解决问题不能完全有效，收集资料时易有遗漏。例如，调查所需的是分月商品销售额资料，而所掌握的是全年商品销售额资料，尽管可计算平均月销售额，但精确度会受到影响。

（3）文献调查要求调查人员有较广的理论知识、较深的专业知识和技能，对资料和信息要求有较高的鉴别和判断能力，否则将感到力不从心，即使能够勉强收集一些资料，也可能对分析解决问题用处不大。

（4）文献调查所收集的次级资料的准确程度较难把握，有些资料是由专业水平较高的人员采用科学的方法搜集和加工的，准确度较高，有的资料则是估算和推测的，准确度较低，而这些资料准确度的高低一般不好鉴别。

三、文献资料的来源渠道和收集方法

（一）文献资料的来源渠道

文献调查应围绕调查目的，收集一切可以利用的现有资料。从企业经营的角度讲，现有资料包括企业内部资料和企业外部资料。因此，文献资料的来源渠道也主要是这两种。

1. 企业内部资料来源

主要是收集企业经济活动的各种记录，包括以下三种：

（1）业务资料。包括与企业业务经济活动有关的各种资料。如订货单、进货单、发货单、合同文本、发票、销售记录、业务员访问报告等。

（2）统计资料。主要包括各类统计报表，企业生产、销售、库存等各种数据资料，各类统计分析资料等。

（3）财务资料。财务资料反映了企业活劳动和物化劳动占用和消耗情况及所取得的经济效益，通过对这些资料的研究，可以确定企业的发展前景，考核企业经济效益和效率。

（4）企业积累的其他资料。如平时剪报、各种调查报告、经验总结、顾客意见和建议、同业卷宗及有关照片和录像等。例如，根据顾客对企业经营商品质量和售后服务的意见，研究如何加以改进。

2. 企业外部资料来源

对于企业外部资料，来源渠道主要有以下几条：

（1）统计部门与各级各类政府主管部门公布的有关资料。国家统计局和各地方统计局都定期发布统计公报等信息，并定期出版各类统计年鉴，内容包括全国人口总数、国民收入、居民购买力水平等，这些均是很有权威和价值的信息资料。这些信息资料都具有综合性强、辐射面广的特点。

（2）各种经济信息中心、专业信息咨询机构、各行业协会和联合会提供的市场信息和有关行业情报。如金融机构的进入信息资料、研究机构或高等院校发表的学术论文和市场调查报告等。这些机构的信息系统资料齐全，信息灵敏度高，为了满足各类用户的需要，它们通常还提供资料的代购、咨询、检索和定向服务，是获取资料的重要来源。

（3）国内外有关的书籍、报纸、杂志所提供的文献资料，包括各种统计资料、广告资料、市场行情和各种预测资料等。

（4）有关生产和经营机构提供的商品目录、广告说明书、专利资料及商品价目表等。

（5）各地电台、电视台提供的有关市场信息。近年来全国各地的电台和电视台为适应市场经营形势发展的需要，都相继开设了市场信息、经济博览等以传播经济、市场信息为主导的专题节目及各类广告。

（6）各种国际组织、外国使馆、国外商会等所提供的诸如统计公布和交流信息等国际市场信息。

（7）国内外各种博览会、展销会、交易会、订货会等促销会议以及专业性、学术性经验交流会议上所发放的文件和材料。

（8）各级政府部门公布的有关市场的政策法规以及执行部门的经济案例等。

（9）各种数据库和电子出版物。

（二）文献资料收集的方式方法

1. 文献资料的获取方式

在文献调查中，对于企业内部资料的收集相对比较容易，调查费用低，调查的各种障碍少，能够正确把握资料的来源和收集过程，因此，应尽量利用企业的内部资料。

对于企业外部资料的收集，可以依不同情况，采取不同的方式：

（1）具有宣传广告性质的许多资料，如产品目录、使用说明书、图册、会议资料等，是企业、事业单位为扩大影响、推销产品、争取客户而免费向社会提供的，可以无偿取得；而对于需要采取经济手段获得的资料，只能通过有偿方式获得，有偿方式取得的资料构成了调查成本，因此，要对其可能产生的各种效益加以考虑。

（2）对于公开出版、发行的资料，一般可通过订购、邮购、交换、索取等方式直接获得，而对于对使用对象有一定限制或具有保密性质的资料，则需要通过间接的方式获取。随着国内外市场竞争的日益加剧，获取竞争对手的商业秘密已成为市场调查的一个重要内容。

2. 文献资料的查找方法

要想研究现有资料，必须先查找现有资料。对于文献性资料来说，科学地查寻资料具有十分重要的意义。从某种意义上讲，文献调查方法也就是对资料的查寻方法，文献性资料的查寻方法一般有以下几种：

（1）参考文献查找法。参考文献查找法是利用有关著作、论文的末尾所开列的参考文献目录，或者是文中所提到的某些文献资料，以此为线索追踪、查找有关文献资料的方法。采用这种方法，可以提高查找效率。

（2）检索工具查找法。检索工具查找法是利用已有的检索工具查找文献资料的方法。依检索工具不同，检索方法主要有手工检索和计算机检索两种：

① 手工检索。进行手工检索的前提是要有检索工具，因收录范围不同、著录形式不同、出版形式不同而有多种多样的检索工具。以著录方式来分类的主要检索工具有三种：一是目录，它是根据信息资料的题名进行编制的，常见的目录有：产品目录、企业目录、行业目录等；二是索引，它是将信息资料的内容特征和表象特征录出，标明出处，按一定的排检方法组织排列，如按人名、地名、符号等特征进行排列；三是文摘，它是对资料主要内容所做的一种简要介绍，能使人们用较少的时间获得较多的信息。

② 计算机检索。与手工检索相比，计算机检索不仅具有检索速度快、效率高、内容新、范围广、数量大等优点，还可打破获取信息资料的地理障碍和时间约束，能向各类用户提供完善的、可靠的信息，在市场调查电脑化程度提高之后，将主要依靠计算机来检索信息。

应当指出的是，文献调查所收集的次级资料，有些十分真实、清楚、明了，可直接加以利用；而有些则杂乱无章且有失真情况发生，对此还应该通过加工和筛选，才能最终得出结论。

四、文献调查法的程序

（一）确定市场调查的基本目标和要求

主要做好以下工作：调查结果的使用者与调查者应就调查的目的、内容和范围等进行协商，达成共识，以便有的放矢地进行；调查者应要求业务联络人员提供必要的相关资料；调查者了解该行业的基本常识及相关业务知识；明确提交报告的最后期限。

（二）拟订详细的调查计划

列出各种调查目标并排列优先顺序；列出各种可能适用的资料及来源；列出各协助调查人员的特长和能力水平；预计调查所需时间及最后完成日期；进行调查费用的预算；培训调

查人员并分配工作。

（三）按照调查计划的安排，开展资料收集工作

寻找可供利用的档案资料，利用多种渠道和方法收集所需的各种资料。

（四）筛选和评估资料

筛选资料的目的是去伪存真、去粗取精，并将资料整理成统一的形式。在此基础上评估资料的适用性，就是评价资料的切题性、准确性、时效性及不同来源渠道的吻合性。对资料的筛选要及时、迅速。

（五）资料的调整和补充

在上一步的基础上，调查者应进一步对资料进行调整和补充，以便综合使用各种资料，发挥资料间的互补作用。将调整补充后的资料进行统计整理，对资料按照逻辑进行编排，并进一步检查资料的全面性和严谨性。

（六）撰写文献调查报告

调查的报告要做到以下要求：首先，客观准确地提出调查结论和对未来事态发展的估计和建议；其次，按照重要程度排列调查结论；再次，报告内容力求简明扼要，高度切题；最后，保证报告中资料的真实性和准确性。

第二节　访问调查法

一、访问调查法的概念和类型

（一）访问调查法的概念和特点

访问调查法又称访谈调查法，简称访问法或访谈法，就是调查人员采用访谈询问的方式向被调查者提出问题，通过被调查者口头回答或填写调查问卷等形式来收集市场信息，了解市场情况的一种方法。它是市场调查中获取第一手资料最常用的、最基本的调查方法。

访问法最大的特点在于，访问是一个面对面的社会互动交往过程，访问的这种特征是其他调查方法所不具备的，使访问法不仅能收集到其他调查方法所能收集的资料，而且还能获得其他调查方法所不能获得的资料。

（二）访问调查法的优点和缺点

1. 优点

（1）获得的资料更丰富，实行起来更灵活，弹性更大、应用范围更广，且有利于对问题进行更深入的探索。

（2）可以对获得的资料进行效度和信度的评估。

（3）能够发挥研究人员的主动性和创造性。

2. 缺点

（1）过于依赖访问员的素质和能力。

（2）难以排除互动双方主观因素的影响。

（3）费时、费力、费钱，规模受到限制。

（三）访问调查法的类型

访问法可以按照不同的分类标准分为多种类型，主要有以下几种分类方式：

（1）按访问方式分类，可以分为直接访问和间接访问。直接访问是指调查者直接与被调查者接触，面对面进行访问的形式。间接访问是指调查者通过邮寄问卷或电话等方式对被调查者进行调查的一种访问形式。

（2）按照对访问的控制程度分类，可以分为标准化访问和非标准化访问。标准化访问又称为结构式访问，是一种高度控制的访问，即按照事先设计的、有一定结构的访问问卷进行的访问。其最大的优点是访问结果便于量化并可以进行统计分析。缺点是表面化、缺乏感性认识。非标准化访问又称为无结构式访问，是一种没有高度控制要求，由访问者与被访问者就某个题目的自由交谈的访问。主要适用于实地研究，特别是个案调查。具有信度不高而效度较高的特点。根据访问的目的、访问的内容和实施方法的不同，非标准化访问又可以分为重点访问、深度访问和客观陈述。

（3）按访问内容传递方式分类，可分为面谈调查、电话调查、邮寄调查、留置调查和日记调查等。

二、几种常用的访问调查法

1. 面谈访问法

面谈调查法是调查者根据调查提纲直接访问被调查者，当面询问有关问题，既可以是个别面谈，主要通过口头询问，用于商品需求、购物习惯等；也可以是群体面谈，可通过座谈会等形式请一些专家就市场价格状况和未来市场走向进行分析和判断。

（1）面谈调查法的优点：

回答率高；可通过调查人员的解释和启发来帮助被调查者完成调查任务；可以根据被调查者性格特征、心理变化、对访问的态度及各种非语言信息，扩大或缩小调查范围，具有较强的灵活性；可对调查的环境和调查背景进行了解。

（2）面谈调查法的缺点：

人力、物力耗费较大；要求调查人员的素质要高；对调查人员的管理较困难；此方法受到一些单位和家庭的拒绝，无法完成。

2. 电话调查法

电话调查法是由调查人员通过电话向被调查者询问了解有关问题的一种调查方法。

（1）电话调查的优点：

取得市场信息的速度较快；节省调查费用和时间；调查的覆盖面较广；可以访问到一些不易见到面的被调查者，如某些名人等。

（2）电话调查的缺点：

被调查者只限于有电话的地区和个人；电话提问受到时间的限制；被调查者可能因不了解调查详尽、确切的意图而无法回答或无法正确回答；对于某些专业性较强的问题无法获得所需的调查资料；无法针对被调查者的性格特点控制其情绪。

3. 邮寄调查法

邮寄调查法是将调查问卷邮寄给被调查者，由被调查者根据调查问卷的填写要求填写好后寄回的一种调查方法。

（1）邮寄调查法的优点：

可扩大调查区域；调查成本较低；被调查者有充分的答卷时间；可让被调查者以匿名的方式回答一些个人隐私问题；无须对调查人员进行培训和管理。

（2）邮寄调查法的缺点：

征询回收率较低；时间较长；无法判断被调查者的性格特征和其回答的可靠程度；要求被调查者应具有一定的文字理解能力和表达能力，对文化程度较低的人不适用。

4. 留置问卷调查

留置问卷调查法是当面将调查表交给被调查者，说明调查意图和要求，由被调查者自行填写回答，再由调查者按约定日期收回的一种调查方法。

5. 日记调查

日记调查是指对固定样本连续调查的单位发放登记簿或账本，由被调查者逐日逐项记录，再由调查人员定期加以整理汇总的一种调查方法。

三、访问调查法的选择

上述五种访问调查法都有自身的优点和缺点，在实际访问调查过程中，应根据实际情况选择合适的方法（见表 5.1）。

表 5.1　五种访问调查法优缺点比较

内容＼方法	面谈法	电话法	邮寄法	留置法	日记法
调查范围	较窄	较窄	广	较广	较广
调查对象	可控可选	可控可选	一般	可控可选	可控可选
影响回答的因素	能了解控制和判断	无法了解控制和判断	难了解控制和判断	能了解控制和判断	能了解控制和判断
回收率	高	较高	较低	较高	较高
回答速度	可快可慢	最快	慢	较慢	慢
回答质量	较高	高	较低	较高	较高
平均费用	最高	低	较低	一般	一般

四、访问调查法的程序与技巧

一般来说，访问调查法大体上分为访问准备、进入访问、访问过程控制、结束访问等阶段。

1. 访问的准备阶段

在这一阶段主要做好以下工作：选择访问的方法；了解社区特征；确定访问对象；拟订访问程序表；准备访问工具；做好接近被调查者的准备。接近被调查者可以采用开门见山或侧面接近的方式。

2. 进入访问阶段

进入访问是访问的开端。在这一阶段要做好三项工作，解决三个问题和达到两个目的。

要做好的三项工作依次是：① 获得对方的允许，才能进行访问；② 进行自我介绍，说明来意并表示谢意或歉意，赢得被调查者的合作；③ 提出第一批问题。

要解决的三个容易出现的问题是：① 由于陌生感，造成双方拘束无言；② 调查对象以各种原因拒绝访问；③ 双方的地位不平等，产生不自然感。

要达到的两个目的是：① 实现回答者产生回答问题的动机；② 让被调查者做好回答问题的准备。

3. 访问和控制访问阶段

这一阶段是调查者逐一提问，被调查者回答的过程，是能否顺利完成提问和回答以及能否成功收集所需资料的关键阶段。要顺利完成访问和成功收集相关资料，调查者必须做好对访问过程的控制，其中提问控制与表情动作控制是控制访问的两个主要手段。

（1）提问控制。

主要方法：① 从一个题目转向另一个题目；② 对问题的追问；③ 合时宜的访问与插话。

在进行提问控制时应注意：① 始终保持公平、中立态度；② 把握方向及主题焦点，集中注意力讨论重要问题；③ 注意时间和逻辑上的顺序；④ 使用的语言越简单越好；⑤ 根据访问对象特点、灵活掌握问题的提法与语气；⑥ 尽量避免提与被调查者隐私有关的问题，如果确有必要，要进行解释并加强保密。

（2）表情与动作控制。

主要方法：① 动作控制：当调查对象跑题时，可以利用送水或点烟中断他的谈话，然后可以顺理成章地重新开始谈话；② 表情控制：访问员自始至终要使自己的表情有礼貌、谦虚、诚恳、耐心。

表情与动作控制应注意：不要毫无表情；用表情控制人。

另外，在这一阶段，调查者应根据被调查者的回答实事求是地做好记录，以免有所遗漏。

4. 结束访问阶段

在所有问题访问结束后，应抓住适当时机结束谈话。

五、访问员的选择与培训

1. 访问员的选择

在市场调查过程中，运用访问调查法能否成功地收集到所需的资料，和访问员是否具备一定的条件密切相关，所以选择一批高素质、符合条件的访问员是访问法顺利进行的基础。作为一个访问员，应当具备的条件可以分为一般条件和特殊条件。

（1）一般条件。一般条件是任何访问员都应具备的条件，主要包括：诚实与认真、兴趣与能力、勤奋与负责、谦虚与耐心。

（2）特殊条件。特殊条件是由特定的研究主题的性质、社区的类型及调查对象的特点所规定的，主要包括：性别条件、年龄条件、教育条件、地区条件等方面的要求。

2. 访问员的培训

选择好符合条件的访问员以后，还要根据具体的调查项目和要求进行培训，培训的主要内容和方法表现在以下几个方面：

（1）由研究指导者简要介绍项目概况；

（2）阅读问卷，明确每个项目的内容；

（3）举行模拟访问；

（4）集体讨论；

（5）建立监督管理方法。

第三节　观察调查法

一、观察调查法的概念

观察调查法又称观察法，是调查员凭借自己的感官和各种记录工具，深入调查现场，在被调查者未察觉的情况下，直接观察和记录被调查者行为，以收集市场信息的一种方法。观察调查法简称观察法。

（一）观察调查法的特点

观察调查法不直接向被调查者提问，而是从旁观察被调查者的行动、反应和感受。其主要特点有：

（1）目的性。观察调查法所观察的内容是经过周密考虑的，不同于人们日常生活中的出门看看天气、到公园观赏风景等个人的兴趣行为，而是观察者根据某种需要，有目的、有计划地搜集市场资料、研究市场问题的过程。

（2）计划性。观察调查法要求对观察对象进行系统、全面的观察。在实地观察前，应根据调查目的对观察项目和观察方式设计出具体的方案，尽可能避免或减少观察误差，防止以偏概全，提高调查资料的可靠性。因此，观察调查法对观察人员有严格的要求。

（3）灵活性。观察调查法除了要求观察人员在充分利用自己的感觉器官的同时，还要尽量运用科学的观察工具。人的感觉器官特别是眼睛，在实地观察中能获取大量的信息。而照相机、摄像机、望远镜、显微镜、探测器等观察工具，不仅能提高人的观察能力，还能将观察结果记载下来，增加了资料的翔实性。

（4）客观性。观察调查法的观察结果是当时正在发生的、处于自然状态下的市场现象。市场现象的自然状态是各种因素综合影响的结果，没有人为制造的假象。在这样的条件下取得的观察结果，可以客观真实地反映实际情况。

（二）观察调查法的基本类型

（1）根据研究人员作为一名观察者的具体身份，是否参加到被研究的社会群体单位之中、

是否参与被观察者的活动进行划分，将观察调查法分为参与观察和非参与观察。

① 参与观察，是指观察者加入所研究的社会群体中，参与被观察者的活动，从内部收集第一手资料的一种观察方式。参与观察适用于有深度的专题调查，或用于社区的群体活动，尤其是在社会学、人类学的调查研究中应用最多。

② 非参与观察，是指观察者以旁观者的身份，置身于调查对象群体之外进行的观察。优点是获得资料比较客观、真实、能增加感性认识；缺点是观察时间短，观察范围有限，只能获得某些表面现象或公开行为的信息。非参与观察适用于探索性研究、某些短期社会调查、“走马观花”式的观察以及检查工作。

（2）根据对观察过程的控制程度进行划分，可以分为结构式观察和无结构式观察。

① 结构式观察又称为系统观察，是事先制订好观察计划并严格按照规定的内容和程序实施的观察。其最大特点是观察过程标准化，是观察调查法中最严格的一种，必须在严格规定和控制下进行观察，还必须制订比较严格的观察计划和程序并实行一定程度的控制。结构式观察的优点是具有系统化、标准化和定量化的特点；缺点是观察的范围较小；缺乏广度和深度。适用于小群体研究或行为科学研究。

② 无结构式观察，是指对观察的内容和程序，事先不做严格规定，依现场的实际情况随机决定的观察。无结构式观察的优点是比较灵活，调查者在观察过程中可以在事先拟订的初步提纲的基础上充分发挥调查者的主观能动性和创造性；缺点是得到的资料不系统、不规范，并且受观察者个人因素影响较大，可信度较差。

（3）根据观察者是直接看到被观察者的活动，还是通过观察一些事物来间接推测被观察者的行为划分，可以分为直接观察与间接观察。

① 直接观察。参与观察和非参与观察，结构式观察和非结构式观察，都是对人和事物直接进行观察。也就是观察人员直接到商店、家庭、街道等处所进行实地观察。一般是只看不问，不使被调查者感觉到在接受调查。这样的调查比较自然，容易得到真实情况。这种方法可观察顾客选购商品时的表现，有助于研究购买者行为。

② 间接观察，是指观察者对自然物品、社会环境、行为痕迹等事物进行观察，包括损蚀物观察（是一种对磨损程度的观测）、累积物观察（是观察某些堆积物或积聚物）和物质表征。间接观察的最大缺点是通过“物”的迹象来推论人的行为或思想不太可靠，难以进行客观检验。

此外，还有测量观察，就是运用电子仪器或机械工具进行记录和测量，例如，某广告公司想了解电视广告的效果，选择了一些家庭作调查样本，把一种特殊设计的“测录器”装在这些家庭的电视机上，自动记录所收看的节目。经过一定时间，就了解到哪些节目收看的人最多，在以后的工作中根据调查结果合理安排电视广告的播出时间，大幅度提高了电视广告的效果。

二、观察技术

观察技术是指观察人员实施观察时所运用的一些技能手段，主要包括卡片、符号、速记、记忆和机械记录等。适当的观察技术对提高调查工作的质量有很大的帮助。

观察卡片是一种标准化的记录工具，其记录结果即形成观察的最终资料。制作卡片时，应先列出所有观察项目，经筛选后保留重要项目，再将项目根据可能出现的各种情况进行合理的编排。表 5.2 是某商场为观察购买者的行为而制作的顾客流量及购物调查卡片。使用时，在商场的进出口处由几名调查员配合进行记录，调查卡片每小时使用一张或每半小时使用一张，该时间内出入的顾客及其购买情况可详细记录下来。

表 5.2　顾客流量及购物调查卡片

被观察单位____________　　观察时间____年___月___日___时至___时

观察地点____________　　观察员____________

	入　向	出　向
人　数		
购物金额		

符号和速记是为了提高记录工作的效率，用一套简便易写的线段、圈点等符号系统来代替文字，迅速地记录观察中遇到的各种情况。记忆则是采取事后追忆的方式进行记录的方法，通常用于调查时间紧迫或不宜现场记录的情况。机械记录是指在观察调查中运用录音、录像、照相、各种专用仪器等手段进行的记录。

三、观察调查法的主要内容

（1）观察顾客的行为。了解顾客行为，可促使企业有针对性地采取恰当的促销方式。所以，调查者要经常观察或者摄录顾客在商场、销售大厅内的活动情况，如顾客在购买商品之前，主要观察什么，是商品价格、商品质量还是商品款式等；顾客对商场的服务态度有何议论等等。

（2）观察顾客流量。观察顾客流量对商场改善经营、提高服务质量有很大好处。例如，观察一天内各个时间进出商店的顾客数量，可以合理地安排营业员工作的时间，更好地为顾客服务；又如，为新商店选择地址或研究市区商业网点的布局，也需要对客流量进行观察。

（3）观察产品使用现场。调查人员到产品用户使用地观察调查，了解产品质量、性能及用户反映等情况，实地了解使用产品的条件和技术要求，从中发现产品更新换代的前景和趋势。

（4）观察商店柜台及橱窗布置。为了提高服务质量，调查人员要观察商店内柜台布局是否合理，顾客选购、付款是否方便，柜台商品是否丰富，顾客到台率与成交率以及营业员的服务态度如何等。

四、观察调查法的运用

1. 观察调查法应遵循的原则

观察调查法的运用是观察人员的主观活动过程。为使观察结果符合客观实际，要求观察人员必须遵循以下原则：

（1）客观性原则即观察者必须持客观的态度对市场现象进行记录，切不可按其主观倾向或个人好恶，歪曲事实或编造情况。

（2）全面性原则即必须从不同层次、不同角度进行全面观察，避免出现对市场片面或错误的认识。

（3）持久性原则。市场现象极为复杂，且随着时间、地点、条件的变化而不断地变化。市场现象的规律性必须在较长时间的观察中才能被发现。

另外，还要注意遵守社会公德，不得侵害公民的各种权利，不得强迫被调查者做不愿做的事，不得违背其意愿观察被调查者的某些市场活动，并且还应为其保密。

2. 观察调查法的一般程序

（1）选择那些符合调查目的并便于观察的单位作为观察对象；

（2）根据观察对象的具体情况，确定最佳的观察时间和地点；

（3）正确和灵活地安排观察顺序；

（4）尽可能减少观察活动对被观察者的干扰；

（5）认真做好观察记录。

五、观察调查法的优点和缺点

1. 观察调查法的优点

（1）可以实地记录市场现象的发生，能够获得直接具体的生动材料，对市场现象的实际过程和当时的环境气氛都可以了解，这是其他方法不能比拟的，所以观察调查法最大的优点是具有直观性和真实性。

（2）观察调查法不要求被调查者具有配合调查的语言表达能力或文字表达能力，因此适用性也比较强。

（3）观察调查法能够观察到观察对象不能直接报道或不便报道的资料。

（4）观察调查法还有资料可靠性高、简便易行、灵活性强等优点。

2. 观察调查法的缺点

（1）只能观察到人的外部行为，不能说明其内在动机。

（2）观察者对所要观察的事件有时是可遇不可求，所以观察活动受到时间和空间的限制。

（3）观察者在进行观察的过程中有可能会影响被观察者的正常生活，被观察者有时难免受到一定程度的干扰而不完全处于自然状态。

（4）观察的结果不容易量化，不容易验证。

总之，应用观察调查法，须扬长避短，尽量减少观察误差。

第四节　实验调查法

一、实验调查法的概念

实验调查法是指市场调查者有目的、有意识地改变一个或几个影响因素，来观察市场现象在这些因素影响下的变动情况，以认识市场现象的本质特征和发展规律的调查方法。实验调查既是一种实践过程，又是一种认识过程，并将实践与认识统一为调查研究的过程。企业

的经营活动中经常运用这种方法，如开展一些小规模的包装实验、价格实验、广告实验、新产品销售实验等，来测验这些措施在市场上的反映，以实现对市场总体的推断。

实验调查法按照实验的场所可分为实验室实验和现场实验。实验室实验是指在人造的环境中进行实验，研究人员可以进行严格的实验控制，比较容易操作，时间短，费用低。现场实验是指在实际的环境中进行实验，其实验结果一般具有较大的实用意义。

应用实验调查法的一般步骤是：根据市场调查的课题提出研究假设；进行实验设计，确定实验方法；选择实验对象；进行实验；分析整理实验资料并做实验检测；得出实验结论。实验调查只有按这种科学的步骤开展，才能迅速取得满意的实验效果。

二、常见的几种实验调查法应用形式

实验设计是调查者进行实验活动、控制实验环境和实验对象的规划方案。它是实验调查各步骤的中心环节，决定着研究假设能否被确认，也决定实验对象的选择和实验活动的开展，最终还影响实验结论。

根据是否设置对照组或对照组的多少，可以设计出多种实验方案。基本的、常用的实验方案有：

（一）单一实验组前后对比实验

选择若干实验对象作为实验组，将实验对象在实验活动前后的情况进行对比，得出实验结论。在市场调查中，经常采用这种简便易行的实验调查，可用于企业改变产品花色、规格、款式、包装、价格等因素的实验分析。

例如，某公司有A、B、C三种产品，企业打算提高A产品的价格。为了了解价格提高对商品销售额的影响情况，决定在某特定的市场进行为期两周的实验。实验前后的销售额统计见表5.3。

表5.3　商品销售额统计表

产品	零售价格（元）		销售额（万元）		销售额变动值（Y_n-Y）
	实验前	实验后	实验前 Y	实验后 Y_n	
A	90	110	31	26	－5
B	100	100	22	28	6
C	120	120	18	23	5
合计	—	—	71	77	6

实验结果表明，A产品价格提高20元后，对A商品本身销售额的影响是减少了5万元，而B、C产品的销售额分别提高了6万元和5万元，总销售额增加了6万元，说明通过A商品的提价来调节需求是成功的。但是，需要注意的是影响销售额的因素不仅仅是价格，有可能是其他因素的影响，或者是多种因素的综合影响结果。

又如，某食品厂认为原有包装陈旧，为了提高糖果的销售量，应更换包装，并为此设计了新的包装图案。为了检验新包装的效果，以决定是否在未来推行新包装，厂家选取A、B、

C、D、E 五种糖果作为实验对象，对这五种糖果在改变包装的前一个月和后一个月的销售量进行了检测，得到的实验结果见表 5.4。

表 5.4　实验结果对比表　　单位：千克

糖果品种	实验前销售量 Y	实验后销售量 Y_n	销售量变动值（Y_n-Y）
A	300	340	40
B	280	300	20
C	380	410	30
D	440	490	50
E	340	380	40
合　计	1 740	1 920	180

实验结果表明，改变包装比不改变包装销售量大，说明顾客不仅关注糖果的质量，也对其包装有所要求。因此断定，改变糖果包装，以促进其销售量增加的研究假设是合理的，厂家可以推广新包装。但应注意，市场现象可能受许多因素的影响，180 千克的销售增加量，不一定只是改变包装引起的。

由此可见，单一实验组前后对比实验只有在实验者能有效排除非实验变量的影响，或者是非实验变量的影响可忽略不计的情况下，实验结果才能充分成立。

（二）实验组与对照组对比实验

选择若干实验对象为实验组，同时选择若干与实验对象相同或相似的调查对象为对照组，并使实验组与对照组处于相同的实验环境之中，然后将实验组与对照组的结果进行比较，得出调查结论。

例如，某食品厂为了解面包的配方改变后消费者有什么反应，选择了 A、B、C 三个商店为实验组，再选择与之条件相似的 D、E、F 三个商店为对照组进行观察。观察一周后，将两组对调再观察一周，其检测结果见表 5.5。

表 5.5　实验组与对照组对比表　　单位：百袋

	原配方销售量		新配方销售量	
	第一周	第二周	第一周	第二周
A		37	43	
B		44	51	
C		49	56	
D	35			41
E	40			47
F	45			52
合　计	120	130	150	140

从表中可知，两周内原配方面包共销售了 120 + 130 = 250（百袋），新配方面包共销售了 150 + 140 = 290（百袋）。这说明改变配方后增加了 40 百袋的销售量，对企业很有利。

实验组与对照组对比实验，必须注意二者具有可比性，即二者的规模、类型、地理位置、管理水平、营销渠道等各种条件应大致相同。只有这样，实验结果才具有较高的准确性。但是，这种方法对实验组和对照组都是采取实验后检测，无法反映实验前后非实验变量对实验对象的影响。为弥补这一点，可将上述两种实验进行综合设计。

（三）实验组与对照组前后对比实验

这是对实验组和对照组都进行实验前后对比，再将实验组与对照组进行对比的一种双重对比的实验法。它吸收了前两种方法的优点，也弥补了前两种方法的不足。

例如，某公司在调整商品配方前进行实验调查，分别选择了 3 个企业组成实验组和对照组，对其月销售额进行实验前后对比，并综合检测出了实际效果，见表 5.6。

表 5.6　双组前后对比表　　单位：百元

实验单位	实验前	实验后	前后对比	实验效果
实验组	$Y_0 = 1\ 000$	$Y_n = 1\ 600$	$Y_n - Y_0 = 600$	$(Y_n - Y_0) - (X_n - X_0)$ $= 600 - 200 = 400$
对照组	$X_0 = 1\ 000$	$X_n = 1\ 200$	$X_n - X_0 = 200$	

表中的检测结果，实验组的变动量 600 百元，包含实验变量即调整配方的影响，也包含其他非实验变量的影响；对照组的变动量 200 百元，不包含实验变量的影响，只有非实验变量的影响，因为对照组的商品配方未改变。实验效果是从实验变量和非实验变量共同影响的销售额变动量中，减去由非实验变量影响的销售额变动量，反映调整配方这种实验变量对销售额的影响作用。由此可见，实验组与对照组前后对比实验，是一种更为先进的实验调查方法。

三、实验调查法的应用

进行市场的实验调查应注意以下几个方面的问题：

（1）要有实验活动的主体，即实验者；

（2）要有实验调查所要了解的对象；

（3）要营造出实验对象所处的市场环境；

（4）要有改变市场环境的实践活动；

（5）要在实验过程中对实验对象进行检验和测定。

实验调查是一种探索性、开拓性的调查工作，实验者必须思想解放，有求实精神，敢于探索新途径，能灵活应用各种调查方法，才能取得成功。正确选择实验对象和实验环境，对实验调查的成败也有重要作用。如果所选的市场实验对象没有高度的代表性，其实验结论就没有推广的可能性。此外，由于实验活动要延续相当的时间，还要有效地控制实验过程，让实验活动严格按实验设计方案来进行。

四、实验调查法的优缺点

1. 实验调查法的优点

实验调查法通过实验活动提供市场发展变化的资料，不是等待某种市场现象发生了再去调查，而是积极主动地改变某种条件，来揭示或确立市场现象之间的相关关系。它不但可以说明是什么，而且可以说明为什么，还具有可重复性，因此其结论的说服力较强。实验调查法对检验宏观管理的方针政策与微观管理的措施办法的正确性来说，都是一种有效的方法。具体来说，实验调查法具有如下优点：

（1）结果具有较大的客观性和实用性。实验法是一种真实的或模拟真实环境的调查方法，所以结果一般来说都是客观的，说服力较强，另外其实验结果具有较大的推广实用性。

（2）方法具有主动性和可控性。调查者可以主动地改变影响市场的因素，可以控制其变化程度，便于观察和分析市场现象之间变化的因果关系及其相互影响的程度。

（3）能够探索变化环境中不明确的市场现象之间的关系及其影响因素。

2. 实验调查法的缺点

（1）实验调查法在进行市场实验时，由于不可控因素较多，很难选择到有充分代表性的实验对象和实验环境。因此实验结论往往带有一定的特殊性，实验结果的推广会受到一定的影响。

（2）实验调查法花费时间较多、费用较高。由于影响市场现象的因素多，比较复杂，想要准确地掌握市场环境，需要做多组实验，综合分析，才能真正掌握因果变量之间的关系。

（3）实验过程不易控制、实验情况不易保密。在实验过程中，有很多因素是调查者不容易甚至不能控制的，在一定程度上会影响实验结果的准确性。另外，竞争对手可能会刺探实验过程或有意干扰现场实验的结果，导致实验结果不易保密或影响实验的顺利进行。

（4）实验法只能掌握因果变量之间的关系，无法进行趋势分析，也就是不能对过去和未来进行事物发展趋势的分析。这些缺点使实验调查法的应用有一些局限性，市场调查人员对此应给予充分的注意。

第五节 网络调查法

一、网络调查的含义

网络调查又称网上市场调查或联机市场调查，它指的是通过网络进行有系统、有计划、有组织地收集、记录、整理、分析与产品、劳务有关的市场信息，客观地测定及评价现在市场及潜在市场，用以解决市场营销的有关问题，其调查结果可作为企业各项营销决策的依据。

网络调查是企业整体营销战略的一个组成部分，是建立在互联网基础上，借助于互联网的特性来实现一定营销目标和调查目的的一种手段。当今社会早已进入数字化信息时代，互联网为企业进行市场调查提供了强有力的工具。网络市场调查的出现，使传统市场调查发生了巨大的变革。因为互联网络本身就是一个巨大的信息资源库，能够为调查提供大量有力的资料。在市场调查技术手段方面，网络市场调查具有革命性突破，它能找到真正的消费者，而非笼统意义的潜在消费者和大众消费者。因此，企业应充分利用网络调查这一现代化的技术手段收集相关资料。

二、网络调查的特点

（一）网络调查与传统市场调查的比较

网络调查作为一种新兴的调查方法与传统调查相比，有很强的优越性和自身的特点。网络调查与传统调查方法的比较见表 5.7

表 5.7　网络调查与传统调查方法的比较

	网络调查	传统调查
调查费用	费用较低，主要是设计费和数据处理费。每份问卷所要支付的费用几乎是零	费用昂贵，要支付包括：问卷设计，印刷，发放，回收，聘请和培训访问员，录入调查结果，专业市场研究公司对问卷进行统计分析等多方面费用
调查范围	全国乃至全世界，样本数量庞大	受成本限制，调查地区和样本均有限制
运作速度	很快，只需搭建平台，数据库可自动生成，几天就可能得出有意义的结论	慢，至少需要 2～6 个月才能得出结论
调查的时效性	全天候进行	不同的被访问者对其可进行访问的时间不同
被访问者的便利性	非常便利，被访问者可自行决定时间地点回答问卷	不方便，要跨越空间障碍，到达访问地点
调查结果的可信性	相对真实可信	一般有督导对问卷进行审核，措施严格，可信性高
实用性	适合长期的大样本调查；适合要迅速得出结论的情况	适合面对面地深度访谈；食品类等需要对访问者进行感观测试

网络调查与其他调查方法的具体比较见表 5.8。

表 5.8　网络调查与面谈调查、电话调查和邮件调查的具体比较

	网络调查	面谈调查	电话调查	邮件调查
成本	很小	很高	中	少
回复速度	快	立即	立即	慢
可接近性	很少	全部	较少	较多
到达范围	很大	很小	中	较大
达到准确度	低	不一定	中	很高
耗费时间	很少	长	中	长

（二）网络调查的特点

通过上述比较可以看出，网络调查具有以下几个方面的特点：

（1）组织简单、费用低、时间短。网络调查在信息采集过程中不需要派出调查人员、不受天气和距离的限制、不需要印刷调查问卷。调查过程中最繁重、最关键的信息采集和录入工作是通过分布在众多网上的用户终端完成的，可以无人操作和不间断地接受调查填表，可以涵盖全国甚至国外的范围远距离自动运行。信息检验和信息处理由计算机自动完成，因此调查的周期大幅度缩短，节省调查时间。

（2）调查结果的客观性较高。网络调查使被调查者的主动性增强，提高了调查的客观性。第一，被调查者是在完全自愿的原则下参与调查，调查的针对性更强；第二，被调查者在完全独立思考的环境下接受调查，不会受到调查人员及其他外在因素的误导和干扰，能最大限度地保证调查结果的客观性。

（3）快速传播与多媒体问卷。网络调查能够迅速通过网络传播调查结果，使调查的速度加快，企业可以尽早获得顾客信息。网络调查能设计出多媒体问卷，顾客可以直观地通过文字、图形和其他各种表现形式，做出选择和回答，大大增强调查效果。

（4）收集信息的资料可靠。首先，网络调查在问卷上可以附加全面、规范的指标解释，有利于消除因对指标的理解不清或调查员的口径不统一而造成的调查偏差。其次，问卷的复核检验由计算机依据设定的检验条件和控制措施自动实施，保证检验和控制的客观性和公正性。最后，通过被调查者身份检验技术，有效防止信息收集过程中的虚假行为。

（5）没有时空、地域限制。

（三）网络调查的优势

（1）网络调查的及时性、客观可靠性、共享性；
（2）网络调查的便捷性和经济性（低费用）；
（3）网络调查的互动性（交互性）、充分性；
（4）网络调查具有较高的效率；
（5）快速答复，可检验性、可控制性；
（6）潮流领先者的确定；
（7）瞬间到达，无时空、地域限制；
（8）定制调查。

（四）网络调查的局限

（1）它只反映了网络用户的意见；
（2）E-mail 地址的缺乏；
（3）自由选择；
（4）上网匿名；
（5）多元化背景；
（6）在线注意时间较短；
（7）人与人之间情感交流的缺乏；

（8）多重选择答案的可信度。

（五）传统调查对网络调查的辅助作用

虽然互联网调查发展很快，以互联网为唯一调查媒介的网上市场调查公司不断应运而生，且取得了引人注目的成绩，但传统调查法仍是不可或缺的，特别是在一些经济技术不发达的国家和地区。然而即便在发达地区，传统调查法仍可以对互联网调查起到重要的辅助作用。

三、网络调查的常用方法

（一）E-mail 问卷调查法

1. 主动问卷法

步骤：① 建立被访者 E-mail 的地址信息库；② 选定调查目标；③ 设计调查问卷；④ 调查结果分析。

例如，美国消费者调查公司（American Opinion）是美国的一家网上市场调查公司。通过互联网在世界范围内征集会员，只要回答一些关于个人职业、家庭成员组成及收入等方面的个人背景资料问题即可成为会员。该公司每月都会寄出一些市场调查表给符合调查要求的会员，询问诸如“你最喜欢的食物是哪些口味”“你最需要哪些家用电器”等问题，在调查表的下面标注着完成调查后被调查者可以获得的酬金，根据问卷的长短以及难度的不同，酬金的范围在 4 ~ 25 美元，并且每月还会从会员中随机抽奖，至少奖励 50 美元。该公司注册会员十分积极，目前已有网上会员 50 多万人。

2. 被动问卷法

被动问卷调查法一种是将问卷放置在 www 站点上，等待访问者访问时主动填写问卷的一种调查方法。与主动问卷调查法的主动出击寻找被调查者相比，被动问卷调查法更像是守株待兔，此方法无须建立被访者 E-mail 地址信息库，在进行数据分析之前也无法选定调查目标，但他所涉及的被调查者范围要比主动问卷调查法广阔得多，几乎每个网民都可以成为被调查者。被动问卷调查法通常应用于人口普查似的调查，特别是对网站自身建设的调查。

例如，中国互联网络自身发展状况调查 CNNIC（中国互联网络信息中心）每半年进行一次的“中国互联网络发展状况调查”采用的就是被动问卷调查法。在调查期间，为达到可以满足统计需要的问卷数量，CNNIC 一般与国内一些著名的 ISP（网络服务提供商）/ICP（网络媒体提供商）设置调查问卷的链接，如：新浪、搜狐、网易等，进行适当的宣传以吸引大量的互联网浏览者进行问卷点击，感兴趣的人会自愿填写问卷并将问卷寄回。

（二）网上焦点座谈法

网上焦点座谈法是在同一时间随机选择 2 ~ 6 位被访问者，弹出邀请信，告知其可以进入一个特定的网络聊天室，相互讨论对某个事件、产品或服务等的看法和评价。

（三）使用 BBS 电子公告板进行网络市场调查

网络用户通过 TELNET 或 WEB 方式在电子公告栏发布消息，BBS 上的信息量少，但针

对性较强，适合行业性强的企业。

（四）委托市场调查机构调查

企业委托市场调查机构开展市场调查，主要针对企业及其产品的调查。调查内容通常包括：网络浏览者对企业的了解情况；网络浏览者对企业产品的款式、性能、质量、价格等的满意程度；网络浏览者对企业的售后服务的满意程度；网络浏览者对企业产品的意见和建议。

（五）合作方式的网络市场调查

由于企业和媒体合作进行，调查题目也各出一半。下面是几种网络调查方法之间的比较，具体见表 5.9。

表 5.9　网上直接调查的方法的比较

调查方法	具体内容
利用自己的网站	网站本身就是宣传媒体，如果企业网站已经拥有固定的访问者，完全可以利用自己的网站开展网上调查
租用别人的网站	如果企业自己的网站还没有建好，可以利用别人的网站进行调查
混合型	如果企业网站已经建好但还没有固定的访问者，可以在自己网站调查，但同时与其他一些著名的 ISP/ICP 网站建立广告链接，以吸引访问者参与调查
E-mail 型	直接向潜在顾客发送问卷
讨论组型	在相应的讨论组中发布问卷信息，或者发布调查题目，这种方式与 E-mail 型一样，成本费用比较低廉而且是主动型

四、网络调查的内容

（1）网民基本情况调查：调查网络用户的性别、年龄、专业、学历、爱好、婚姻状况、职业、收入、消费习惯以及网上浏览的习惯等。

（2）网络用户的地域调查。

（3）网上竞争对手调查。

在确定网络调查内容的时候，应注意以下几个方面：

（1）识别和了解访问者：营销人员必须采取适当的策略来识别和了解访问者，最简单的办法就是问卷形式。

（2）在企业网站上进行市场调查，应注意：

① 通过监控在线服务保证决策的正确性；

② 测试产品的不同价格、名称和广告封页；

③ 请求访问者反馈信息以更多地了解顾客的意见；

④ 发送适当的信息给目标对象促使他们对企业感兴趣；

⑤ 发送电子调查表单给目标对象；

⑥ 使用电子邮件直接调查目标市场；

⑦ 在报纸和电视上发布调查问卷，通过电子邮件来搜集答案。

五、网络市场调查步骤

网络市场调查应遵循一定的程序，具体如下：

（1）选择合适的搜索引擎。搜索引擎是指能及时发现需要调查对象的内容的电子指针。它们能提供有关的市场信息，阅读、分析、存储数以万计的资料。

（2）确定调查对象：企业产品的消费者和企业的竞争者。

（3）查询相关调查对象。

（4）确定适用的信息服务。

（5）信息的加工、整理、分析和运用。

六、网络调查的注意事项

（1）认真设计在线调查问卷。

① 调查应强调是专门针对某个人的；

② 用冷色调的表格来保护被调查者的眼睛；

③ 灵活使用图表、色彩及语气，使调查气氛活跃；

④ 简短调查，多张短页的效果强于单张长页的效果。

（2）公布保护个人信息声明。

① 应尊重个人隐私；

② 自愿参加调查。

（3）尽可能地吸引网民参与调查，特别是被动问卷调查。

① 提供物质奖励和非物质奖励；

② 寻找大家最有兴趣的话题；

③ 使用合适的电子邮件开头（开头应包含调查者及调查目的、奖励及调查指导）。

（4）尽可能多种调查方式相结合进行市场调查。

① 适当的问卷设计；

② 有时间限制；

③ 选择合适的抽样方法。

复习思考题

1. 文献调查法的特点是什么？
2. 文献调查法的主要功能是什么？
3. 如何建立科学的文献调查体系？
4. 什么是观察调查法？有何优缺点？有哪几种观察手段？
5. 什么是实验调查法？有何优缺点？
6. 访问调查法有哪几种形式？有何优缺点？

7. 比较几种实地调查法的优点和缺点。
8. 网络调查有哪些具体方法?

实践训练四——市场调查数据采集

根据调查方案中选择的调查方法展开调查，收集调查任务需要的数据，同时对调查的实施情况进行总结，分析采集过程中的得失。

第六章　调查资料的整理和分析

【学习目标】

1. 了解市场调查资料整理的含义，数据分组的种类；

2. 理解数据编码的原则；

3. 掌握数据审核的方法，数据编码的方法，数据分组的几种常用方法和描述统计常用指标的计算；

4. 能熟练进行常见统计表、统计图的绘制。

通过调查问卷获取的大量数据处于零散和琐碎状态，无法提供市场研究人员所需要的各种综合信息。只有对这些数据进行加工、汇总，采用各种分析方法获得的数据才能够提供有价值的信息。

第一节　市场调查资料的整理

市场调查资料的整理就是按照预定的要求，采用科学的方法，对调查阶段获得的各种原始资料进行审核、分类处理和综合加工，使之系统化和条理化，从而以集中、简明的方式反映调查对象整体情况的工作过程。整理的直接目的是将调查过程中获得的反映个案的数据资料转化为反映调查对象整体的综合资料，使其易于理解或解释有关问题，揭示事物的本质特征及其规律，更好地满足市场调查的需要。

市场调查资料的整理主要包括数据审核、数据编码、数据的录入、数据分组及汇总、统计表和统计图的绘制等环节。

一、数据审核

数据整理的工作计划应该在市场调查方案设计阶段就制定好，但真正着手整理是从调查现场收回第一份问卷就开始了，如果此时发现问题还可以及时纠正或者对调查工作加以改进。

（一）回收问卷的登记

要认真仔细地做好调查资料的回收工作，掌握每天完成的问卷数和每天回收的问卷数。在完成的问卷后面记录下问卷完成的日期和接收的日期，以便研究问卷质量时在先回收的问卷和后回收的问卷之间进行比较。每一份返回的问卷都要记录一个唯一的、有顺序的识别号码，作为原始的文件。让所有参与数据整理工作的人员都知道，他们不但负有保证工作质量的职责，还负有保证不丢失任何原始文件的责任。

（二）调查数据的审核

数据的审核是指对回收问卷的有效性和完整性进行检查。有效性是指审核问卷的填写是否真实、准确，访谈是否以恰当的方式进行，访问员有没有作假行为等。完整性是看有没有缺损问卷，各项目是否都填写齐全，是否存在答案模糊不清的问卷。

审核的目的是要确定哪些问卷可以接受，哪些问卷必须作废。这样的检查常常是在调查进行中就已经开始。如果调查是委托某个专门机构做的，研究者在调查工作结束后还需要进行独立的复查。

数据审核的要点：第一，要制定若干具体准则，使调查员明确问卷完整到什么程度才可以接受。例如，至少要完成多少，哪一部分是必须全部完成的，哪些缺失资料是可以容忍的，等等。第二，对于每份看似完成了的问卷都必须彻底地检查，要检查每一页和每一部分，以确认访问员（被访者）是按照指导语进行了访问（回答）并将答案记录在了恰当的位置上。

无效问卷的认定：在同一份问卷中，有相当一部分题目或者是重要问题没有作答的问卷；答案记录模糊不清的问卷，如字迹不清楚，无法辨认，或把“√”打在两个答案之间等；不符合作答要求，如不应该回答的问题做了回答；调查对象不符合要求，如有的针对性较强的产品，在调查使用效果时，无关人员不能成为调查对象，否则此问卷为无效；问卷中答案之间前后矛盾或有明显错误，如没用过本产品，却对本产品的功效表达用后感受；答案选择可疑，如只选第一个答案，或开放式答案均不作答；问卷缺损，如个别页码丢失，或页面破损，影响到阅读，等等。

在审核过程中发现不满意的问卷需要进行校订或编辑，所谓不满意就是指存在下列情形之一的问卷：字迹模糊的、回答不完整的、前后不一致的、表述模棱两可的、分类错误的。问卷编辑就是对问卷中存在的错误进行必要的纠正，便于以后的编码、录入和分析工作。如发现不正确的回答，可以考虑针对不同情况采用以下方法进行处理：给出估算值、舍弃整个问卷、返回给调查员、设为缺失值等。无论如何，事先明确问卷填写的具体要求以及不同问题的处理办法显得尤为重要。

不满意的问卷与满意的问卷之间通常都会有差异，而且将某份问卷（某个被访者）指定为不满意的问卷也可能带有主观性。上述两个因素都会使资料产生偏差。如果研究者决定要舍弃不满意的问卷，应该向客户报告识别这些问卷（被访者）的方法和作废的数量。

有些市场调查需要进行资料复查。所谓资料复查，是指在调查资料收回后，由其他人对所调查样本中的一部分个案进行第二次调查，以检查和核实第一次调查工作的质量。

复查的基本做法是：由研究者自己或者由研究者重新选择另外的调查员，从原来的调查员所调查过的样本中，随机抽取 5%～10%的个案进行调查。一方面核实原来的调查员是否真的对个案进行过调查（有的调查员会由于各种原因自编自填问卷答案，而实际并没有发送给被调查者或访问被调查者）；另一方面可将两次调查的结果进行对比，以检查第一次调查的质量。

二、调查数据的编码

数据编码就是对调查问卷中每个问题的答案赋予一个相应的数字或符号作为代码，也就是将调查资料转化为计算机可以识别的数值代码的过程，以便后续工作中进行数据录入、分组、汇总及分析。在每一个问题中，每个编码仅代表一个观点，然后将其以数字形式输入电脑，将不能直接统计计算的文字转变成可直接计算的数字，将大量文字信息转换成一组数据，使信息更为清晰和直观，方便对数据进行分组和后期分析。这就使问卷编码工作成为问卷调查中不可缺少的流程，也成为数据整理汇总阶段重要而基本的环节。编码是信息转换的重要手段，主要采用数字代码系统。

编码的主要作用：

（1）减少数据录入和分析的工作量，节省费用和时间，提高工作效率；

（2）将定性数据转化为定量数据，进而可利用统计软件、统计分析方法进行定量分析；

（3）减少数据处理过程中的误差。

无论是事先编码还是事后编码，编码工作都必须遵循以下原则：

（1）相关性原则，即相关的类别应有相关的编码。编码必须与分类相适应，对于任一给定变量，编码的分类必须是互相排斥的，否则不同的类别使用相同的编码，就会造成不同类别的编码出现前后一致的情况。

（2）标准化原则，即编码的编制要标准化。数据组的每一条记录都只能有一个用于识别的编码，其目的就是识别数据组中的这一特定记录，而且，同类项目的编码要等长，要尽量避免混淆和误解。

（3）系统化原则，即代码要以整体目标为标准，要系统化。用于编码的代码要适应整个调查系统的全部功能，同时编码还应具有兼容性和通用性，以便于与其他系统相衔接。

（4）周密性原则，即编码时尽可能考虑周全并预留一定的位置以备接收意外数据。如某一项目对某一被访者无法询问，就须有“无法应用”的编码；某一项目访问者拒绝回答，就应有“拒绝回答”的编码，否则就会导致数据缺失。

（5）一致性原则，即编码的内容要保持一致性。通常的操作技巧是用固定的数字顺序表示回答的答案次序。如，对所有测量等级的项目，答案都是以从小到大的原则分配编码，“1”表示最差，“2”表示较差，以此类推。编码的意义越一致，就越可以减少在编码过程中产生误差的可能。

（一）编码设计的内容及种类

编码设计就是确定各问卷、问卷中的各问题和问卷各答案对应代码的名称、形式、范围以及与原数据的对应关系，以便能将调查中得到的各种回答划分为若干有意义且有本质差别的类别。

1. 编码设计的内容

编码设计的具体内容包括：问卷代码、变量的定义（包括变量名称、类型、位数、对应问题等）以及取值的定义（包括取值范围、对应含义等）。

问卷代码主要包括调查员代码、问卷代码以及与抽样或调查对象有关的子对象代码等。例如某问卷的代码为“1081503”，第一位数字“1”代表被访者为男性，接下来的两位数字“08”代表被访者所属行业为教育行业，再接下来的两位数字“15”代表调查员编号，最后两位数字“03”代表该调查员成功完成的第 3 份问卷。问卷代码看上去很简单，但是非常必要。

因为通过问卷代码不仅可以方便查找问卷、审查调查员的工作，还有助于在子对象之间进行对比分析。

2. 编码设计的种类

（1）根据问卷结构不同，分为结构式问卷编码设计和非结构式问卷编码设计。

（2）根据问题类型不同，分为封闭式问题编码设计、半封闭式问题编码设计和开放式问题编码设计。

（3）根据编码设计的时间、方法不同，分为前编码设计和后编码设计。

（4）根据数据类型不同，分为名称编码设计、定量编码设计和定性编码设计。

（二）前编码设计

前编码也叫预编码，在事先已知问题的全部答案类别的情况下采用。主要应用于结构式问卷中的封闭问题和数字型开放问题。下面分别说明。

1. 封闭式问题的编码

（1）封闭式问题的编码步骤：

第一，找出问题中的关键词，并用适当的符号代表关键词。通常用拼音或英文缩写作为编码，这样便于识别；对单选题，只用一个编码，如果是多选题，它的每一个选项都应该有一个编码，这时可在统一的符号后加上序号作为各个选项的编码。

第二，确定编码的取值范围。单选题编码的取值就是各选项的序号；多选题编码的取值就是 0 或 1（选中为 1，未选中为 0），确定编码的取值范围有利于检查编码值的输入是否正确。

第三，检查编码是否雷同。一张调查问卷或调查表中的每一编码都应该是唯一的。

第四，编出编码表。它可与调查问题进行对照，以免遗漏，也有利于统计汇总。

封闭式问题可分为单选和多选两种。

（2）单选封闭式问题的编码：

对于单选的封闭式问题，不管这种问题有多少个备选答案，被访者只能选择其中的一项。这种问题通常以答案序号作为编码。

【例 6.1】　Q4. 您一个月网购的频率

3 次以内□　　4～6 次□　　7～9 次□　　10 次以上□

本题的编码设计是：1 代表 3 次以内，2 代表 4～6 次，3 代表 7～9 次，4 代表 10 次以上，9 代表无回答。

（3）多选封闭式问题的编码：

对于多选的封闭式问题，需要使用多个变量来表示。根据设立的变量个数以及变量取值的不同，通常有两种编码方法。

方法一：问卷里的一个多项选择题要转换成多个变量，变量的个数由该题备选答案的个数决定，有多少个备选答案，就有多少个变量。每个备选答案的顺序号就是相应变量的代码。然后对每一个答案进行“1”、“0”编码，即勾选某答案的，其编码为“1”，未勾选该答案的则编码为“0”。

【例 6.2】　Q8. 您在网上购买商品的主要类别是（可多选）

A. 电子、数码产品 □
B. 机票、车船票 □
C. 旅游景点门票、酒店、电影票 □
D. 服装服饰 □
E. 文化体育用品 □
F. 零食、药品、化妆品、保健品 □
G. 其他（请注明）______ □

对上题进行编码设计，结果见表 6.1。

表 6.1　多选项封闭式问题编码（方法一）

变量序号	变量名	取值范围	取值对应含义	对应问题	备注
14	LB8-1	0 或 1	取值 1，表明被访者勾选该选项；取值 0，表明被访者未勾选该选项	8. 您在网上购买商品的主要类型	全部选项取值 0，表明该问题无回答
15	LB8-2	0 或 1			
16	LB8-3	0 或 1			
17	LB8-4	0 或 1			
18	LB8-5	0 或 1			
19	LB8-6	0 或 1			
20	LB8-7	0 或 1			

这种编码方法的优点是编码的结果不用转换，可直接进行数据录入；缺点是变量随选项增多而增多，对于大样本会增大数据录入的工作量。

方法二：所设立的变量个数为最多可以选择的选项个数，变量排列顺序为选择答案的顺序，变量取值为所选择答案的顺序号。仍以例 6.2 加以说明，假设规定最多可选 3 项，则该题编码设计见表 6.2。

表 6.2　多选项封闭式问题编码（方法二）

变量序号	变量名	取值范围	取值对应含义	对应问题	备注
14	LB8-1	0～7	取值 1～7，表明被访者勾选相应顺序选项；每取值一个 0，表明主要类型减少一个	8. 您在网上购买商品的主要类型	全部选项取值 0，表明该问题无回答
15	LB8-2	0～7			
16	LB8-3	0～7			

如果问卷中没有规定最多可选项数，则要等到问卷回收后查看问卷回答结果，再根据数据录入及分析的需要确定变量个数。这种编码方法的优点是便于数据的录入和审核，但是分析前要通过程序把变量转化为取值 0 或 1 的变量。

2. 顺序变量的编码

与多选项封闭式问题类似，顺序变量的编码也有两种方法，只是这两种方法对应的问题形式略有差异。

方法一：变量个数即选项个数，按照选项的排列顺序，分别定义各变量为其对应选项所列序号，取值即为顺序号。

【例 6.3】　Q12. 网络购物中，影响您选择网店的因素按重要性排序，7 代表最重要因素，6 代表次重要因素，依次类推，1 代表最不重要的因素。请在各因素后面的横线上标出您的顺序。

影响因素　　　　您的排序

A. 信用度　　　　______

B. 商品价格　　　　______

C. 服务质量　　　　______

D. 商品性能及外观　　　　______

E. 商品品牌　　　　______

F. 朋友推荐　　　　______

G. 其他（请注明）________　　　　______

对上题进行编码设计，结果见表 6.3。

表 6.3 顺序变量的编码（方法一）

变量序号	变量名	取值范围	取值对应含义	对应问题	备注
25	YS12-1	0～7	取值 1～7，表明被访者勾选该选项的重要顺序；取值 0，表明该选项为非重要选项	12. 影响网店选择因素的重要性排序	全部选项取值 0，表明该问题无回答
26	YS12-2	0～7			
27	YS12-3	0～7			
28	YS12-4	0～7			
29	YS12-5	0～7			
30	YS12-6	0～7			
31	YS12-7	0～7			

方法二，所设立的变量个数为限定的排序项数，依照次序号排列顺序，分别定义各变量为次序号对应的选项项数，取值即为选项号。仍以例 6.3 加以说明，但问题要稍做改变。

【例 6.4】 Q12. 请问下列因素在您选择网店时，影响最大的三个因素依次是________，________，________。请将您选择答案的序号填在横线上。

A. 信用度　　B. 商品价格　　C. 服务质量　　D. 商品性能及外观

E. 商品品牌　　F. 朋友推荐　　G. 其他（请注明）________

对此问题进行编码设计，结果见表 6.4。

表 6.4 顺序变量的编码（方法二）

变量序号	变量名	取值范围	取值对应含义	对应问题	备注
25	YS12-1	0～7	取值 1～7，对应影响程度的相应选项；每取值一个 0，表明主要因素减少一个	12. 影响网店选择因素的重要性排序	全部选项取值 0，表明该问题无回答
26	YS12-2	0～7			
27	YS12-3	0～7			

采用此方法的优点与多选项问题一样，便于录入，可以减少录入数据的工作量，减少出错的机会。但在进行分析前要通过程序把变量转化为取值 0 或 1 的变量。

3. 数字型开放式问题的编码

如果是直接回答数字的开放式问题，被访者填入的数值就是变量的取值。设计编码时变量的测量水平应尽可能高一些，以便在后期为满足不同研究需要进行再分组。如果编码时就采用低测量水平的变量，而在后期想要提高测量水平时只能重新编码，成本太高。例如调查“家庭人口”时，可将变量名的编码设计为“RK”，取值范围为 0～10，对应取值就代表家庭人口数，取值 0 代表缺失。

对数字型开放式问题进行编码时，可根据取值范围核对所填写的数值有无明显错误，是否符合逻辑。比如某人所填家庭人口数为 38，那就明显不符合逻辑。此外，结合问卷的填写要求，应对变量规定统一的格式，如小数位、计量单位等，以便于数据的对比分析。

（三）后编码设计

事后编码指的是给某个没有事先编码的答案分配一个代码。通常需要事后编码的有末尾开放式问答题的“其他”项和开放式问题的答案。

后编码的具体做法是：首先，在问卷总数中任意选择 10%左右的问卷，把对有关问题的回答分类罗列出来并编码，从而形成预分类和预编码。其次，按照预分类类别和预编码代码，对另 90%左右问卷中有关问题的回答“对号入座”进行分类和编码。如果在这些问卷的有关回答中，发现预分类中没有的新回答类别，就在预分类中“加座”，增加一个新类别；同时在预编码中“加座”，增加一个新代码。第三，按照研究需要，对预分类的类别清单进行选择和归并，即归并相近类别，保留有用类别，删除无用类别。最后，对选择归并后定型的回答类别正式编码，从而完成后编码工作。

由于社会研究的样本规模通常达到成百上千，而一份问卷通常又包括几十个问题，这样问卷编码的任务往往十分繁重，需要多人共同完成。为了减少编码工作中的误差，保证编码数据的质量，研究者需要编制一份编码手册（编码簿），然后每个编码员按照编码手册的要求统一进行编码。在编码手册中，研究者将编码的项目和问题逐一列出，一一规定它们的代码、宽度、栏码、简要名称、答案赋值方式以及其他特殊规定等。此外，还需要注意的是，整个编码手册的格式要规范统一，指示明确且容易理解，便于操作。

【例 6.5】 拟对居住在北京、上海、广州、武汉、成都五个城市 800 位 18 岁至 60 岁的居民开展一次随机的网购调查，安排 10 位调查员。设计相关的编码手册见表 6.5。

表 6.5 网购调查编码手册（示例）

序号	编码内容及说明	变量名称	编码说明
1	问卷编号（被访者编号）	WJ001 … WJ800	001 ~ 800
2	城市编号	CS1 … CS5	1—北京，2—上海，3—广州，4—武汉，5—成都
3	访员编号	FY01 … FY50	首位是城市编码，后两位是访员编码，01 ~ 50
4	Q1. 被访者性别（访员记录）	XB1-1 XB1-2	1—男，2—女
5	Q2. 被访者年龄：（　　）岁	NL2-18 … NL2-60	按被访者的实际年龄填写，18 ~ 60，0—无回答
6	Q3. 被访者学历：小学及以下，初中，高中或中专，大学专科，大学本科，研究生及以上	XL3-1 … XL3-6	1—小学及以下，2—初中，3—高中或中专，4—大学专科，5—大学本科，6—研究生及以上，0—无回答

续表

序号	编码内容及说明	变量名称	编码说明
7	Q4. 一个月网购的频率：3 次以内，4～6 次，7～9 次，10 次以上	PL4-1 … PL4-4	1—3 次以内，2—4～6 次，3—7～9 次，4—10 次以上，0—无回答
⋮	⋮	⋮	⋮
11	Q8.网上购买商品的主要类别（可多选）：电子、数码产品，机票、车船票，旅游景点门票、酒店、电影票，服装服饰，文化体育用品，零食、药品、化妆品、保健品，其他	LB8-1 LB8-2 LB8-3 LB8-4 … LB8-7	1—电子、数码产品，2—机票、车船票，3—旅游景点门票、酒店、电影票，4—服装服饰，5—文化体育用品，6—零食、药品、化妆品、保健品，7—其他，0—无回答
⋮	⋮	⋮	⋮
15	Q12.影响网店选择的因素按重要性排序：1.信用度，2.商品价格，3.服务质量，4.商品外观，5.商品品牌，6.朋友推荐，7.其他	YS12-1 YS12-2 … YS12-7	7 代表最重要因素，6 代表次重要因素，依次类推，1 代表最不重要的因素，0—无回答
⋮	⋮	⋮	⋮

三、调查数据的录入与清理

（一）数据的录入

数据录入就是将编码后的市场调查资料和实际数字通过录入设备（键盘、扫描仪、光标阅读器等）记载到计算机的存储设备（硬盘、U 盘、光盘等），以备计算机随时调用。数据录入的主要方式有以下四种：

1. 登录表法

汇集资料，在问卷上编号，然后将编码数据转录到专门的登录表上，接着再从登录表上将数据录入计算机。

这种录入法的优点是：计算机录入人员比较方便，速度相对较快，但它增加了一次转录过程，可能存在增加差错的风险。

2. 直接录入

将调查数据编码后，直接录入计算机。既可以采用诸如 WPS、Word 等一般的编辑软件；也可以采用专门的数据库管理软件 FoxBASE、FoxPro 等；还可以直接录入到 Excel、SPSS 等专门的统计分析软件中。

直接录入可以对编码范围、变量之间的逻辑关系加以控制，避免了再次转录中可能出现的差错。但不足之处是录入时要不断地翻动问卷，录入的速度相对要慢一些，并且在这个过程中有可能产生差错。

3. 光学扫描（Optical Scan）

汇集资料，然后通过把方框或圆圈涂满的方式将它录入到光学扫描卡上，接着再利用光学扫描器将资料转换到计算机中。

4. 条形码（Bar Code）

汇集资料转换成不同宽度的条形，分别表示不同的数值，然后利用条码读写器将其转入到计算机中。

数据录入看似简单，实际上很容易出错。要搞好数据录入工作：一要在思想上高度重视；二要在工作中认真负责、精力集中；三要反复校对。

下面以常用的 Excel 工作表为例说明数据录入的方法。

【例 6.6】 根据例 6.5 获得的调查问卷及编码，将编码数据录入 Excel 工作表，如图 6.1 所示。

	A	B	C	D	E	F	G	H	I	J	K	L	M	N	O	P	Q	R	S	T	U	V	W	X
1	居民网购调查数据																							
2	问卷编号	城市编号	访员编号	性别	年龄	学历	网购频率	…	商品类别							…	影响因素							…
3									1	2	3	4	5	6	7		7	6	5	4	3	2	1	
4	1	2	3	1	25	5	2	…	1	2		4	5			…	1	2	3	4	6			…
5	2	1	6	2	35	6	3	…	1	2	3	4		6		…	2	1	6	3	4	5		…
6	3	4	2	2	19	3	2	…	1	2	3	4		6		…	2	1	6	3	4			…
7	4	2	8	2	22	4	3	…	1	2	3	4		6		…	2	1	6					…
8	5	3	4	1	27	5	4	…	1	2	3		5			…	1	2	3					…
9	6	4	7	2	43	6	1	…		2		4		6		…	2	1	4	6	3			…
10	7	5	5	1	35	6	2	…	1	2	3				7	…	2	1	3	5				…
11	8	5	10	1	24	3	3	…	1	2	3		5			…	1	2	6	3	4			…
12	9	1	1	2	53	5	1	…		2	3	4		6		…	2	1	4	6	3			…
13	10	3	9	1	29	5	3	…	1	2	3	4		6	7	…	2	5	1	3				…
14	⋮							⋮								⋮								⋮

图 6.1 居民网购调查数据

（二）数据清理

录入数据后，在进行运算、分析之前，还应借助计算机仔细地进行数据清理，不要让错误的数据进入运算过程。清理的方法有以下几种：

1. 有效范围清理

对于问卷中的任何一个变量来说，它的有效编码值往往都有某种范围，而当数据中的数值超出这一范围时，可以肯定这个数值就是错误的。比如，对数据资料的“性别”这一变量的赋值是：1—男、2—女、0—无回答。如果这一变量栏中，出现了其他数值，就是错误的编码值。出现这种问题要先查找错码的问卷编号（个案号码），然后查找原始问卷，根据问卷上的答案进行修正。如果一份问卷中错答的问题不止一两处，则可考虑将这个个案的全部数据取消，作为废卷处理。

2. 逻辑一致性清理

逻辑一致性清理比有效范围清理复杂一些。其基本思路是依据问卷中各问题之间相互依存的内在逻辑关系，来检查前后数据之间的合理性。比如过滤性问题是：“你们有孩子吗？”，答案为“1—有、2—没有”。而后问题是：“请问你们的孩子今年多大了？”，那么，对于前面问题勾选“没有”选项的问卷，在第二个答案上出现了 4、6 等类似数字情况时，那么这些个案的数据就一定有问题。

3. 数据质量抽查

如数据录入时有输入错误，但输入的数据在正常有效的编码值范围中，查出这类输入错误的唯一办法是拿着原始问卷一份一份地、一个答案一个答案地进行核对。由于逐一核对的

工作量过大，一般采用随机抽样的方法，即从样本的全部个案中，抽取一部分个案，进行校对。用这一部分个案校对的结果，来估计和评估全部数据的质量。假设某个个案的数据在“文化程度”这一变量上输错了，问卷上填答的答案是2（初中），编码值也是2，但数据录入时却记录成了3（高中或中专）。由于3这个数值在有效的编码值范围内，因此，有效范围清理方法检查不出这一错误。同时，这一变量与其他变量之间又没有前述“性别”“孩子年龄”那样的逻辑联系，因此逻辑一致性清理方法也检查不出这一错误。

（三）缺失值处理

缺失值是指某个变量的取值不完整，原因可能是调查个案的答案不清楚、被访者拒绝回答、调查员记录不完整、测验时走神等。当缺失值超过10%，就必须对其进行处理了。

缺失值是数据分析中常见的现象，主要有以下四种处理方法：

1. 估　算

最简单的办法就是用某个变量的样本均值、中位数或众数代替缺失值，也可以根据调查对象其他问题的答案，通过变量之间的相关分析或逻辑推论进行估计。

2. 个案删除

个案删除即剔除含有缺失值的样本。这种做法的结果可能导致有效样本量大大减少，无法充分利用已经收集到的数据，适合于关键变量缺失、或无效值与缺失值的比例很小的情况。

3. 变量删除

如果某一变量的无效值和缺失值很多，而且该变量对于所研究的问题不是特别重要，则可以考虑将该变量删除。

4. 回归插值法

回归插值法是根据现有的数据，分析该变量与其他变量之间的联系，建立回归模型，然后根据被调查者对其他变量的回答，估计缺失值。

例如，估计居民家庭对某种消费品的购买量，可依据现有资料建立购买量与家庭人口数、家庭可支配收入之间的回归模型，然后把被调查者填报的家庭人口数、家庭可支配收入作为自变量代入回归模型估计出该家庭对该种消费品的购买量。

四、调查数据的分组及汇总

在完成数据的录入、清理以及缺失值的补缺以后，就可以进行数据的分组及汇总了。

（一）数据的分组

数据分组是指根据调查研究的目的和任务，选择相关标志，将调查对象划分为若干不同的类型或组。标志也叫调查项目，也称为变量，就是调查问卷中每个问题的关键词。例如根据性别把被访者分为“男”“女”2个组，根据被访者一个月网购的频率可以分为：3次以内、4～6次、7～9次和10次以上4个组。

1. 数据分组的原则

数据分组应遵循科学性、完整性和互斥性三条原则。

（1）科学性：数据分组的科学性就是要体现组内同质性、组间差异性，即在某一分组标志下每一组内的调查单位（被访者）要有完全相同或相近的性质，各组之间的调查单位必须体现出显著的差异。数据分组科学性的关键在于正确选择分组标志和合理划分各组界限。

（2）完整性：完整性就是数据分组的结果必须包含所有调查单位，或者说任何一个调查单位都必须包含在相应的数据分组内，不能有遗漏。

（3）互斥性：互斥性是指组与组之间在界限上不能有交叉和共同点，换句话说就是一个调查单位只能纳入特定的某一组内，而不允许归属于两个或两个以上的组。

2. 数据分组的种类

数据分组按选择分组标志的多少以及分组后排列方式不同分为简单分组、平行分组与复合分组三种。

（1）简单分组：就是选择一个标志对调查对象进行的分组。绝大多数情况下，数据分组都采用简单分组。

【例 6.7】 某班学生“市场调查与预测”课程考试成绩分组情况，如表 6.6 所示。

表 6.6 某班“市场调查与预测”考试成绩分组

考试成绩	人数	比重/%
60 以下		
60 ~ 70		
70 ~ 80		
80 ~ 90		
90 以上		
合 计		

（2）平行分组：是指选择两个及两个以上的标志对调查对象进行并列分组。所谓并列就是各分组标志独立进行分组，相互之间不产生交叉和关联。平行分组后形成的总组数等于各个分组标志分组形成的组数之和。

【例 6.8】 大学教师按职称、性别进行平行分组，如表 6.7 所示。

表 6.7 大学教师按职称、性别进行平行分组

<table>
<tr><th colspan="2">按职称和性别分组</th><th>人数</th><th>比重/%</th></tr>
<tr><td rowspan="4">1. 大学教师按职称分组</td><td>教授</td><td></td><td></td></tr>
<tr><td>副教授</td><td></td><td></td></tr>
<tr><td>讲师</td><td></td><td></td></tr>
<tr><td>助理讲师</td><td></td><td></td></tr>
<tr><td rowspan="2">2. 大学教师按性别分组</td><td>男</td><td></td><td></td></tr>
<tr><td>女</td><td></td><td></td></tr>
<tr><td colspan="2">合 计</td><td></td><td></td></tr>
</table>

（3）复合分组：是指选择两个及两个以上的标志对调查对象进行的交叉分组。所谓交叉就是不同的分组标志融合在一起，复合分组后形成的总组数呈几何级数增加。如果不是特别需要，一般不采用复合分组。

【例 6.9】 大学教师按职称、性别进行复合分组，如表 6.8 所示。

表 6.8　大学教师按职称、性别进行复合分组

按职称和性别分组		人数	比重/%
1. 教授	男		
	女		
2. 副教授	男		
	女		
3. 讲师	男		
	女		
4. 助理讲师	男		
	女		
合　计			

3. 数据分组的方法

数据分组的目的就是按照某一标准将被访者提供的答案划分为几种类型，实际上这种划分在设计封闭式问题的时候就已经开始了，封闭式问题下的每一个备选答案就代表一个组，有多少个备选答案，就相当于把答案分为几个组。数据分组要求每一组内的事物具有相同或相近的性质，各组之间的事物具有不同的性质，这就要求在设计封闭式问题的时候，每一个备选答案在内容上必须是同质或类似的，而备选答案之间要有明显的差异。

对于文字型开放式问题，则需要对答案加以研究，归纳出若干种类型作为分组的依据。例如，调查消费者使用手机的品牌，可能会有好几十种之多，但是一些主导品牌会吸引绝大多数的消费者，使用小品牌的消费者相对较少，这样就应该把消费者多的主导品牌分别作为一个组，而把消费者比较少的小品牌合并为“其他”组。

对于数字型开放式问题，需要根据取值的特点不同采用不同的分组方法。例如调查在校大学生的年龄，一般情况下同学们的年龄都分布在一个比较小的区间内，此时可以将每个年龄值作为一个组。比如，17 岁、18 岁、19 岁、20 岁、21 岁、22 岁、23 岁等。这种以一个数值作为一个组的分组方法称为单项式分组。如果数量取值比较分散，就不再适合用单个值代表一个组，而必须用一个区间值代表一个组，这种分组称为组距式分组。例 6.7 中对考试成绩进行的分组就属于组距式分组。

关于组距式分组的更多内容，请参见统计学相关内容。

（二）数据的排序和汇总

1. 数据排序

原始数据经过编码、录入 Excel 工作表后，其顺序是杂乱的，可以通过“排序”工具进行处理。如果工作表中仅有一个变量，则只要用鼠标选中该列，单击工具栏中的“升序排序”或“降序排序”按钮就可以了。

如果工作表中已录入多个变量的编码数据，选择其中某个变量进行排序，先选定变量所在的列，再单击工具栏中的“升序排序”或“降序排序”按钮，出现“排序警告”选项卡，它要求给出排序依据，是按照“扩展选定区域”排序还是“以当前选定区域排序”，如图 6.2 所示。

	A	B	C	D	E	F	G	H	I	J	K	L	M	N	O	P	Q	R	S	T	U	V	W	X
1	居民网购调查数据																							
2	问卷编号	城市编号	访员编号	性别	年龄	学历	网购频率	…	商品类别							…	影响因素							…
3									1	2	3	4	5	6	7		7	6	5	4	3	2	1	
4	1	2	3	1	25	5	2										1	2	3	4	6			…
5	2	1	6	2	35	6	3										2	1	6	3	4	5		…
6	3	4	2	2	19	3	2										2	1	6	3	4			…
7	4	2	8	2	22	4	3										2	1	6					…
8	5	3	4	1	27	5	4										1	2	3					…
9	6	4	7	2	43	6	1										2	1	4	6	3			…
10	7	5	5	1	35	6	2										2	1	3	5				…
11	8	5	10	1	24	3	3										1	2	6	3	4			…
12	9	1	1	2	53	5	1										2	1	4	6	3			…
13	10	3	9	1	29	5	3	…	1	2	3	4		6	7	…	2	5	1	3				…
14	⋮							⋮								⋮								⋮

排序警告

Microsoft Office Excel 发现在选定区域旁边还有数据，这些数据将不参加排序。

给出排序依据

◉ 扩展选定区域(E)

○ 以当前选定区域排序(C)

排序(S)...　取消

图 6.2　两种可选的排序依据

例如，对上图中的“年龄”变量进行排序，如果按“扩展选定区域”排序，则在对指定变量排序后，其他列的数据也要随排序结果而调整位置，但每一个案的数据仍保留在同一行内，只是行次发生了变化，如图 6.3 所示。

	A	B	C	D	E	F	G	H	I	J	K	L	M	N	O	P	Q	R	S	T	U	V	W	X
1	居民网购调查数据																							
2	问卷编号	城市编号	访员编号	性别	年龄	学历	网购频率	…	商品类别							…	影响因素							
3									1	2	3	4	5	6	7		7	6	5	4	3	2	1	…
4	3	4	2	2	19	3	2	…	1	2	3	4		6		…	2	1	6	3	4			…
5	4	2	8	2	22	4	3	…	1	2	3	4		6		…	2	1	6					…
6	8	5	10	1	24	3	3	…	1	2	3		5			…	1	2	6	3	4			…
7	1	2	3	1	25	5	2	…	1	2		4	5			…	1	2	3	4	6			…
8	5	3	4	1	27	5	4	…	1	2	3		5			…	1	2	3					…
9	10	3	9	1	29	5	3	…	1	2	3	4		6	7	…	2	5	1	3				…
10	2	1	6	2	35	6	3	…	1	2	3	4		6		…	2	1	6	3	4	5		…
11	7	5	5	1	35	6	2	…	1	2	3				7	…	2	1	3	5				…
12	6	4	7	2	43	6	1	…		2		4		6		…	2	1	4	6	3			…
13	9	1	1	2	53	5	1	…		2	3	4		6		…	2	1	4	6	3			…
14	⋮							⋮								⋮								⋮

图 6.3　对“年龄”按扩展选定区域排序

如果选择“以当前选定区域排序”，则仅对选中列的数据进行排序，其他列的数据则保持原位不动。排序结果、个案数据就不在同一行内了，如图 6.4 所示。

	A	B	C	D	E	F	G	H	I	J	K	L	M	N	O	P	Q	R	S	T	U	V	W	X
1	居民网购调查数据																							
2	问卷编号	城市编号	访员编号	性别	年龄	学历	网购频率	…	商品类别							…	影响因素							
3									1	2	3	4	5	6	7		7	6	5	4	3	2	1	…
4	1	2	3	1	19	5	2	…	1	2		4	5			…	1	2	3	4	6			…
5	2	1	6	2	22	6	3	…	1	2	3	4		6		…	2	1	6	3	4	5		…
6	3	4	2	2	24	3	2	…	1	2	3	4		6		…	2	1	6	3	4			…
7	4	2	8	2	25	4	3	…	1	2	3	4		6		…	2	1	6					…
8	5	3	4	1	27	5	4	…	1	2	3		5			…	1	2	3					…
9	6	4	7	2	29	6	1	…		2		4		6		…	2	1	4	6	3			…
10	7	5	5	1	35	6	2	…	1	2	3				7	…	2	1	3	5				…
11	8	5	10	1	35	3	3	…	1	2	3		5			…	1	2	6	3	4			…
12	9	1	1	2	43	5	1	…		2	3	4		6		…	2	1	4	6	3			…
13	10	3	9	1	53	5	3	…	1	2	3	4		6	7	…	2	5	1	3				…
14	⋮							⋮								⋮								⋮

图 6.4　对“年龄”按当前选定区域排序

将图 6.3、图 6.4 的排序结果与图 6.1 进行比较，就可以发现两种排序依据产生的差异。

2. 数据汇总

经过数据的分组、排序，数据的汇总就是一件比较容易的事了。

【例 6.10】　某公司 120 名职工的月工资数据，如表 6.9 所示。

表 6.9　某公司 120 名职工月工资数据　　单位：元

4 300	4 800	2 500	4 400	2 200	3 500	3 500	4 400	4 200	3 800
3 600	4 460	3 500	3 500	2 800	4 500	3 400	3 200	5 200	4 610
4 300	5 000	3 840	4 400	4 650	4 800	4 600	4 670	5 800	4 700
3 300	4 710	4 100	4 200	3 500	3 800	4 700	6 100	3 900	4 000
4 500	3 900	4 720	4 600	2 900	5 100	3 200	3 800	4 100	5 300
4 400	3 800	4 700	5 700	2 600	4 000	4 700	4 780	5 600	4 300
6 000	5 800	4 500	4 200	5 600	5 200	4 100	5 200	3 900	4 800
2 300	3 200	4 810	3 700	5 500	4 200	3 700	2 900	3 100	4 000
4 830	3 000	5 200	3 600	4 850	4 050	5 100	4 700	4 300	4 880
5 400	5 700	4 600	4 900	5 100	4 800	3 400	5 500	5 100	4 910
4 500	5 000	4 700	4 400	3 700	4 200	4 800	4 940	5 400	3 000
4 000	5 300	5 500	4 970	5 300	2 000	6 500	6 300	5 400	5 900

要求：对月工资数据进行分组，并在此基础上汇总每一组的人数及工资总额。

解：将原始数据录入 Excel 工作表 A1：A120 单元格，然后按升序排序。排序数据的部分截图如图 6.5 所示。

	A	B	C
1	2000		
2	2200		
3	2300		
4	2500		
5	2600		
6	2800		
7	2900		
8	2900		
9	3000		
10	3000		
11	3100		
12	3200		
13	3200		
14	3200		
15	3300		
16	3400		

图 6.5　月工资排序的部分数据截图

接下来将月工资划分为以下六组：2 000 ~ 2 750，2 750 ~ 3 500，3 500 ~ 4 250，4 250 ~ 5 000，5 000 ~ 5 750，5 750 以上（说明两点：① 此处的分组并不是唯一正确结果，只要能够合理反映变量值的分布特征，允许其他的分组结果；② 此处为同限分组，应遵循“上限不在内”的规则，即每一组的区间值均不包含其上限）。

根据排序结果就很容易汇总出各组的职工人数。从排序结果可以看出：A1：A5 单元格的数据落在第一组区间内，共 5 个数据；A6：A17 单元格的数据落在第二组区间内，共 12 个数据；A18：A48 单元格的数据落在第三组区间内，共 31 个数据；A49：A90 单元格的数据落在第四组区间内，共 42 个数据；A91：A113 单元格的数据落在第五组区间内，共 23 个数据；A114：A120 单元格的数据落在第六组区间内，共 7 个数据。

各组工资总额也很容易获得：在排序窗口中，用鼠标选中 A1：A5 单元格，窗口状态栏会显示“求和 = 11 600”，这就是第一组 5 个职工的工资总额。用同样的方法可以获得第二至第六组职工的工资总额分别为：37 400，119 890，194 890，122 400，42 400。将汇总结果列入统计表，如表 6.10 所示。

表 6.10　职工人数及工资总额汇总表

月工资分组/元	职工人数		工资总额/元
	绝对数/人	比重/%	
2 000 ~ 2 750	5	4.17	11 600
2 750 ~ 3 500	12	10	37 400
3 500 ~ 4 250	31	25.83	119 890
4 250 ~ 5 000	42	35	194 890
5 000 ~ 5 750	23	19.17	122 400
5 750 以上	7	5.83	42 400
合　计	120	100	528 580

（三）频数分布的类型

分布在每一组的个案数叫频数，例如表 6.9 中的职工人数，而每一组频数所占比重称为频率。频数分布特征是数据描述分析非常关注的内容。

由于各种社会经济现象的性质不同，它们的频数分布也存在差异，从而体现出各种不同的分布特征。概括起来，社会经济现象的分布特征主要有三种类型：钟形分布、U 型分布和 J 型分布。

1. 钟形分布

钟形分布的特征是“两头小，中间大”，即越靠近中间的变量值的频数越大，而分布在两端变量值的频数越小。其分布形态宛如一口倒扣的古钟，如图 6.6 所示。

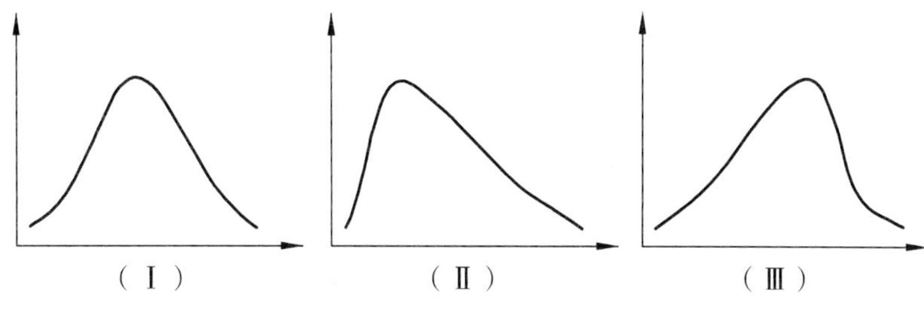

图 6.6　钟形分布示意图

如图 6.6（Ⅰ）所示，其分布特征是以平均数为对称轴，左右两侧对称，两侧变量值分布的次数随着与平均数距离的增大而逐渐减小，统计学中称这种分布为正态分布。图 6.6 中（Ⅱ）、（Ⅲ）两种类型为非对称分布，它们各有不同的偏向。一般称图（Ⅱ）形态为正偏（右偏）分布，称图（Ⅲ）形态为负偏（左偏）分布。客观事物中，绝大多数社会经济现象都近似地服从于正态分布，例如企业销售收入的分布、职工工资的分布，居民消费支出的分布等。

2. U 形分布

U 形分布的形态与钟形分布正好相反，靠近中间的变量值分布频数少，而靠近两端的变量值分布频数多，形成“两头大，中间小”的 U 形特征。例如，人口死亡率的分布特征就是比较典型的 U 形分布，婴幼儿和老年人的死亡率高，而中间青壮年的死亡率低。U 形分布如图 6.7 所示。

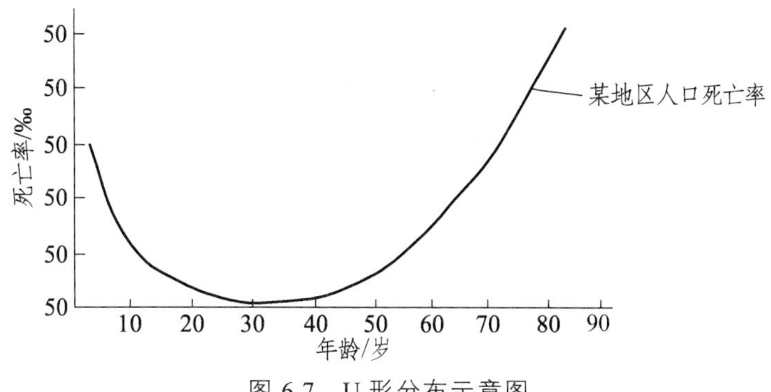

图 6.7　U 形分布示意图

3. J 形分布

J 形分布有两种类型，一种是频数随变量的增大而增加，比如商品供应量随商品价格的提高而增大，称为正 J 形分布；另一种是频数随变量的增大而减少，比如商品需求量随商品价格的提高而减少，称为反 J 形分布。J 形分布如图 6.8 所示。

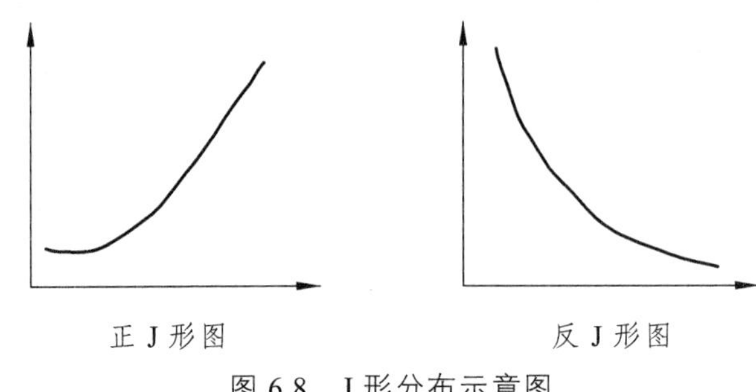

图 6.8　J 形分布示意图

第二节　统计表和统计图

经过汇总、整理获得的数据需要以图表的形式显示出来，进行数据分析获得的一些数据，同样也需要以图表的形式显示出来。通过统计图表传递市场调查信息，可以使人们对客观事物产生更加直观的认识和准确的理解，从而留下深刻的印象。因此，根据市场调查数据制作美观、适用的图表就显得尤为重要。

一、统计表

将市场调查获得的数据按照一定顺序和格式列入表格，就形成了统计表。统计表是展示统计整理结果的基本方式，它能够清楚、集中地显示统计资料，直观地反映客观事物的特征。

（一）统计表的结构

统计表的结构可以从外表形式和内容两个方面来认识。

从外表形式上看，统计表是由纵横交叉的线条组成的一种表格，包括总标题、纵栏标题、横行标题和指标数值四个部分。必要时，统计表的下方还可以加上表外附注。

总标题是统计表的名称，它指明统计表反映对象的时间、范围以及基本内容。总标题一般位于表格上方的正中间。纵栏标题也叫纵标目，是统计表各列的名称，它是指标数值说明的内容，也就是指标名称，一般放在表格的上方。横行标题也叫横标目，是统计表各行的名称，它是指标数值说明的对象，通常代表总体各组或各总体单位的名称，一般放在表格的左方。指标数值位于横行标题和纵栏标题的交叉点上，用来说明总体及其各组成部分的数量特征，它是统计表格的核心组成部分。表外附注位于统计表的下方，主要说明数据的来源以及对指标进行必要的注释或说明。

从内容上看，统计表由主词栏和宾词栏两个部分组成。

主词栏是统计表所要说明的总体及其各组成部分，一般位列统计表的左边；宾词栏是统计表说明事物数量特征的名称和数值，即指标名称和指标数值，一般位列统计表的右边。例如我国 2022 年全国粮食分季节播种面积、总产量及单位面积产量见表 6.11。

表 6.11　2022 年全国粮食分季节播种面积、总产量及单位面积产量情况表

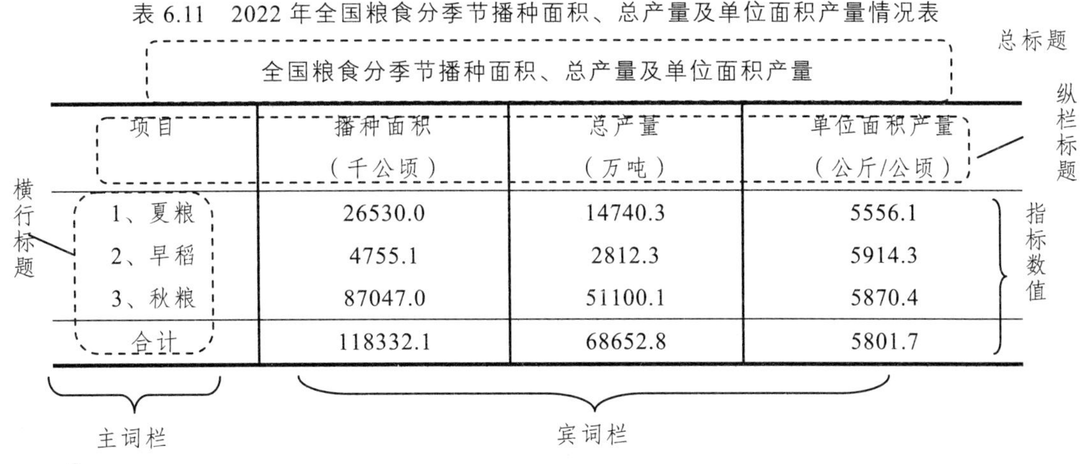

全国粮食分季节播种面积、总产量及单位面积产量

项目	播种面积（千公顷）	总产量（万吨）	单位面积产量（公斤/公顷）
1、夏粮	26530.0	14740.3	5556.1
2、早稻	4755.1	2812.3	5914.3
3、秋粮	87047.0	51100.1	5870.4
合计	118332.1	68652.8	5801.7

注：

1. 根据甘肃、宁夏、新疆等部分地区小麦实际产量对全国夏粮数据进行了修正。
2. 此表中部分数据因四舍五入，分项数合计与全年数据略有差异。

（二）统计表的分类

（1）统计表按主词栏分组的情况不同分为简单表、简单分组表和复合分组表三类。

简单表是指主词栏未经任何分组的统计表。一般来讲，主词栏按时间顺序排列或者按总体单位排列形成的统计表都是简单表。例如，某大学所属各二级学院基本情况见表 6.12。

表 6.12　某大学所属各二级学院基本情况统计表

二级学院	专职教师数量/人	现有本科专业数量/个	在校本科生人数/人
A 学院	126	5	540
B 学院	78	8	368
C 学院	145	7	783
…	…	…	…
合　计	2 567	116	19 647

简单分组表是指主词栏按一个标志进行分组形成的统计表。绝大多数的统计表其主词栏都是按一个标志进行分组的，所以简单分组表是应用最为广泛的统计表。比如前例中的表 6.10、表 6.11 都是简单分组表。

复合分组表是总体按两个及两个以上标志进行交叉分组形成的统计表。这种表的格式较

为复杂，除非特别需要，一般不建议使用。比如某企业职工按年龄和性别分组形成的复合分组表见表 6.13。

表 6.13　某企业职工人数统计表

职工按年龄和性别分组		职工人数/人
30 岁以下	男	38
	女	23
30～40 岁	男	57
	女	39
40～50 岁	男	46
	女	55
50 岁以上	男	23
	女	17
合　计		298

（2）统计表按用途不同分为调查表、整理表和分析表。

调查表就是市场调查阶段用于登记原始记录资料的表格。

整理表就是调查数据整理阶段用来进行统计分组、汇总以及记录整理结果的表格。

分析表就是调查数据分析阶段用来计算、记录各种分析指标的表格。

（3）统计表宾词栏的设计可以分为宾词简单排列表、分组平行排列表和分组层叠排列表 3 种。

宾词设计主要是关于统计表指标体系的设计，一般有平行排列和层叠排列两种。平行排列是指各宾词指标在分组的时候相互独立，不交叉、不重叠，如表 6.14 所示。

表 6.14　宾词指标平行排列的统计表

经济类型	企业数	职工人数	性别		工龄/年			
			男	女	10 以下	10～20	20～30	30 以上
（甲）	（1）	（2）	（3）	（4）	（5）	（6）	（7）	（8）
国有企业								
民营企业								
股份制企业								
中外合资企业								
外商独资企业								
其　他								
合　计								

层叠排列是指各宾词指标在分组的时候，采用交叉、多层次重叠方式排列，这种情况较为复杂，如表 6.15 所示。

表 6.15 宾词指标层叠排列的统计表

经济类型	企业数	职工人数			工龄/年											
					10 以下			10~20			20~30			30 以上		
		男	女	小计	男	女	小计	男	女	小计	男	女	小计	男	女	小计
（甲）	(1)	(2)	(3)	(4)	(5)	(6)	(7)	(8)	(9)	(10)	(11)	(12)	(13)	(14)	(15)	(16)
国有企业																
民营企业																
股份制企业																
中外合资企业																
外商独资企业																
其他																
合计																

通过对比表 6.14 与表 6.15 可以发现，在宾词指标采用层叠排列的情况下，指标列数明显增加，显示的内容更加详细，但表格也显得更为复杂。

（4）统计表设计的要求。

统计表的设计必须目的明确，内容具体，美观简洁，清晰明了，科学实用。具体应注意以下几点：

① 标题设计要简明扼要，能准确反映所要表达的内容，包括统计数据所属的时间、空间以及主要内容。

② 纵横各栏各行的排列，要注意它们之间内在的逻辑关系和排列顺序。各栏各行需要合计时，一般将合计列在最后一行或最后一列。

③ 应清楚标明计量单位。当表中只有一种计量单位时，可在表的右上方注明。如果有几个不同的计量单位，横行的计量单位可专设“计量单位”一栏，也可与纵栏各指标标注在一起。

④ 如果表的栏数较多，通常要加编号。主词栏和计量单位栏可用（甲）、（乙）、（丙）等文字表示，宾词栏可用（1）、（2）、（3）等数码表示。必要时，应标明各栏之间的数量关系，例如（6）=（1）+（3）等。

⑤ 表中数字应填写整齐，上下行个位数要对齐。数字为 0 时要写上，无数字或不用填写的数字要在格内填上“—”，缺数据的格内要填上“……”。

⑥ 统计表的表式为开口式，即表的左右两端不画纵线，上下边线画粗线或双线。

⑦ 必要时，要给统计表加注说明或注释，以备查考。

二、统计图

经过调查数据整理获得的各种数据以及为进行市场分析所计算的大量数据首先会在统计

表中显示出来，根据已有的统计表就可以借助 Excel 工具栏上的“图表向导”工具制作相应的统计图，以便直观地反映市场调查数据。

（一）统计图设计的要求

为了更好地达成展示市场调查数据、传递市场信息的目的，设计统计图需满足以下要求：

（1）统计图要能真实、准确地显示统计数据，并能在不同数据之间进行比较。

（2）统计图应当经过精心设计，突出重点，有助于洞察问题的实质，服务于一个具体而又明确的目的。

（3）统计图应当将复杂的观点转化为简明、确切、高效的阐述。

（4）统计图应当以最快的时间、尽可能简单的图形给读者以最多的信息量。

（5）统计图形应当是多维的，同时有对图形的统计描述和文字说明。

制作统计图形时，应避免一切不必要的修饰。过于花哨的修饰往往会使人们关注图形本身，而忽略了图形所要传递的信息。图形体现的视觉效果应与数据所体现的事物特征相一致，否则有可能歪曲数据，给人留下错误的印象。

（二）数据图示的方法

1. 分类数据和顺序数据的图示方法

分类数据和顺序数据都是用文字表达的数据。所不同的是分类数据只能说明事物的类别，如性别、职业、行业等；而顺序数据不仅能说明事物的类别，还能说明事物的顺序、等级，如职称、职务等。一般来说，分类数据的图示方法主要有条形图、柱形图、帕累托图以及饼图，而顺序数据除了可以使用分类数据的图示方法以外，还可以使用累计频数（频率）分布图、环形图等。

（1）条形图和柱形图。条形图是用宽度相同的长方条形的高度或长度来表示数据多少的一种图形。条形图可以横置也可以纵置，把长方条形置放于纵柱上时，称为条形图；而把长方条形置放于横柱上时，称为柱形图。

【例 6.11】 某手机销售店一月份销售主要手机品牌的数量见表 6.16。制作各品牌手机销量的条形图和柱形图。

表 6.16　主要手机品牌销售量

手机品牌	销售量/台	比重/%
三星	261	15.53
苹果	365	21.71
诺基亚	133	7.91
金立	186	11.07
小米	152	9.04
HTC	227	13.50
联想	168	9.99
中兴	189	11.25
合计	1 681	100

条形图制作步骤：将上表资料录入或复制到 Excel 工作表 A1：C11 单元格，选定 A3：B10 单元格，单击工具栏“图表向导”按钮，弹出“图表类型”对话框，在“标准类型”中选择“条形图”，在“子图表类型”中选择“堆积条形图”，如图 6.9 所示。

图 6.9　图表类型对话框

单击“下一步”，弹出“图表源数据”对话框，“数据源区域”已经显示为 A3：B10，选择系列产生在“列”，如图 6.10 所示。

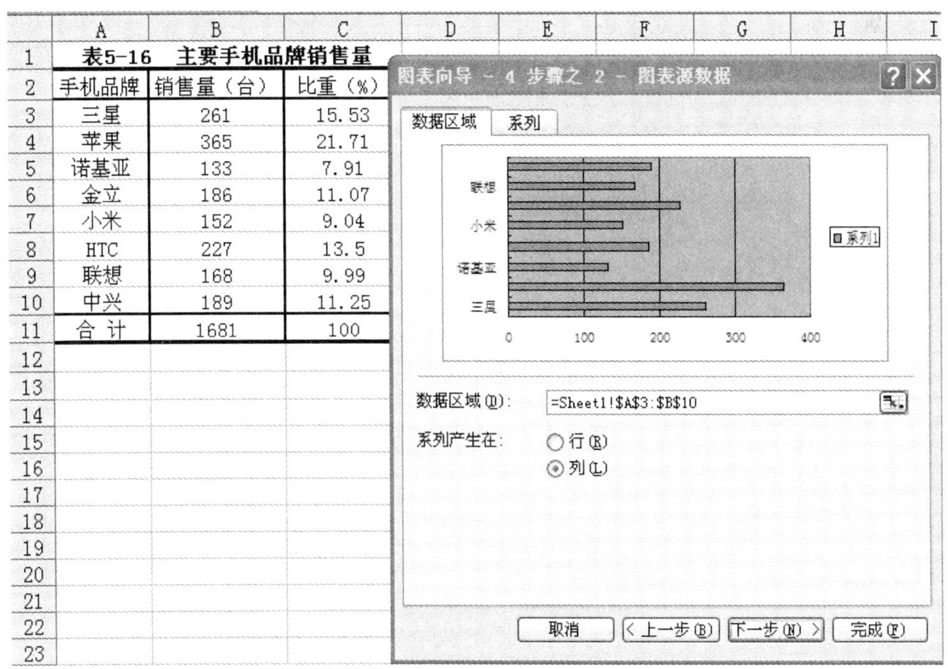

图 6.10　图表源数据对话框

单击“系列”选项，将“系列 1”的名称改为“销售量”。单击“下一步”，弹出“图表选项”对话框，“标题”选项下可以为图表的标题、横轴、纵轴加以命名；“坐标轴”、“网格线”可以根据个人的喜好进行选择，“图例”选项可以勾选，表示要显示图例，并且可以选择图例摆放的位置；“数据标志”选项下勾选“值”，则表 6.16 中的“销售量”数值会显示在条形图上。单击“下一步”，弹出“图表位置”对话框，选择“作为其中的对象插入”。单击“完成”，得到各手机品牌销售量的条形图，如图 6.11 所示。

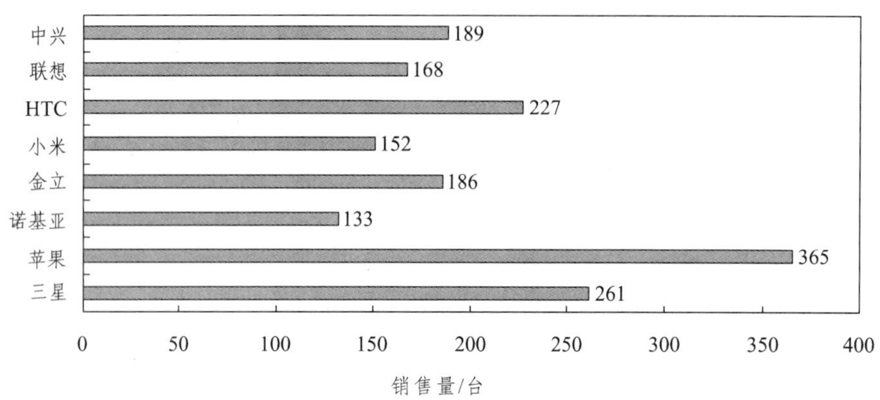

图 6.11　不同品牌手机销售量条形图

根据相同的原理，制作各手机品牌销售量的柱形图，如图 6.12 所示。

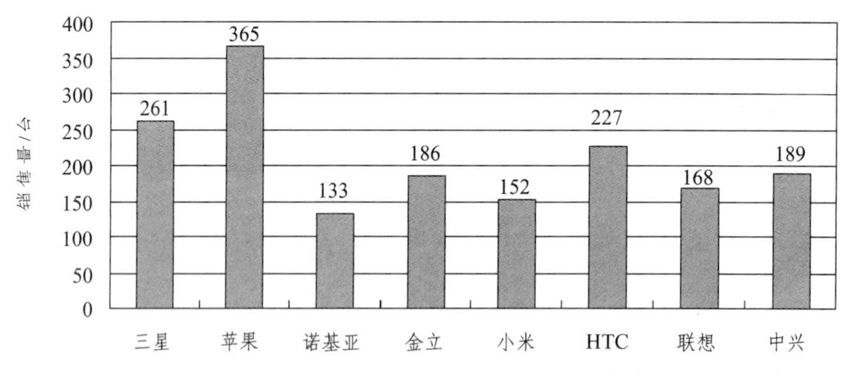

图 6.12　不同品牌手机销售量柱形图

当分类变量分布在不同空间或时间上时，还可以制作对比柱形图，用来比较事物在不同空间上的差异或随时间变化的趋势。

【例 6.12】　某手机销售店一、二月份销售主要手机品牌的数量见表 6.17，制作对比柱形图。

表 6.17　主要手机品牌销售量　　单位：台

手机品牌	一月份	二月份
三星	261	284
苹果	365	411
诺基亚	133	145
金立	186	223
小米	152	167
HTC	227	235
联想	168	191
中兴	189	218
合　计	1 681	1 874

参照前述方法，制作各品牌手机销售量的对比柱形图，如图 6.13 所示。

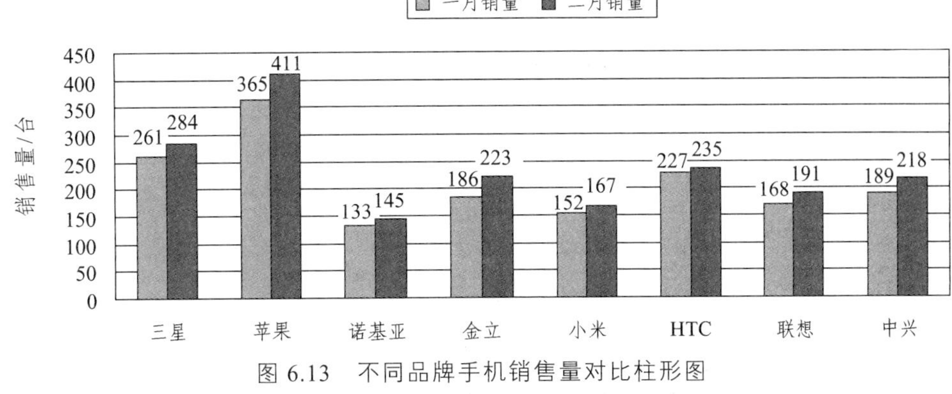

图 6.13　不同品牌手机销售量对比柱形图

（2）帕累托图。帕累托图又叫排序图、主次图，是以意大利经济学家帕累托（Pareto）的名字命名的。它是按照各类别数据频数的大小顺序绘制的柱形图，通过柱形图的排序，可以找出事物的主次。帕累托图比较广泛地应用于质量控制研究，用来判别产生质量问题的主要原因。根据表 6.17 显示的一月份各品牌手机销售量制作帕累托图，如图 6.14 所示。

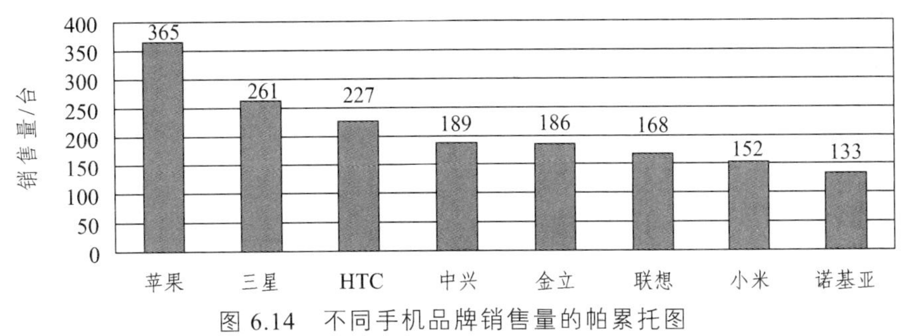

图 6.14　不同手机品牌销售量的帕累托图

通过该图能够看出各手机品牌的市场地位。

（3）饼图。饼图是用圆形及圆内扇形的角度大小来表示数值大小的图形，特别适合于反映事物内部各组成部分占全部事物的比重，用于研究事物的内部结构。在绘制饼图时，事物各组成部分所占的百分比用圆内各扇形的大小来表示。根据表 6.16 各主要手机品牌销售量比重数据绘制的饼图，如图 6.15 所示。

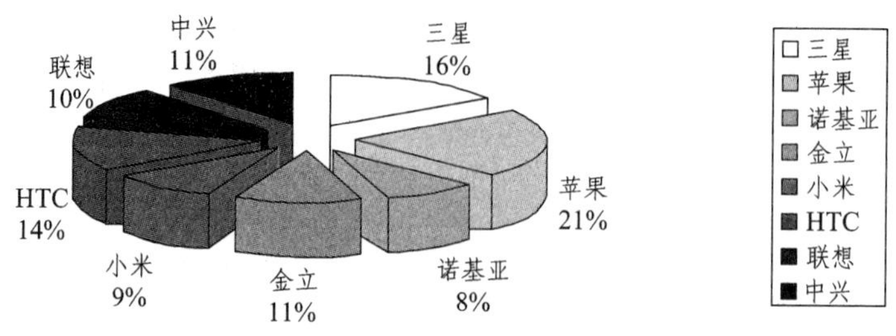

图 6.15　不同手机品牌销售量饼图

（4）累计频数（频率）分布图。累计频数（频率）分布图只适用于顺序数据编制的频数分布数列，不适合分类数据编制的频数分布数列。

【例 6.13】　调查某大学教师的职称情况，见表 6.18。

表 6.18　某大学教师职称分布表

大学教师职称	教师人数/人	比重/%	累计频数/人		累计频率/%	
			向上	向下	向上	向下
助理讲师	125	9.26	125	1 350	9.26	100
讲师	312	23.11	437	1 225	32.37	90.74
副教授	529	39.19	966	913	71.56	67.63
教授	384	28.44	1 350	384	100	28.44
合　计	1 350	100	—	—	—	—

根据表 6.18 中向上累计频数和向下累计频率制作的向上累计频数分布图和向下累计频率分布图，如图 6.16 所示。（注：此题在选择图表类型时，要在“自定义类型”选项下选择“两轴折线图”）

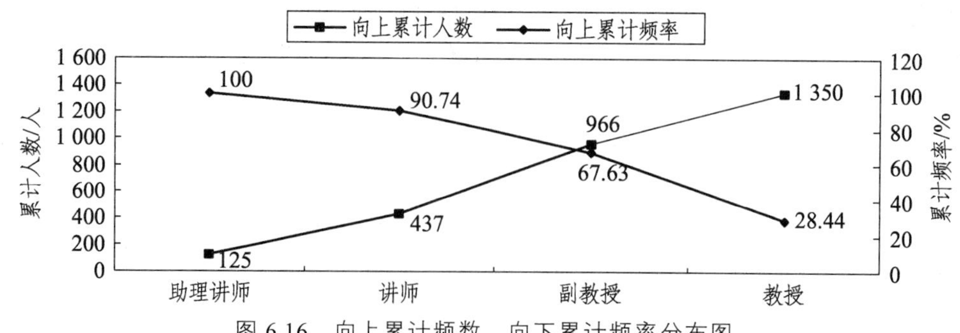

图 6.16　向上累计频数、向下累计频率分布图

从图中看出，讲师及以下职称的教师总人数 437 人，副教授及以下职称的教师总人数 966 人；副教授及以上职称的教师占教师总人数的 67.63%，讲师及以上职称的教师占教师总人数

的 90.74%。

（5）环形图。环形图与饼图类似，但又有区别，环形图中间有一个“空洞”，总体中每一个部分的数据用环中的每一段表示。圆形图只能显示一个总体的各个部分所占的比重，而环形图则可以同时反映多个总体的数据系列，每一个总体的数据系列构成一个环。因此，环形图可以显示多个总体的各个部分所占的比例，从而有利于进行对比研究。

【例 6.14】　A、B 两所高校教师的职称分布情况，见表 6.19。

表 6.19　A、B 两所高校教师职称分布表

大学教师职称	A 大学		B 大学	
	教师人数/人	比重/%	教师人数/人	比重/%
助理讲师	125	9.26	112	9.74
讲师	312	23.11	237	20.61
副教授	529	39.19	435	37.83
教授	384	28.44	366	31.83
合　计	1 350	100	1 150	100

根据两所高校各类职称教师所占的比重制作的环形图，如图 6.17 所示。

环形图表明，两所高校教师在职称上的主要差异体现在教授职称上，其中 A 高校的教授比 B 高校低 3.39 个百分点，其他职称上面的差异都很小。

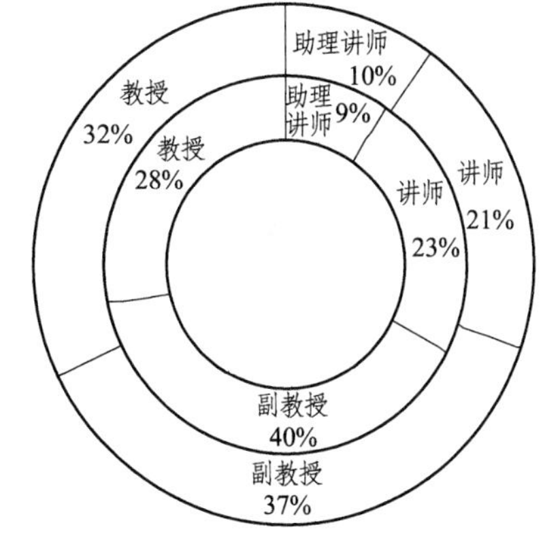

图 6.17　两所高校教师的职称构成环形图

2. 数值型数据的图示方法

数值型数据的图示方法主要有散点图、直方图、折线图和曲线图、线图、气泡图、雷达图等类型。

（1）散点图。散点图是在二维坐标中用坐标点描述两个变量之间数量关系形态的一种图形。主要在两种情况下使用，一是用来反映某种现象随时间发展变化的趋势，二是用来研究自变量随因变量变化的形态特征。

【例 6.15】　我国 2006—2011 年国内生产总值及其增长率数据，见表 6.20。

表 6.20　我国 2016—2021 年国内生产总值及其增长率数据

年　份	2016	2017	2018	2019	2020	2021
国内生产总值/亿元	746 395.1	832 035.9	919 281.1	986 515.2	1 013 567.0	1 143 669.7
国内生产总值增长率/%	6.8	6.9	6.7	6.0	2.2	8.1

数据来源：国家统计局 2016-2021 年度数据。

根据表 6.20 制作的国内生产总值散点图，如图 6.18 所示。

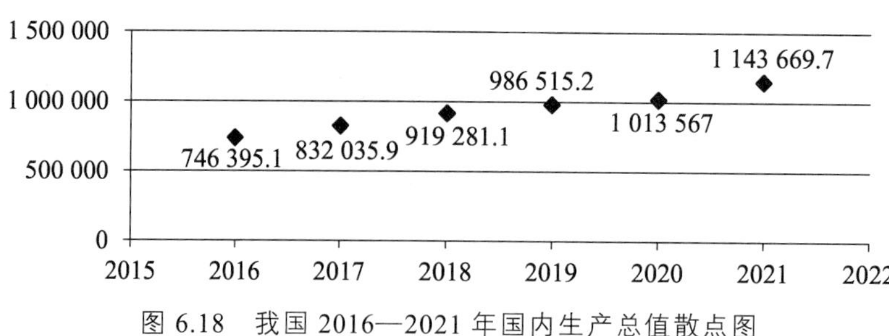

图 6.18　我国 2016—2021 年国内生产总值散点图

从散点图可以看出，除 2020 年外，我国 2016—2021 年国内生产总值总体呈现稳定的上升趋势。2020 年受新型冠状病毒疫情影响经济增速明显降低。

【例 6.16】　我国 2016—2021 年人均 GDP 与社会商品零售总额数据，见表 6.21。

表 6.21　我国 2016—2021 年人均 GDP 与社会商品零售总额数据

年　份	2016	2017	2018	2019	2020	2021
人均 GDP/元	746 395.1	832 035.9	919 281.1	986 515.2	1 013 567.0	1 143 669.7
社会商品零售总额/亿元	315 806.2	347 326.7	377 783.1	408 017.2	391 980.6	440 823.2

数据来源：国家统计局 2016—2021 年度数据。

根据表 6.21 制作的人均 GDP 与社会商品零售总额之间的散点图，如图 6.19 所示。

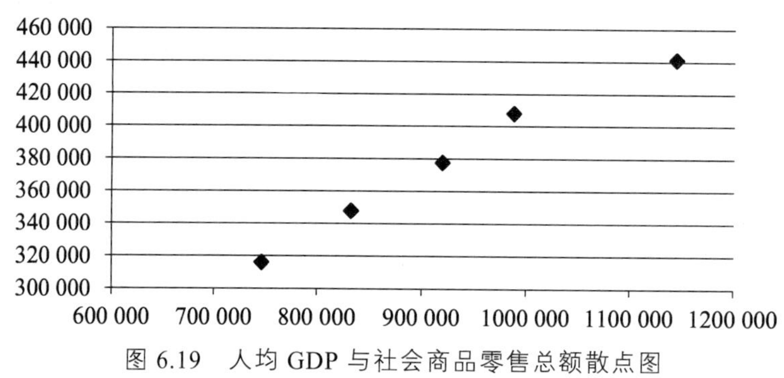

图 6.19　人均 GDP 与社会商品零售总额散点图

从图中看出，社会商品零售总额与人均 GDP 之间存在明显的正相关关系。

（2）直方图和折线图。直方图是使用矩形的宽度和高度来表示频数分布的图形。由一个个宽度依次连接在一起、用高度代表频数的矩形就构成了直方图。在平面直角坐标中，分组数据列于横轴上，即各组组限，纵轴列示各组频数（一般标注在图形左边）或频率（一般标注在图形右边），如果不列示频率则只保留左侧的频数。

直方图与柱形图的区别：① 柱形图在横置时是以条形的长度表示各类别的频数，表示类别的宽度是固定的；直方图是用矩形的面积表示频数分布，其中矩形的宽度表示各组的组距，矩形的高度表示各组的频数，矩形的宽度和高度都有具体含义。② 由于分组数据具有连续性，直方图的各个矩形通常是连接排列的，而柱形图中的各个条形则是分开排列的。

折线图是在直方图的基础上，把直方图顶部的中点依次用线段连接而成的图形。

根据表 6.10 中各月工资区间内的职工人数制作的直方图和折线图，如图 6.20 所示。

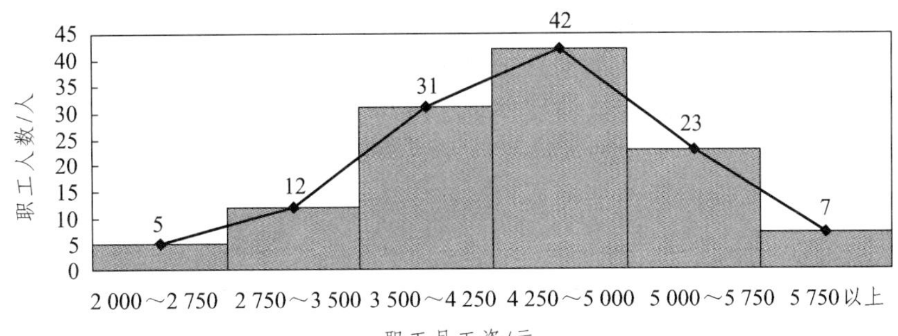

图 6.20 职工月工资分布直方图和折线图

（3）气泡图。气泡图是用于揭示三个变量之间数量关系的统计图形，通常情况下，三个变量之间有两个自变量，一个因变量。它与散点图类似，绘制时将一个自变量置放于横柱，另一个自变量置放于纵柱，而因变量的数据则用气泡的大小来表示。

【例 6.17】 某企业劳动生产率、单位成本以及利润率数据，见表 6.22。

表 6.22 某企业劳动生产率、单位成本以及利润率数据

劳动生产率/件·人$^{-1}$	单位成本/元	利润率/%
220	78	10
245	76	12
273	74	15
295	73	16
324	71	18
350	70	19

根据表 6.22 制作的气泡图如图 6.21 所示。

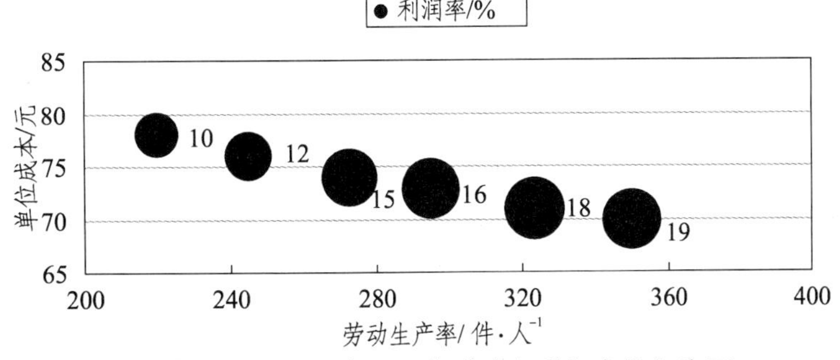

图 6.21 劳动生产率、单位成本与利润率的气泡图

从图 6.21 可以看出，随着企业劳动生产率的不断提高，企业单位成本随之降低，导致企业利润率不断提高。

（4）雷达图。雷达图又称为蜘蛛网图，是用来显示多个变量的常用图示方法。假设有 n 组样本 S_1，S_2，S_3，…，S_n，每个样本测得 P 个变量 X_1，X_2，X_3，…，X_P，要制作 P 个变量的雷达图，具体做法是：先做一个圆，然后将圆 P 等分，得到 P 个点，令这 P 个点分别对应 P 个变量。再将这 P 个点与圆心连线，得到 P 个辐射状的半径，这 P 个半径分别作为 P 个变量的坐标柱，每个变量值的大小由半径上的点到圆心的距离表示，再将同一样本的值在 P

个坐标上的点连线。这样 n 个样本形成的 n 个多边形就构成一个雷达图。

雷达图在显示或对比各变量数值的总和时十分有用。假定各变量的取值具有相同的正负号，则总的绝对值与图形所围成的区域成正比。此外，利用雷达图也可以研究多个样本之间的相似程度。

【例 6.18】 2022 年我国城乡居民人均消费支出构成数据，见表 6.23。

表 6.23　2022 年我国城乡居民人均消费支出构成

项　目	城乡居民人均消费支出构成/%	
	城镇居民/元	农村居民/元
食品	4 512	2 587
衣着	913	475
居住	3 686	1 641
生活用品及服务	837	448
医疗保健	1 821	1 058
交通和通信	1 294	695
教育文化娱乐服务	1 214	811
其他食品和服务	399	165

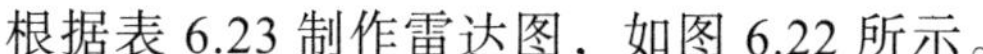
数据来源：国家统计局 http://www.stats.gov.cn/xxgk/sjfb/zxfb2020/202207/t20220715_1886450.html

根据表 6.23 制作雷达图，如图 6.22 所示。

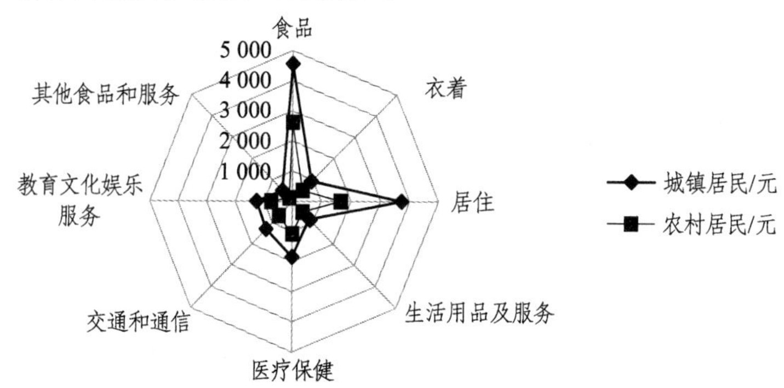

图 6.22　2022 年我国城乡居民人均消费支出雷达图

从图中可以看出以下几点：无论是城镇居民还是农村居民，人均消费支出中食品支出的比重都是最大的，其他食品和服务支出的比重都是最小的；城镇居民和农村居民在消费支出结构上具有很大的相似性。

第三节　调查数据的描述统计分析

描述统计分析是指对市场调查对象的有关数据进行搜集、整理和综合计算的基础上，利用各种指标描述市场调查对象特征的统计分析方法。描述性统计分析是一种非常有效的概括大规模数据特征的方法，是统计分析的重要组成部分，在市场调查资料分析中有着广泛的应用。

一、描述分析的主要指标

调查数据的描述性分析主要包括集中趋势分析、离散程度分析和分布形态分析三个方面。

（一）描述集中趋势的统计指标

反映各变量值在一定时间、地点条件下达到的一般水平的统计分析指标就是描述集中趋势的指标，也就是平均指标。平均指标按计算方法不同又分为算术平均数、调和平均数、几何平均数、中位数和众数五种类型。

算术平均数是将各单位的变量值相加再除以变量值个数的结果。这是实际工作中运用最为广泛的一种平均数，绝大多数的平均数都采用这种方法计算。

调和平均数是指若干个变量值倒数的算术平均数的倒数。由于这种平均数在计算过程中有两次倒数，因而又称为倒数平均数。这种平均数要在比较特殊的场合下才能使用：就是已知各组变量值及其对应的变量值总和（而变量值的频数不直接给出）。因为调和平均数的公式经过转换后可以变为算术平均数，有人据此认为这种平均数是算术平均数的变形。

几何平均数是若干个变量值连乘积的项数次方根。只有当若干个连续比率的连乘积等于一个对应的总比率的情况下，才可以采用几何平均数。比如计算连续作业车间或工序的平均合格率、平均发展速度或平均增长速度等。

中位数是将若干个变量值按照大小顺序排列后，处在最中间位置的变量值。

众数是指出现频数最多的变量值。众数适合在变量值存在一定集中度的情况下使用，如果变量值很分散就不宜确定众数。

（二）描述离散程度的统计指标

用来说明各变量值之间差异程度的综合指标称为离散指标，也叫变异指标或标志变动度。离散指标主要有极差、平均差、方差、标准差及离散系数。

极差也叫全距，是指最大变量值与最小变量值之间的差距，表明变量值变动的绝对范围。极差越大，变量值之间的差异就越大，反之越小。

平均差是各变量值与其算术平均数离差绝对值的算术平均数，表明各变量值与算术平均数的平均差距。平均差越大，变量值之间的差异就越大，反之越小。

各变量值与其算术平均数离差平方的算术平均数叫方差。方差的平方根就叫标准差，标准差也叫均方差。标准差越大，变量值之间的差异就越大，反之越小。

由于极差、平均差、方差、标准差四个离散指标都是以绝对数的形式表现出来，属于绝对离散指标。其中使用频率最高的是标准差。

离散系数是绝对离散指标与其对应的算术平均数之间的比率，表明变量值之间的相对差异。用极差、平均差、标准差除以对应的算术平均数分别叫极差系数、平均差系数和标准差系数。

由于绝对离散指标在不同性质的现象之间无法进行比较，并且在同类现象对比时，因为平均水平不同也无法利用绝对离散指标进行比较，所以需要计算离散系数。

（三）描述分布形态的统计指标

数据的分布形态是指变量分布的偏度和峰度。

变量的三阶中心矩与标准差三次方的比值称为偏度指标或偏度系数，用来衡量变量分布的对称程度或偏斜程度的。偏度系数大于 0，表明变量分布呈正偏形态；偏度系数等于 0，表明变量分布呈对称形态；偏度系数小于 0，表明变量分布呈负偏形态，如图 6.23 所示。

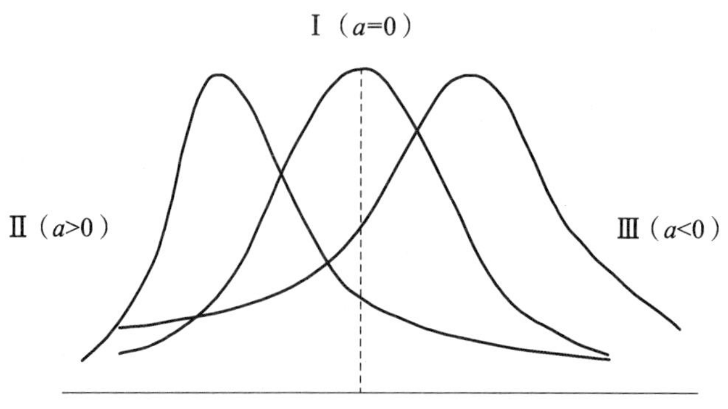

图 6.23　不同类型偏态示意图

变量的四阶中心矩与标准差四次方的比值称为峰度指标或峰度系数，用来衡量变量分布集中程度或分布曲线陡峭程度。但是在 Excel 和 SPSS 中的计算是用变量的四阶中心矩与标准差四次方的比值减去 3。其值大于 0，表明变量分布呈尖顶形态；其值等于 0，表明变量分布呈正态分布；其值小于 0，表明变量分布呈平顶形态，如图 6.24 所示。

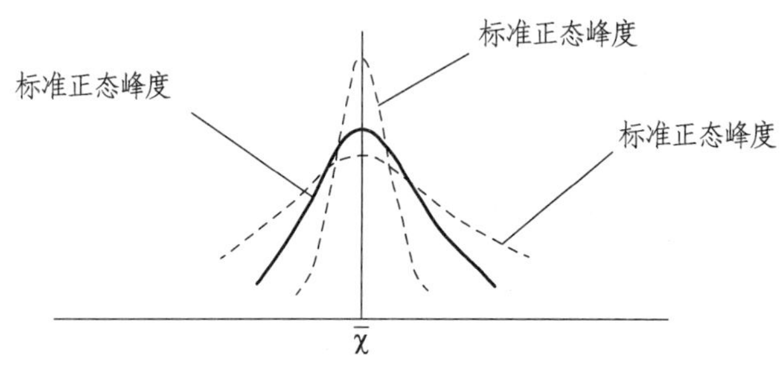

图 6.24　不同类型峰度示意图

二、单变量描述分析

根据需要，描述统计可以一次性选择一个或多个指标进行分析。选择一个指标进行描述分析的称为单变量分析，同时选择两个或更多指标进行描述分析的称为多变量分析。

（一）原始数据的描述分析

原始数据就是未经分组的数据。对原始数据进行描述性分析有两种方法：一是直接利用 Excel 函数计算描述分析指标，二是利用“描述分析工具”计算或获取常用的描述分析指标。常用描述分析指标的函数名称及计算公式见表 6.24。

表 6.24　常用描述分析指标的函数名称及计算公式

指标名称	Excel 函数	计算公式	含　义
平均差	AVEDEV	$A.D.=\frac{\sum_{i=1}^{n}\lvert x_i-\bar{x}\rvert}{n}$	计数一组数据与其算术平均数绝对离差的平均数
算术平均数	AVERAGE	$\bar{x}=\frac{x_1+x_2+\cdots+x_n}{n}$	单元格区域中所有数值的算术平均数
计数	COUNT		单元格区域中所有数值的个数

续表

指标名称	Excel 函数	计算公式	含　义
几何平均数	GEOMEAN	$\overline{x}_G = \sqrt[n]{x_1 \cdot x_2 \cdot x_3 \cdots x_n}$	返回正数数组或区域的几何平均值
调和平均数	HARMEAN	$\overline{x}_H = \dfrac{n}{\dfrac{1}{x_1}+\dfrac{1}{x_2}+\cdots+\dfrac{1}{x_n}}$	数据集合的调和平均值
峰度系数	KURT	$\dfrac{n(n+1)}{(n-1)(n-2)(n-3)}\sum_{i=1}^{n}\left(\dfrac{x_i-\overline{x}}{s}\right)^4-\dfrac{3(n-1)^2}{(n-2)(n-3)}$	数据集的峰度值
最大值	MAX		一组数据或区域的最大值
中位数	MEDIAN	数据排序后位于最中间位置的变量值	给定数据集合的中位数
最小值	MIN		一组数据或区域的最小值
众数	MODE	出现次数最多的变量值	一组数据的众数
偏度系数	SKEW	$\dfrac{n}{(n-1)(n-2)}\sum_{i=1}^{n}\left(\dfrac{x_i-\overline{x}}{s}\right)^3$	分布的偏斜度
样本标准差	STDEV	$S=\sqrt{\dfrac{\sum_{i=1}^{n}(x_i-\overline{x})^2}{n-1}}$	估算基于给定样本的标准差
总体标准差	STDEVP	$\sigma=\sqrt{\dfrac{\sum_{i=1}^{n}(x_i-\overline{x})^2}{n}}$	计算给定总体的标准差
求和	SUM	$x_1+x_2+\cdots+x_n$	单元格区域中所有数值的和
样本方差	VAR	$S^2=\dfrac{\sum_{i=1}^{n}(x_i-\overline{x})^2}{n-1}$	估算基于给定样本的方差
总体方差	VARP	$\sigma^2=\dfrac{\sum_{i=1}^{n}(x_i-\overline{x})^2}{n}$	计算给定总体的方差

【例 6.19】　根据例 6.10，对表 6.9 中 120 名职工的月工资数据进行描述性分析。

方法一：将 120 个工资数据录入 Excel 工作表 A1：L10，利用函数名称可以获得描述分析指标。这种方法适合于选择性计算描述分析指标时使用。

在 B12 单元格输入“计数”，在 C12 单元格输入“ = COUNT（A1：L10）”，回车后 Excel 返回计数结果 120。

在 B13 单元格输入“最大值”，在 C13 单元格输入“ = MAX（A1：L10）”，回车后 Excel 返回计数结果 6 500。

在 B14 单元格输入“最小值”，在 C14 单元格输入“ = MIN（A1：L10）”，回车后 Excel 返回计数结果 2 000。

在 B15 单元格输入“求和”，在 C15 单元格输入“ = SUM（A1：L10）”，回车后 Excel 返回计数结果 528 580。

在 B16 单元格输入“平均工资”，在 C16 单元格输入“ = AVERAGE （A1：L10）”，回车后 Excel 返回计数结果 4 404.8。

在 B17 单元格输入“众数”，在 C17 单元格输入“ = MODE（A1：L10）”，回车后 Excel 返回计数结果 470。

在 B18 单元格输入“中位数”，在 C18 单元格输入“ = MEDIAN（A1：L10）”，回车后 Excel 返回计数结果 4 500。

在 B19 单元格输入“样本标准差”，在 C19 单元格输入“ = STDEV（A1：L10）”，回车后 Excel 返回计数结果 901.78。

注：在 Excel 中，函数 STDEVP 用于计算总体标准差，即把所有数据视为一个总体的观察值，计算公式为

$$\sigma = \sqrt{\frac{1}{n}\sum_{i=1}^{n}(x_i - \overline{x})^2}$$

函数 STDEV 用于计算样本标准差，即把所有数据视为一个样本的观察值，计算公式为

$$S = \sqrt{\frac{1}{n-1}\sum_{i=1}^{n}(x_i - \overline{x})^2}$$

在 B20 单元格输入“样本方差”，在 C20 单元格输入“ = VAR（A1：L10）”，回车后 Excel 返回计数结果 813 208。

在 B21 单元格输入“平均差”，在 C21 单元格输入“ = AVEDEV（A1：L10）”，回车后 Excel 返回计数结果 716.43。

在 B22 单元格输入“峰度系数”，在 C22 单元格输入“ = KURT（A1：L10）”，回车后 Excel 返回计数结果 - 0.061。其值接近于 0，表明分布形态近似于一条水平线。

在 B23 单元格输入“偏度系数”，在 C23 单元格输入“ = SKEW（A1：L10）”，回车后 Excel 返回计数结果 - 0.302。其值为负且接近于 0，表明分布形态呈现轻微的负偏分布。

上述 Excel 计算的截图如图 6.25 所示。

	A	B	C	D	E	F	G	H	I	J	K	L
1	4300	4800	2500	4400	2200	3500	3500	4400	4200	3800	3600	4460
2	3500	3500	2800	4500	3400	3200	5200	4610	4300	5000	3840	4400
3	4650	4800	4600	4670	5800	4700	3300	4710	4100	4200	3500	3800
4	4700	6100	3900	4000	4500	3900	4720	4600	2900	5100	3200	3800
5	4100	5300	4400	3800	4700	5700	2600	4000	4700	4780	5600	4300
6	6000	5800	4500	4200	5600	5200	4100	5200	3900	4800	2300	3200
7	4810	3700	5500	4200	3700	2900	3100	4000	4830	3000	5200	3600
8	4850	4050	5100	4700	4300	4880	5400	5700	4600	4900	5100	4800
9	3400	5500	5100	4910	4500	5000	4700	4400	3700	4200	4800	4940
10	5400	3000	4000	5300	5500	4970	5300	2000	6500	6300	5400	5900
11												
12		计数	120									
13		最大值	6500									
14		最小值	2000									
15		求和	528580									
16		平均工资	4404.8									
17		众数	4700									
18		中位数	4500									
19		样本标准差	901.78									
20		样本方差	813208									
21		平均差	716.43									
22		峰度系数	-0.061									
23		偏度系数	-0.302									

图 6.25　描述性分析指标计算截图

方法二：利用“描述统计工具”计算描述分析指标，这种方法适合于一次性批量计算常

用的描述分析指标时使用。

先将 120 个工资数据录入 Excel 工作表 A1：A120 或者第一行自 A1 开始的连续 120 各单元格内。（注：在使用“描述统计工具”时，需要把一个样本的观察值放置在 Excel 工作表的一行或一列内。原因是 Excel 会把每一行或每一列作为一个样本进行计算）接下来的操作步骤如下：

（1）在“工具”菜单中选择“数据分析”（如果“工具”菜单中没有“数据分析”，则需要先点击“加载宏”，加载“分析工具库”即可）选项，从弹出的对话框中选择“描述统计”，单击“确定”后打开“描述统计对话框”，如图 6.26 所示。

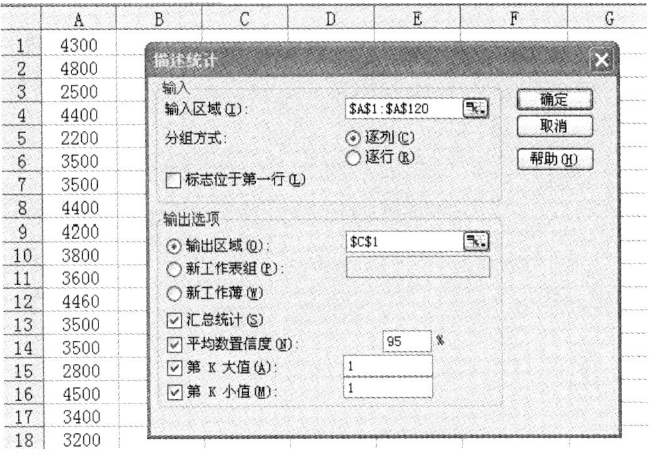

图 6.26　描述统计对话框

（2）在“输入区域”输入数据所在的区域 A1：A120；分组方式选择“逐列”（因为数据位于一列中）；如果 A1 单元格是数据的名称，则勾选“标志位于第一行”；输出选项设置“输出区域”C1（从这个位置开始输出结果）；勾选“汇总统计”可给出一系列描述统计量；勾选“平均数置信度”，会给出指定置信度下用样本平均数估计总体平均数的极限误差；“第 K 大值”和“第 K 小值”会给出样本数据中第 K 个大值和第 K 个小值。单击“确定”，得到输出结果，如图 6.27 所示。

	A	B	C	D
1	4300		列1	
2	4800			
3	2500		平均	4404.833
4	4400		标准误差	82.32094
5	2200		中位数	4500
6	3500		众数	4700
7	3500		标准差	901.7807
8	4400		方差	813208.4
9	4200		峰度	-0.06126
10	3800		偏度	-0.30197
11	3600		区域	4500
12	4460		最小值	2000
13	3500		最大值	6500
14	3500		求和	528580
15	2800		观测数	120
16	4500		最大(1)	6500
17	3400		最小(1)	2000
18	3200		置信度(95.0%)	163.0037

图 6.27　描述统计分析输出结果

图 6.27 中给出的计算结果中：平均就是用“算术平均”方法计算的平均工资；“标准误差”就是样本平均数的抽样平均误差 $\sigma/\sqrt{n}$，近似地估计 $s/\sqrt{n}$；“标准差”是以自由度 $n-1$ 计算的样本标准差；“峰度”就是峰度系数；“偏度”就是偏度系数；“区域”是指极差（等于最大值减去最小值）；“置信度（95%）”是按正态总体、方差未知条件计算的总体均值区间估计的极限误差 $t_{\alpha/2}(n-1)\cdot\frac{s}{\sqrt{n}}$。

（二）分组数据的描述分析

在原始数据经过分组以后，形成单项式变量数列或组距式变量数列的情况下，要在 Excel 工作表中编制计算表来计算相应的描述分析指标。

1. 集中趋势的测定

描述现象集中趋势的指标主要有算术平均数、中位数和众数。

根据单项式变量数列或组距式变量数列计算算术平均数的公式为：

$$\bar{x}=\frac{\sum_{i=1}^{n}x_i f_i}{\sum_{i=1}^{n}f_i} \tag{6.1}$$

式中：$\bar{x}$ 代表算术平均数；x_i 表示单项式变量数列中各组的变量值或组距式变量数列中各组的组中值；f_i 表示各组的频数；n 表示组数。

根据组距式变量数列计算中位数的下限公式为（根据单项式变量数列直接就可以确定中位数，无须公式计算）：

$$M_e=L+\frac{\sum_{i=1}^{n}f_i\Big/2-S_{M_e-1}}{f_{M_e}}\times d \tag{6.2}$$

上限公式为：

$$M_e=U-\frac{\sum_{i=1}^{n}f_i\Big/2-S_{M_e+1}}{f_{M_e}}\times d \tag{6.3}$$

式中：M_e 代表中位数；L 表示中位数所在组的下限（中位数在累计频数刚好超过 $\sum_{i=1}^{n}f_i/2$ 的那一组）；U 表示中位数所在组的上限；$\sum_{i=1}^{n}f_i$ 表示各组频数之和；f_{M_e} 表示中位数所在组的频数；S_{M_e-1} 表示中位数所在组以下各组频数之和；S_{M_e+1} 表示中位数所在组以上各组频数之和；d 表示中位数所在组的组距。

根据组距式变量数列计算众数的上限公式为（根据单项式变量数列直接就可以确定众数，无须公式计算）：

$$M_o = L + \frac{f_{M_o} - f_{M_o-1}}{(f_{M_o} - f_{M_o-1}) + (f_{M_o} - f_{M_o+1})} \times d \tag{6.4}$$

上限公式为：

$$M_o = U - \frac{f_{M_o} - f_{M_o+1}}{(f_{M_o} - f_{M_o-1}) + (f_{M_o} - f_{M_o+1})} \times d \tag{6.5}$$

式中：M_o 代表众数；L 表示众数所在组的下限（众数在频数最大的那一组）；U 表示众数所在组的上限；f_{M_o} 表示众数所在组的频数；f_{M_o-1} 表示众数所在组下一组的频数；f_{M_o+1} 表示众数组上一组的频数；d 表示众数所在组的组距。

【例 6.20】 根据表 6.10 职工月工资的频数分布，计算职工平均月工资以及月工资的中位数和众数。

解：（1）计算平均月工资。计算平均工资应在 Excel 工作表中编制平均工资计算表，如图 6.28 所示。

	A	B	C	D
1	**平均工资计算表**			
2	月工资（元）	组中值 x	人数 f	工资总额 xf
3	2000~2750	2375	5	11875
4	2750~3500	3125	12	37500
5	3500~4250	3875	31	120125
6	4250~5000	4625	42	194250
7	5000~5750	5375	23	123625
8	5750以上	6125	7	42875
9	合 计	—	120	530250

图 6.28 平均工资计算表截图

Excel 操作说明：在 D3 单元格输入“= B3*C3”，然后回车返回工资总额 11 875，后面各组的工资总额使用“填充”方法完成。具体操作方法是：将鼠标移到 D3 单元格的右下角，出现“+”号时，按下左键拖动到 D8 单元格，可得各单元格的值。在 D9 单元格输入“= SUM（D3:D8）”，回车返回工资总额合计值 530 250。

代入公式可得平均工资为：

$$\bar{x} = \frac{\sum_{i=1}^{n} x_i f_i}{\sum_{i=1}^{n} f_i} = \frac{530\ 250}{120} = 4\ 418.75（元）$$

（2）计算中位数和众数。计算中位数应编制向上累计频数或向下累计频数，以此判断中位数应该在累计频数第一次超过 $\sum_{i=1}^{n} f_i \Big/ 2$ 的那一组。累计频数如图 6.29 所示。

	A	B	C	D
1	累计频数表			
2	月工资（元）	人数	向下累计频数	向上累计频数
3	2000～2750	5	5	120
4	2750～3500	12	17	115
5	3500～4250	31	48	103
6	4250～5000	42	90	72
7	5000～5750	23	113	30
8	5750以上	7	120	7
9	合　计	120	—	—

图 6.29　累计频数表截图

编制此表说明：在单元格 C3 输入“＝SUM（B3：B3）”，回车后返回结果 5，B4：B8 单元格采用“填充”方法完成。在单元格 D8 输入“＝SUM（D8：D8）”，回车后返回结果 7，D7：D3 单元格采用“填充”方法完成。

从图 6.29 看出，无论是向上累计频数还是向下累计频数，都是累积到第四组“4 250～5 000”的时候，累计频数第一次超过 60 人，所以第四组即为中位数所在组，$L=4\ 250$，$U=5\ 000$，$\sum_{i=1}^{n} f_i=120$，$f_{M_e}=42$，$S_{M_e-1}=48$，$S_{M_e+1}=30$，$d=750$。代入下限公式得

$$M_e=L+\frac{\sum_{i=1}^{n} f_i \Big/ 2-S_{M_e-1}}{f_{M_e}}\times d=4\ 250+\frac{120/2-48}{42}\times 750=4\ 464.29\text{（元）}$$

代入上限公式可得

$$M_e=U-\frac{\sum_{i=1}^{n} f_i \Big/ 2-S_{M_e+1}}{f_{M_e}}\times d=5\ 000-\frac{120/2-30}{42}\times 750=4\ 464.29\text{（元）}$$

计算众数则相对简单一些。首先确定众数所在的组，频数最大的第四组“4 250～5 000”即为众数组。相关数据为：$L=4\ 250$，$U=5\ 000$，$f_{M_o}=42$，$f_{M_o-1}=31$，$f_{M_o+1}=23$，$d=750$。代入下限公式得

$$\begin{aligned}M_o&=L+\frac{f_{M_o}-f_{M_o-1}}{(f_{M_o}-f_{M_o-1})+(f_{M_o}-f_{M_o+1})}\times d\\&=4\ 250+\frac{42-31}{(42-31)+(42-23)}\times 750=4\ 525\text{（元）}\end{aligned}$$

代入上限公式得

$$\begin{aligned}M_o&=U-\frac{f_{M_o}-f_{M_o+1}}{(f_{M_o}-f_{M_o-1})+(f_{M_o}-f_{M_o+1})}\times d\\&=5\ 000-\frac{42-23}{(42-31)+(42-23)}\times 750=4\ 525\text{（元）}\end{aligned}$$

根据分组数据计算的平均数、中位数和众数与直接使用原始数据计算的平均数、中位数和众数进行比较发现，两种情况下计算的结果有一点出入。这是因为在根据组距式变量数列计算时，都要假定每一组内的变量值是均匀分布的，而实际情况可能并不服从于均匀分布。

众数、中位数和算术平均数的关系如下：

众数、中位数和算术平均数都是用于反映总体某一数量标志在特定条件下的一般水平或分布集中趋势的代表值，但因为它们的计算方法不同，具体的含义也有差异，故它们有各自的特点。第一，众数和中位数是由变量值所处的特殊位置确定的，而算术平均数是根据变量数列所有变量值计算的，所以算术平均数对数据的概括能力比众数、中位数强。第二，算术平均数易受数列中极端变量值的影响，中位数和众数几乎不受极端变量值的影响。第三，它们对数据类型的要求不同，算术平均数要求最高，它只适用于数值型数据；中位数次之，它还适用于顺序数据；众数对数据的类型没有严格的限制，除适用于数值型数据和顺序数据外，众数甚至还适用于分类数据。

众数、中位数和算术平均数彼此间存在着一定的数量关系：在对称的正态分布条件下，中位数、众数和算术平均数三者完全相等，即 $\bar{x}=M_e=M_o$。在非对称分布的情况下，众数、中位数和算术平均数三者的差别取决于分布的偏斜程度，分布偏斜的程度越大，它们之间的差别越大。当频数分布呈右偏（正偏）时，算术平均数受极大值的影响而最大，众数最小，此时有 $\bar{x}>M_e>M_o$；当频数分布呈左偏（负偏）时，算术平均数受极小值的影响而最小，众数最大，此时有 $\bar{x}<M_e<M_o$。但无论哪种分布特征，中位数始终介于众数和平均数之间。众数、中位数和算术平均数三者的关系如图 6.30 所示。

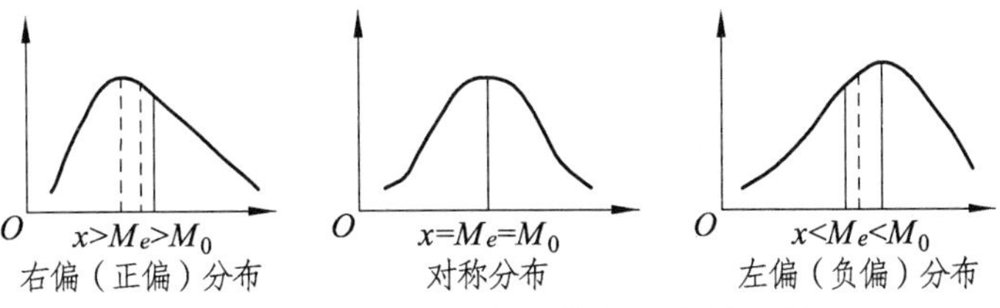

图 6.30 众数、中位数和算术平均数的关系

例 6.20 的计算结果显示：算术平均数 < 中位数 < 众数，表明 120 位职工的月工资数据呈左偏分布。

2. 离散指标的测定

描述现象离散程度的分析指标主要有平均差、方差、标准差以及离散系数等。

根据变量数列计算平均差的公式为：

$$A.D.=\frac{\sum_{i=1}^{n}\left|x_i-\bar{x}\right|f_i}{\sum_{i=1}^{n}f_i} \tag{6.6}$$

式中：$A.D.$ 代表平均差；$\bar{x}$ 代表算术平均数；x_i 表示单项式变量数列中各组的变量值或组距式变量数列中各组的组中值；f_i 表示各组的频数；n 表示组数。

根据总体数据编制的变量数列，计算方差和标准差的公式为：

$$\sigma^2=\frac{\sum_{i-1}^{n}(x_i-\bar{x})^2 f_i}{\sum_{i=1}^{n}f_i} \tag{6.7}$$

$$\sigma=\sqrt{\frac{\sum_{i-1}^{n}(x_i-\bar{x})^2 f_i}{\sum_{i=1}^{n} f_i}} \qquad (6.8)$$

根据样本数据编制的变量数列，计算方差和标准差的公式为：

$$S^2=\frac{\sum_{i-1}^{n}(x_i-\bar{x})^2 f_i}{\sum_{i=1}^{n} f_i-1} \qquad (6.9)$$

$$S=\sqrt{\frac{\sum_{i-1}^{n}(x_i-\bar{x})^2 f_i}{\sum_{i=1}^{n} f_i-1}} \qquad (6.10)$$

式中：σ 代表总体标准差；σ^2 代表总体方差；S 代表样本标准差；S^2 代表样本方差。

离散系数可以分别用平均差、标准差除以算术平均数，分别称为平均差系数和标准差系数。使用最为广泛的还是标准差系数，计算公式为：

$$V_\sigma=\frac{\sigma}{\bar{x}}\times 100\% \qquad (6.11)$$

如果标准差系数越大，说明变量值的离中趋势越明显，变量值之间的差异越大，平均数的代表性越低；反之，如果标准差系数越小，说明变量值的离中趋势越弱，变量值之间的差异越小，平均数的代表性越高。

【例 6.21】 根据表 6.10 职工月工资的频数分布，计算职工月工资的平均差、方差以及标准差。

解： 假定 120 个职工的月工资数据为样本数据。结合平均差、方差以及标准差计算公式所需项目，在 Excel 工作表中列平均差、方差以及标准差计算表，如图 6.31 所示。

	A	B	C	D	E	F	G	H
1	平均差、方差及标准差计算表							
2	月工资（元）	组中值 x	人数 f	工资总额 xf	$\lvert x-\bar{x}\rvert$	$\lvert x-\bar{x}\rvert f$	$(x-\bar{x})^2$	$(x-\bar{x})^2 f$
3	2000～2750	2375	5	11875	2043.75	10218.75	4176914.06	20884570.31
4	2750～3500	3125	12	37500	1293.75	15525.00	1673789.06	20085468.75
5	3500～4250	3875	31	120125	543.75	16856.25	295664.06	9165585.94
6	4250～5000	4625	42	194250	206.25	8662.50	42539.06	1786640.63
7	5000～5750	5375	23	123625	956.25	21993.75	914414.06	21031523.44
8	5750以上	6125	7	42875	1706.25	11943.75	2911289.06	20379023.44
9	合　计	—	120	530250	—	85200.00	—	93332812.5
10								
11	平均工资	4418.75						

图 6.31　平均差、方差及标准差计算表截图

Excel 操作要点：计算出各组工资总额及其合计值后，在 A11 单元格输入“平均工资”，在 B11 单元格输入“= D9/C9”，回车后返回平均值 4 418.75。在 E3 单元格输入“= ABS（B3 – \$B\$11）”，回车后返回离差绝对值 2 043.75，E4：E8 单元格“填充”计算。在 F3 单元格输

入“= E3*C3”，回车后返回值 10 218.75，F4：F8 单元格“填充”计算；在 G3 单元格输入“=（B3 - B11）^2”，回车后返回离差平方 4 176 914.06，G4：G8 单元格“填充”计算。在 H3 单元格输入“= G3*C3”，回车后返回值 20 884 570.31，H4：H8 单元格“填充”计算。代入公式得

$$A.D.=\frac{\sum_{i=1}^{n}\left|x_i-\bar{x}\right|f_i}{\sum_{i=1}^{n}f_i}=\frac{85\ 200}{120}=710\text{（元）}$$

$$S^2=\frac{\sum_{i-1}^{n}(x_i-\bar{x})^2 f_i}{\sum_{i=1}^{n}f_i-1}=\frac{93\ 332\ 812.5}{120-1}=784\ 309.35\text{（元）}$$

$$S=\sqrt{\frac{\sum_{i-1}^{n}(x_i-\bar{x})^2 f_i}{\sum_{i=1}^{n}f_i-1}}=\sqrt{784\ 309.35}=885.61\text{（元）}$$

$$V_S=\frac{S}{\bar{x}}\times 100\%=\frac{885.61}{4\ 418.75}\times 100\%=20.04\%$$

标准差系数达到 20.04%，表明职工月工资的差距较大。

3. 形态指标的测定

描述现象分布形态的指标主要有偏度系数与峰度系数等。

根据单项式变量数列或组距式变量数列计算偏度系数和峰度系数的公式分别为：

$$S_{\mathrm{K}}=\frac{\sum_{i=1}^{n}(x_i-\bar{x})^3 f_i}{S^3\sum_{i=1}^{n}f_i} \qquad (6.12)$$

$$K_{\mathrm{U}}=\frac{\sum_{i=1}^{n}(x_i-\bar{x})^4 f_i}{S^4\sum_{i=1}^{n}f_i}-3 \qquad (6.13)$$

式中：S_{K} 代表偏度系数；K_{U} 代表峰度系数；$\bar{x}$ 代表样本平均数；S 代表样本标准差；n 代表变量分组数。

【例 6.22】 根据表 6.10 职工月工资的频数分布，计算职工月工资的峰度系数及偏度系数。

解： 假定 120 个职工的月工资数据为样本数据。结合偏度系数、峰度系数计算公式所需项目，在 Excel 工作表中列偏度系数、峰度系数计算表，如图 6.32 所示。

	A	B	C	D	E	F	G
1	偏度系数、峰度系数计算表						
2	月工资（元）	组中值 x	人数 f	工资总额 xf	$(x-\bar{x})^2 f$	$(x-\bar{x})^3 f$	$(x-\bar{x})^4 f$
3	2000～2750	2375	5	11875	20884570.31	-42682840576.17	87233055427551.30
4	2750～3500	3125	12	37500	20085468.75	-25985575195.31	33618837908935.50
5	3500～4250	3875	31	120125	9165585.94	-4983787353.52	2709934373474.12
6	4250～5000	4625	42	194250	1786640.63	368494628.91	76002017211.91
7	5000～5750	5375	23	123625	21031523.44	20111394287.11	19231520787048.30
8	5750以上	6125	7	42875	20379023.44	34771708740.23	59329228038024.90
9	合　计	—	120	530250	93332812.50	-18400605468.75	202198578552246.00
10							
11	平均工资	4418.8					

图 6.32　偏度系数、峰度系数计算表截图

Excel 操作要点：平均工资计算方法与例 5.22 完全一致。在 E3 单元格输入“=（B3－B11）^2*C3”，回车后返回值 20 884 570.31，E4：E8 单元格“填充”计算，在 E9 单元格输入“=SUM(E3：E8)”，回车后返回合计值 93332812.5。在 F3 单元格输入“=(B3－B11)^3*C3”，回车后返回值－42682840576.17，F4：F8 单元格“填充”计算，在 F9 单元格输入“=SUM（F3：F8)”，回车后返回合计值－18 400 605 468.75。在 G3 单元格输入“=（B3－B11）^4*C3”，回车后返回值 87 233 055 427 551.30，G4：G8 单元格“填充”计算，在 G9 单元格输入“=SUM（G3：G8)”，回车后返回合计值 202 198 578 552 246.00。代入公式得

$$S=\sqrt{\frac{\sum_{i=1}^{n}(x_i-\bar{x})^2 f_i}{\sum_{i=1}^{n}f_i-1}}=\sqrt{\frac{93\ 332\ 812.5}{120-1}}=\sqrt{784\ 309.35}=885.61\text{（元）}$$

$$S_{\mathrm{K}}=\frac{\sum_{i=1}^{n}(x_i-\bar{x})^3 f_i}{S^3\sum_{i=1}^{n}f_i}=\frac{-18\ 400\ 605\ 468.75}{885.61^3\times 120}=-0.220\ 8$$

$$K_{\mathrm{U}}=\frac{\sum_{i=1}^{n}(x_i-\bar{x})^4 f_i}{S^4\sum_{i=1}^{n}f_i}-3=\frac{202\ 198\ 578\ 552\ 246}{885.61^4\times 120}-3=-0.260\ 8$$

偏度系数－0.220 8 小于 0，表明月工资数据呈轻微负偏分布；峰度系数－0.260 8 小于 0，表明月工资数据近似呈平顶分布，说明职工收入较为分散、差距较大。

三、多变量的描述分析——交叉列表分析

交叉列表分析又叫列联表分析，是指同时将两个或两个以上具有有限类型和确定值的变

量，按照一定顺序对应排列在一张表中，通过频数分布情况来分析变量之间相关关系的一种分析技术。

该法在市场调查中被广泛应用，其原因有五：一是交叉列表分析及其结果能很容易地为那些并不具有较深统计知识的经营管理人员接受和理解；二是许多市场调查项目的资料整理分析可以依赖交叉列表分析解决；三是通过一系列的交叉列表分析，可以深入分析和认识那些复杂的事物或现象；四是清楚明确的解释能使调查结果很快成为经营管理措施的有力依据；五是这种技术简便易行，更容易被一般市场调查人员所接受。

根据研究变量的多少，交叉表可以分为双变量交叉表和多变量交叉表两种类型。

（一）双变量交叉列表分析

双变量交叉表就是同时将两个变量进行分组，以此反映频数分布的情况。选择的两个变量中通常有一个是自变量，另一个是因变量。

【例 6.23】　不同性别的网购者平均每个月网购次数的分布情况见表 6.25。

表 6.25　网购者性别与年均每个月网购次数的交叉列表

网购次数	3 次以内	4～6 次	7～9 次	10 次以上	行合计
男	185	128	47	18	378
女	128	193	75	26	422
列合计	313	321	122	44	800

为了更进一步考察“性别”与“平均每个月网购次数”之间的关系，一般要将表中的频数换算成百分比。理论上，百分比既可以以列合计为基数计算，也可以以行合计为基数计算，究竟按照哪一种方式计算，要取决于研究者将哪个变量当作自变量、哪个变量当作因变量。一般准则是按照自变量各类频数的合计数来计算因变量各类频数的百分比。本例中研究者可以将“性别”当作自变量，“平均每个月网购次数”当作因变量。因此，百分比应当以行（自变量）合计数为基数来计算，见表 6.26。

表 6.26　按“性别”分类的“网购次数”二维交叉列表

网购次数	3 次以内	4～6 次	7～9 次	10 次以上	行合计
男	48.94%	33.86%	12.43%	4.76%	100%
女	30.33%	45.73%	17.77%	6.16%	100%

从表 6.26 可以看出，男性网购者中，一个月网购次数在 3 次以内的占 48.94%，而女性网购者中，一个月网购次数在 4～6 次的占 45.73%，说明女性网购的频率高于男性。

在研究和分析数据时，研究者有时会难以判断将哪个变量用作自变量更合适，这种情况下提供给使用者的交叉表是一个包含四部分数字的完整交叉表，每格内的四个数字分别表示频数、列百分比、行百分比和总百分比，见表 6.27。

表 6.27　网购者性别与平均每个月网购次数的交叉分析表

性别	频率				
	3 次以内	4～6 次	7～9 次	10 次以上	行合计
男	185 59.1% 48.9% 23.1%	128 39.9% 33.9% 16%	47 38.5% 12.4% 5.9%	18 40.9% 4.8% 2.3%	378 47.3%
女	128 40.9% 30.3% 16%	193 60.1% 45.7% 24.1%	75 61.5% 17.8% 9.4%	26 59.1% 6.2% 3.2%	422 52.7%
列合计	313 39.1%	321 40.1%	122 15.3%	44 5.5%	800 100%

如有必要，还可以在上述四个数字之外提供检验的统计量及对应的概率值。

（二）多变量交叉列表分析

市场调查数据之间的关系是非常复杂的，仅仅研究两个变量之间的关系通常不够，很多时候可能会涉及多个变量之间的关系。利用双变量交叉表可能发现变量之间存在的密切关系，在此基础上引进一个变量（称为第三个变量或控制变量）形成三维列表之后，可能会发现原来那两个变量之间的关系可能变弱或消失了；相反，利用双变量交叉表可能发现变量之间似乎没有什么关系的，但引进一个变量形成三维列表之后，可能会发现原来那两个变量之间存在显著的相关关系。可见，仅仅研究两个变量之间的数量关系很可能导致判断错误。因此，在双变量交叉表的基础上，引入第三个变量进行三维交叉列表分析是非常必要的。

多维交叉列表分析大致有以下两种情况。一是在原来两个变量之间存在相关关系的情况下，引入第三个变量进行多维交叉列表分析后，可能出现三种结果：更加确切地表明原来两个变量之间的数量关系；证明原来的两个变量之间没有相关关系；原来两个变量之间的关系没有变化。二是在原来两个变量之间没有相关关系的情况下，引入第三个变量进行多维交叉列表分析后，可能出现两种结果：原来两个变量之间的关系没有变化；揭示原来两个变量之间被隐含的某种相关关系。

下面重点说明通过多维交叉列表分析揭示原来两个变量之间关系发生变化的三种情形。

第一种情形：在原来两个变量存在相关关系的情况下引入第三个变量，多维交叉列表更加确切地表明原来两个变量之间的数量关系。

【例 6.24】　女性的“婚姻状况”与“逛街频率”调查数据见表 6.28。

表 6.28　女性“婚姻状况”与“逛街频率”双变量交叉表

逛街频率	婚姻状况	
	已婚女性	未婚女性
逛街频率高	55%	72%
逛街频率低	45%	28%
列总计	100%	100%
被访者数量	3 080	2 950

通过上表可以发现“婚姻状况”与“逛街频率”两个变量之间存在一定的相关关系，即“未婚女性”逛街的频率稍微高于“已婚女性”。这一判断是否可靠呢？为避免错判，可在上述两个变量的基础上再引入第三个变量，如年龄、职业、学历、收入水平等。此处引入“年龄”变量，构造包括婚姻状况、年龄与逛街频率的三维交叉分析表，见表 6.29。

表 6.29 女性“婚姻状况”“年龄”与“逛街频率”三维交叉表

逛街频率	年龄			
	30 岁以下		30 岁以上	
	已婚女性	未婚女性	已婚女性	未婚女性
逛街频率高	58%	75%	52%	68%
逛街频率低	42%	25%	48%	32%
列总计	100%	100%	100%	100%
被访者数量	1 650	1 600	1 430	1 350

由表 6.29 可以看出，在引入“年龄”变量后，“婚姻状况”与“逛街频率”两个变量之间的关系变得更加明显和清晰了。在“30 岁以下”的女性中，“逛街频率高”的“未婚女性”明显高于“已婚女性”，相关关系显著；在“30 岁以上”的女性中，“逛街频率高”的“未婚女性”也明显高于“已婚女性”，相关关系同样显著。

第二种情形：在原来两个变量存在相关关系的情况下引入第三个变量，多维交叉列表证明原来的两个变量之间没有相关关系。

【例 6.25】 “性别”与“交通事故”调查数据见表 6.30。

表 6.30 “性别”与“交通事故”双变量交叉表

事故类型	性别	
	男性	女性
从未发生过交通事故	56%	62%
至少发生过一次交通事故	44%	38%
列合计	100%	100%
被访者数量	2 400	2 500

从表 6.31 可以看出，“性别”与“交通事故”之间存在明显的相关关系。但是，这种关系是否确定呢？这就需要引入第三个变量，如驾驶年限、年龄、驾驶里程等建立三维交叉表。此处引入“驾驶里程”变量建立三维交叉表，见表 6.31。

表 6.31 “性别”“驾驶里程”与“交通事故”三维交叉表

事故类型	驾驶里程			
	20 000 公里以下		20 000 公里以上	
	男性	女性	男性	女性
从未发生过交通事故	48%	48%	72%	72%
至少发生过一次交通事故	52%	52%	28%	28%
列合计	100%	100%	100%	100%
被访者数量	1 600	1 042	800	1 458

从表 6.31 可以看出，不论是驾驶里程在“20 000 公里以下”还是“20 000 公里以上”的男、女驾驶员，发生交通事故的比率都是一致的。由此判断，根据双变量交叉表观察到的“性别”与“交通事故”之间的相关是一种假象。真正的相关关系可能存在于“驾驶里程”与“交通事故”两个变量之间。

第三种情形：在原来两个变量不存在相关关系的情况下引入第三个变量，多维交叉列表揭示出原来两个变量之间被隐含的某种相关关系。

【例 6.26】 “年龄”与“出国旅游愿望”调查数据见表 6.32。

表 6.32 “年龄”与“出国旅游愿望”双变量交叉表

出国旅游愿望	年龄	
	43 岁以下	43 岁以上
有出国旅游愿望	50%	50%
无出国旅游愿望	50%	50%
列合计	100%	100%
被访者数量	800	800

从表 6.32 很容易观察到，“年龄”与“出国旅游愿望”两个变量之间没有相关关系。这两个变量之间真的就没有相关关系吗？为避免判断错误，需要引入第三个变量进行多维交叉分析。在此引入“年收入水平”作为第三个变量，建立三维交叉表，见表 6.33。

表 6.33 “年收入水平”“年龄”与“出国旅游愿望”三维交叉表

出国旅游愿望	年收入水平			
	15 万元以下		15 万元以上	
	43 岁以下	43 岁以上	43 岁以下	43 岁以上
有出国旅游愿望	60%	40%	35%	65%
无出国旅游愿望	40%	60%	65%	35%
列合计	100%	100%	100%	100%
被访者数量	480	480	320	320

通过表 6.33 可以发现，在对年收入在“15 万以下”和“15 万以上”的两个群体分别进行研究时，“年龄”和“出国旅游愿望”两个变量之间存在着明显的相关关系。具体情况是：年收入在 15 万以下的人群中，“43 岁以下”的人群比“43 岁以上”的人群有更高的出国旅游愿望；相反，年收入在 15 万以上的人群中，“43 岁以上”的人群又比“43 岁以下”的人群有更高的出国旅游愿望。这样，在双变量交叉分析表中隐藏的“年龄”与“出国旅游愿望”两个变量之间相关关系，通过引入“年收入水平”变量被揭示出来了。

四、常用统计软件

目前，常用的统计软件有 SPSS、Stata、SAS、R 语言、Matlab 以及 Excel 等，下面分别加以介绍。

（一）SPSS 软件

SPSS 是世界上最早的统计分析软件，全称为 Statistical Package for Social Science，也称社会科学统计软件。由美国斯坦福大学的三位研究生 Norman H.Nie、C. Hadlai （Tex）Hull 和 Dale H.Bent 于 1968 年研究开发成功，同时成立了 SPSS 公司，并于 1975 年成立法人组织，在芝加哥组建了 SPSS 总部。1984 年 SPSS 总部首先推出了世界上第一个统计分析软件微机版本 SPSS/PC+，开创了 SPSS 微机系列产品的开发方向，极大地扩充了它的应用范围，并使其能很快地应用于自然科学、技术科学、社会科学的各个领域。世界上许多有影响的报纸杂志纷纷就 SPSS 的自动统计绘图、数据的深入分析、使用方便、功能齐全等方面给予了高度的评价。随着应用领域的不断扩大，SPSS 已经将原来的名字改为 Statistics Product and Service Solution，即统计产品与服务解决方案。

SPSS 是世界上最早采用图形菜单驱动界面的统计软件，它最突出的特点就是操作界面极为友好，输出结果美观漂亮。它将几乎所有的功能都以统一、规范的界面展现出来，使用 Windows 的窗口方式展示各种管理和分析数据方法的功能，对话框展示出各种功能选择项。用户只要掌握一定的 Windows 操作技能，粗通统计分析原理，就可以使用该软件为特定的科研工作服务。SPSS 采用类似 Excel 表格的方式输入与管理数据，数据接口较为通用，能方便地从其他数据库中读入数据。其统计过程包括了常用的、较为成熟的统计过程，完全可以满足非统计专业人士的工作需要。输出结果十分美观，存储时则是专用的 SPO 格式，可以转存为 HTML 格式和文本格式。对于熟悉老版本编程运行方式的用户，SPSS 还特别设计了语法生成窗口，用户只需在菜单中选好各个选项，然后按“粘贴”按钮就可以自动生成标准的 SPSS 程序，极大地方便了中、高级用户。

SPSS for Windows 是一个组合式软件包，它集数据整理、分析功能于一身。用户可以根据实际需要和计算机的功能选择模块，以降低对系统硬盘容量的要求，有利于该软件的推广应用。SPSS 的基本功能包括数据管理、统计分析、图表分析、输出管理等。SPSS 统计分析过程包括描述性统计、均值比较、一般线性模型、相关分析、回归分析、对数线性模型、聚类分析、数据简化、生存分析、时间序列分析、多重响应等几大类，每类中又分好几个统计过程，比如回归分析中又分线性回归分析、曲线估计、Logistic 回归、Probit 回归、加权估计、两阶段最小二乘法、非线性回归等多个统计过程，而且每个过程中又允许用户选择不同的方法及参数。SPSS 也有专门的绘图系统，可以根据数据绘制各种图形。

SPSS 是数据定量分析的重要工具，已经在我国社会科学、自然科学的各个领域发挥了巨大作用。该软件还可以应用于经济学、生物学、心理学、地理学、医疗卫生、体育、农业、林业、商业、金融等各个领域。

（二）Stata 软件

Stata 是一套提供数据分析、数据管理以及绘制专业图表的完整及整合性统计软件，以其简单易懂和功能强大受到用户的普遍欢迎，多用于医学，生物统计研究，在学术界广受欢迎。

Stata 的统计功能很强，除了传统的统计分析方法外，还收集了近 20 年发展起来的新方法，如 Cox 比例风险回归、指数与 Weibull 回归、多类结果与有序结果的 logistic 回归、Poisson 回归、负二项回归及广义负二项回归、随机效应模型等。具体地说，Stata 具有如下统计分析能力：

数值变量资料的一般分析：参数估计、t 检验、单因素和多因素的方差分析、协方差分析、交互效应模型、平衡和非平衡设计、嵌套设计、随机效应、多个均数的两两比较、缺项数据的处理、方差齐性检验、正态性检验、变量变换等。

分类资料的一般分析：参数估计、列联表分析（ 列联系数、确切概率）、流行病学表格分析等。

等级资料的一般分析：秩变换，秩和检验，秩相关等。

相关与回归分析：简单相关，偏相关，典型相关，以及多达数十种的回归分析方法，如多元线性回归、逐步回归、加权回归、稳健回归、二阶段回归、百分位数（中位数）回归、残差分析、强影响点分析、曲线拟合、随机效应的线性回归模型等。

其他方法：质量控制，整群抽样的设计效率，诊断试验评价等。

Stata 的矩阵运算功能：矩阵代数是多元统计分析的重要工具，Stata 提供了多元统计分析中所需的矩阵基本运算，如矩阵的加、积、逆、Cholesky 分解、Kronecker 内积等；还提供了一些高级运算，如特征根、特征向量、奇异值分解等；在执行完某些统计分析命令后，还提供了一些系统矩阵，如估计系数向量、估计系数的协方差矩阵等。

此外，Stata 的作图模块，主要提供如下八种基本图形的制作：直方图、条形图、百分条图、百分圆图、散点图、散点图矩阵、星形图、分位数图。这些图形的巧妙应用，可以满足绝大多数用户的统计作图要求。在有些非绘图命令中，也提供了专门绘制某种图形的功能，如在生存分析中提供了绘制生存曲线图，回归分析中提供了残差图等。

（三）SAS 软件

SAS 系统全称为 Statistics Analysis System，意为统计分析系统。最早由北卡罗来纳大学的两位生物统计学研究生编制，并于 1976 年成立了 SAS 软件研究所，正式推出了 SAS 软件。SAS 是用于决策支持的大型集成信息系统，但该软件系统最早的功能限于统计分析，至今，统计分析功能也仍是它的重要组成部分和核心功能。经过多年的发展，SAS 已被全世界 120 多个国家和地区的近三万家机构所采用，直接用户则超过三百万人，遍及金融、医药卫生、生产、运输、通信、政府和教育科研等领域。在数据处理和统计分析领域，SAS 系统被誉为国际上的标准软件系统。

SAS 系统是一个组合软件系统，它由多个功能模块组合而成，其基本部分是 BASE SAS 模块。BASE SAS 模块是 SAS 系统的核心，承担着主要的数据管理任务，并管理用户使用环境，进行用户语言的处理，调用其他 SAS 模块和产品。也就是说，SAS 系统的运行，首先必须启动 BASE SAS 模块，它除了本身所具有数据管理、程序设计及描述统计计算功能以外，还是 SAS 系统的中央调度室。它除可单独存在外，也可与其他产品或模块共同构成一个完整的系统。各模块的安装及更新都可通过其安装程序非常方便地进行。SAS 系统具有灵活的功能扩展接口和强大的功能模块，在 BASE SAS 的基础上，还可以增加如下不同的模块而增加不同的功能：SAS/STAT（统计分析模块）、SAS/GRAPH（绘图模块）、SAS/QC（质量控制模块）、SAS/ETS（经济计量学和时间序列分析模块）、SAS/OR（运筹学模块）、SAS/IML（交互式矩阵程序设计语言模块）、SAS/FSP（快速数据处理的交互式菜单系统模块）、SAS/AF（交互式全屏幕软件应用系统模块）等等。SAS 有一个智能型绘图系统，不仅能绘出各种统计图，

还能绘出地图。SAS 提供多个统计过程，每个过程均含有极丰富的任选项。用户还可以通过对数据集的一连串加工，实现更为复杂的统计分析。此外，SAS 还提供了各类概率分析函数、分位数函数、样本统计函数和随机数生成函数，使用户能方便地实现特殊统计要求。

SAS 是由大型机系统发展而来，其核心操作方式就是程序驱动，经过多年的发展，现在已成为一套完整的计算机语言，其用户界面也充分体现了这一特点：它采用 MDI（多文档界面），用户在 PGM 视窗中输入程序，分析结果以文本的形式在 OUTPUT 视窗中输出。使用程序方式，用户可以完成所有需要做的工作，包括统计分析、预测、建模和模拟抽样等。但是，这使得初学者在使用 SAS 时必须要学习 SAS 语言，入门比较困难。SAS 的 Windows 版本根据不同的用户群开发了几种图形操作界面，这些图形操作界面各有特点，使用时非常方便。但是由于国内介绍它们的文献不多，并且也不是 SAS 推广的重点，因此还不为绝大多数人所了解。

（四）R 语言

R 语言是统计领域广泛使用的、诞生于 1980 年左右的 S 语言的一个分支。可以认为 R 语言是 S 语言的一种实现。而 S 语言是由 AT&T 贝尔实验室开发的一种用来进行数据探索、统计分析和作图的解释型语言。最初 S 语言的实现版本主要是 S-PLUS。S-PLUS 是一个商业软件，它基于 S 语言，并由 Math Soft 公司的统计科学部进一步完善。后来 Auckland 大学的 Robert Gentleman 和 Ross Ihaka 及其他志愿人员开发了一个 R 语言系统。R 语言的使用与 S-PLUS 有很多类似之处，这两种语言有一定的兼容性。S-PLUS 的使用手册，只要稍加修改就可作为 R 语言的使用手册。所以有人说 R 语言是 S-PLUS 的一个“克隆”。

R 语言的思想是：它可以提供一些集成的统计工具，但更大量的是提供各种数学计算、统计计算的函数，从而使使用者能灵活机动地进行数据分析，甚至创造出符合需要的新的统计计算方法。

R 语言是一套完整的数据处理、计算和制图软件系统。其功能包括：数据存储和处理系统；数组运算工具（其向量、矩阵运算方面功能尤其强大）；完整连贯的统计分析工具；优秀的统计制图功能；简便而强大的编程语言：可操纵数据的输入和输出，可实现分支、循环，用户可自定义功能。

R 语言是一个免费的自由软件，它有 UNIX、Linux、MacOS 和 Windows 版本，都是可以免费下载和使用的。

（五）Matlab 软件

Matlab 是 matrix 和 laboratory 两个词的组合，意为矩阵工厂（矩阵实验室），是由美国 Mathworks 公司发布的主要面对科学计算、可视化以及交互式程序设计的高科技计算环境。20 世纪 70 年代，美国新墨西哥大学计算机科学系主任 Cleve Moler 为了减轻学生编程的负担，用 Fortran 编写了最早的 Matlab。1984 年由 Little、Cleve、Moler、Steve Bangert 合作成立的 MathWorks 公司正式把 Matlab 推向市场。到 20 世纪 90 年代，Matlab 已成为国际控制界的标准计算软件。

它将数值分析、矩阵计算、科学数据可视化以及非线性动态系统的建模和仿真等诸多强

大功能集成在一个易于使用的视窗环境中，为科学研究、工程设计以及必须进行有效数值计算的众多科学领域提供了一种全面的解决方案，并在很大程度上摆脱了传统非交互式程序设计语言（如 C、Fortran）的编辑模式，代表了当今国际科学计算软件的先进水平。

Matlab 在以下几个方面的功能非常强大：数值分析、数值和符号计算、工程与科学绘图、控制系统的设计与仿真、数字图像处理技术、数字信号处理技术、通信系统设计与仿真、财务与金融工程、管理与调度优化计算（运筹学）。

Matlab 的主要优势：高效的数值计算及符号计算功能，能使用户从繁杂的数学运算分析中解脱出来；具有完备的图形处理功能，实现计算结果和编程的可视化；友好的用户界面及接近数学表达式的自然化语言，使用者易于学习和掌握；功能丰富的应用工具箱（如信号处理工具箱、通信工具箱等），为用户提供了大量方便实用的处理工具。

（六）Excel

Microsoft Excel 是微软公司的办公软件 Microsoft office 的组件之一，是由 Microsoft 为 Windows 和 Apple Macintosh 操作系统的电脑而编写和运行的一款试算表软件。Excel 是微软办公套装软件的一个重要的组成部分，它可以进行各种数据的处理、统计分析和辅助决策操作，广泛地应用于管理、统计财经、金融等众多领域。

Excel 中大量的公式函数可以选择应用，使用 Microsoft Excel 可以执行计算，分析信息并管理电子表格或网页中的数据信息列表与数据资料图表制作，可以实现许多方便的功能，带给使用者方便。

现有 Excel 2021、Excel 2019 等版本。最新的 Excel 版本增添了许多功能，在数据处理上更为强大。

Excel 的主要数据处理功能：

1. 数据记录与整理

孤立的数据包含的信息量太少，而过多的数据又让人难以理清头绪，利用表格的形式将他们记录下来并加以整理是一个不错的方法。Excel 作为电子表格软件，围绕着表格制作与使用所具备的一系列功能是其最基本的功能。大到多表格视图的精确控制，小到一个单元格的格式设置，Excel 几乎能为用户满足他们在处理工作表格时的需求。除此以外，利用条件格式功能，用户还可以快速地标识出表格中具有需求特征的数据，而不必用人眼去逐一查找。利用数据有效性功能，用户还可以设置何种数据允许被记录，而何种不能被提示。对于复杂的表格，分级显示功能可以帮助用户随心所欲调整表格阅读模式，既能一览众山小，又能明察秋毫。

数据的录入与整理工作往往较为烦琐和枯燥，Excel 为此还提供了语音功能，可以让耳朵和嘴来帮助作业，既轻松又高效。

2. 数据计算

Excel 的计算功能与其他的计算器具相比，完全不可等同。四则运算、开方乘幂这样的计算只需用简单的公式来完成或某些内置函数即可完成，而一些较为复杂的则可通过函数进行计算。Excel 内置了数量庞大又实用的函数是其一大亮点。函数是为能够按一定规则进行计算的功能模块。在执行复杂计算时，我们只需要选择正确的函数，然后为其制定所需参数，它就能在短时间内返回结果值。

Excel 各版本中都内置了上百个函数，并分为多个类别。比如 Excel 2010 中的内置函数分为兼容性函数、多维数据集函数、数据库函数等 13 类，其中有些是为了兼容老版本的函数而保留的。在这些数量众多的内置函数中，用户只要正确地选择都可以完成绝大多数领域的常规计算任务。以前某些计算任务都需要有专业的计算机人员进行复杂的编程才能实现，现在任何一个使用者只要在了解了其语法后，通过鼠标的点击就可以完成了。

3. 数据分析

要从大量的数据中获取需要的信息，仅仅依靠计算是不够的，还需要利用一种或多种思路和方法进行合理科学地分析。数据分析也是 Excel 所擅长的一项功能。

Excel 中的排序、筛选、分类汇总、数据透视表、模拟运算、单变量求解和规划求解等分析功能工具，是我们经常使用也是最简单的数据分析方法，它们能够合理地对表格中的数据做进一步的归类与组织，或者根据不同的需求，变换出不同的报表类型，实现对数据信息的透视等。

4. 图表的制作

所谓一图胜千言，一份精美切题的图表可以让原本复杂枯燥的数据表格和总结文字立即变得生动起来。Excel 的图表图形功能可以帮助使用者迅速创建各种各样的商业图表，直观形象地传达信息。

5. 信息传递和共享

协同工作是现代的重要工作理念，Excel 不但可以与其他的 Office 组件无缝连接，而且可以帮助用户通过 Internet 与其他用户协同工作，及时、方便地交换信息。

Excel 支持 VBA 编程，VBA 是 Visual Basic For Application 的简写形式。VBA 的使用可以达成执行特定功能或是重复性高的操作。

复习思考题

1. 简述市场调查的资料整理步骤一般包含哪些主要环节。
2. 简述数据审核的主要内容。
3. 简述审核中检查出来的不合格资料常用的处理方法有哪些。
4. 简述编码的主要作用。
5. 简述数据分组的种类。
6. 常见的统计图表有哪些形式？

实践训练五——数据分析

1. 对调查原始数据进行审核。
2. 对问卷中问题的答案进行分类并编写编码明细表。
3. 选用合适的软件完成数据录入。
4. 结合需要对原始数据进行分析，编制统计表、统计图，计算统计指标。

第七章　市场调查报告的撰写

【学习目标】

1. 了解市场调查报告类型；
2. 理解市场调查报告的作用和市场调查报告撰写的要求与技巧；
3. 掌握市场调查的结构，能够撰写市场调查报告。

市场调查报告是以市场调查与预测为基础，以资料的科学整理和分析为前提，对特定市场的全面或某一方面的问题研究之后，通过书面形式展示市场调查研究结果的报告。一份好的市场调查报告能够使市场主体更加深入而系统地了解市场，分析市场存在的有关问题，能给企业的市场经营活动提供有效的导向作用，为企业决策提供客观依据。

第一节　市场调查报告概述

一、市场调查报告的概念

调查报告是调查活动的结果，也是对调查工作的介绍和总结。调查活动的成败以及调查结果的实际意义都通过调查报告加以体现，因此，调查报告的撰写显得特别重要。

市场调查报告是市场调查人员对市场调查所获取的信息进行分析研究后形成的书面报告，它是市场调查结果的集中体现。

二、市场调查报告的类型

市场调查报告主要有书面调查报告和口头调查报告两种形式，有时这两种形式要结合使用。

不同形式的报告在表达方式上有相应差别，只有根据各种报告的特点，掌握相关撰写技术和要求，才能获得理想的沟通效果。

（一）书面调查报告

书面调查报告是指以书面的形式展示调查方案、调查结果、研究结论和建议等的报告，是最常用的报告形式。撰写书面调查报告时，要概念清楚，结论明确。书面调查报告可分为综合报告、专题报告、研究性报告和技术报告等几种不同的类型。

1. 综合报告

综合报告是调查者提供给用户的最基本的报告，目的在于反映整个调查活动的全貌，详细给出调查的基本结果和建议。综合报告包括调查概况、样本结构、基本结果、对调查对象的分析、相关性分析、主要结论等内容。

2. 专题报告

专题报告是针对某个问题或其侧面撰写的，一般只分析某一个特定的问题，字数一般在3 000字左右。例如，小微科技型企业融资渠道调查、国有企业科研工作者流动状况调查。

3. 研究性报告

研究性报告也可以看成是某种类型的专题报告，但学术性更强，需要对数据、文献进行更深入的研究分析，从中提炼出观点、结论或某种理论。

4. 技术报告

技术报告也称说明性报告，是对调查中的技术性问题，如分析模型、复杂的抽样方案等进行说明。这些模型与方案的技术性较强且与调查结果的解释关系不大，只是一种技术支持，主要通过说明调查方法的科学性来肯定调查结果的客观性与可靠性。

（二）口头调查报告

口头调查报告是指市场调查的主持人或报告撰写者通过图表等形式，附带一些文字、图片和动态资料，以口头陈述的方式将调查方案、调查结果、研究结论和建议等内容展现出来，与客户进行沟通的活动。

市场调查报告如按体例，可分为独立式调查报告、组合式调查报告和系列式调查报告。这里我们主要介绍专题报告和综合报告。

三、市场调查报告的作用

市场调查报告是市场调查活动的最终成果，能总结调查结果，分析调查内容，提出合理建议用于决策。

（一）总结调查结果

市场调查报告对通过市场调查所获得的信息、数据等进行整理和总结。市场调查报告可以向决策者或用户展现调查活动背景和调查原因，介绍市场调查的内容、主要项目和调查方式、调查方法和数据分析方法等。

（二）分析调查内容

市场调查报告不是对调查结果的简单堆砌，要对调查内容和数据进行深入的研究分析，提炼有意义、有价值的发现。

（三）提出合理建议用于决策

在总结调查结果，提炼调查发现后，市场调查者从调查目的出发，提出有针对性的建议，供决策者参考。除为决策者提供决策导向外，其还可以为各部门管理者了解市场情况、分析问题、编制计划等起到积极作用。因此，一份好的市场调查报告能对决策者和用户提供有效的导向作用。

第二节 市场调查报告的结构

市场调查报告一般是由：标题、目录、摘要、正文、结论和建议、附件等几部分组成。

一、标 题

标题包括市场调查题目、报告日期、委托方、调查方，一般应打印在扉页上。所以，标题页也可能是报告的封面。它需要创造一种专业形象来引起读者的兴趣，鼓励人们拿起来并阅读。标题必须清楚说明是关于什么的报告，而且最好简洁明了，并能引起人们的好奇心和阅读欲望。如果报告属于机密型，还应该在标题页的某处清楚说明。

关于题目，一般是通过标题把被调查单位、调查内容明确而具体地表示出来，如《关于重庆市居民收支、消费及储蓄情况调查》。有的调查报告还采用正、副标题形式，一般正标题表达调查的主题，副标题则具体表明调查的单位和问题。

二、目 录

目录是关于报告中各项内容的完整一览表。提交调查报告，如果调查报告的内容、页数较多，为了方便读者阅读，应当使用目录或索引形式列出报告所分的主要章节和附录，并注明标题、有关章节号码及页码，一般来说，目录的篇幅不宜超过一页。例如：

目 录

三、摘 要

摘要是对调查活动所获得的主要成果所做的概括性说明。阅读报告的人尤其是高层管理者往往对调查过程的复杂细节没有时间阅读或不感兴趣，他们只想知道调查所得的主要结果和结论，以及他们如何根据调查结果行事。因此，摘要可以说是调查报告极其重要的部分。它也许是对调查结果感兴趣的读者唯一阅读的部分。因此，摘要应尽量简短，一般最多不超过报告内容的十分之一。主要包括以下内容：

（1）简要说明调查目的即简要地说明调查的缘由和委托调查的原因。

（2）介绍调查对象和调查内容，包括调查时间、地点、对象、范围、调查要点及所要解答的问题。

（3）简要介绍调查研究的方法。介绍调查研究的方法，有助于使人确信调查结果的可靠性，因此对所用方法要进行简短叙述，并说明选用方法的原因。例如，是用抽样调查法还是用典型调查法，是用实地调查法还是文案调查法，这些一般是在调查过程中使用的方法。另外，在分析中使用的方法，如因子分析法、指数平滑分析、回归分析、聚类分析等方法都应作简要说明。如果部分内容很多，应有详细的工作技术报告加以说明补充，并附在市场调查报告最后部分的附件中。

四、正　文

正文是市场调查分析报告的主要部分。正文部分必须准确阐明全部有关论据，包括问题的提出到引出的结论以及论证的全部过程。同时，还应当有可供市场活动的决策者进行独立思考的全部调查结果和必要的市场信息，以及对这些情况和内容的分析、评论。正文通常有以下内容：

（一）引言

引言是背景资料介绍，主要就调查问题的背景、调查问题的必要性进行简要的说明；并对指导本次调查研究的理论基础、基本调查方法、前提假设及影响因素等做必要的解释，以引起决策者与调查者的关注。引言的撰写一般有以下几种形式。

（1）开门见山，揭示主题。正文先介绍调查的目的或动机，揭示主题。例如，“我公司受××公司的委托，对消费者进行一项有关××产品市场需求状况的调查，预测未来消费者对××产品的需求量和需求的种类，使××公司能根据市场需求及时调整其产量及种类，确定今后的发展方向”。

（2）结论先行，逐步论证。先将调查的结论写出来，然后逐步论证。许多大型的市场调查报告均采用这种形式。特点是观点明确，一目了然。例如，“我们通过对××产品在华中市场的消费情况和购买意向的调查，认为它在华中市场不具有市场竞争力，原因主要有以下几个方面……”。

（3）交代情况，逐步分析。先交代背景情况、调查数据，然后逐步分析，得出结论。例如，“本次关于××产品消费情况的调查主要集中在湖北、湖南、江西、河南四个省，调查对象集中于中青年......”。

（4）提出问题，引入正题。用这种方式提出人们所关注的问题，引导读者进入正题。中央电视台调查的很多分析报告都采用这种形式。

（二）基本情况说明

基本情况说明是对调查中运用的调查方案的详细描述，包括调查采用的调查技术、组织形式、需要搜集的二手资料和原始资料、调查表的设计或调查问卷的设计、抽样技术设计、调查资料质量控制措施、资料的整理方法等。本部分旨在说明调查中所用的调查方案是科学有效的。这一部分需要说明的内容如下。

（1）调查问卷设计即调查问卷设计的思路、基本假设、问卷的组成、结构等。

（2）样本情况即样本是在什么样的对象中，用什么样的抽样方法选取出来的，采取这种方法的原因。

（3）访问完成情况即调查开始时拟定样本含量有多少，实际获得有效结果的被调查者有

多少。同时还要说明，对于数据有误或缺失的问卷，采取了哪些补救措施。

（4）数据采集。说明用什么方法来收集资料，是电话访问还是现场调查，是观察法还是实验法。

（5）数据处理方法。主要介绍用什么方法、工具对数据进行处理和统计分析，旨在说明所采用的数据分析方案是正确的。市场调查报告常用饼形图、柱形图和线形图来展示数据。饼形图是用以表示部分与整体关系以及数量比例的统计图；柱形图也叫直方图，用竖直的柱子来表示数据，如绝对数、相对数和差异；线形图是用线条将一组数据点连接起来而形成的一种事物跨时期变化的图形。

（三）调查分析与说明

这部分内容是市场调查报告中篇幅最长的，主要围绕研究主题对所获取的资料进行统计分析说明，对主要指标进行描述、解释和预测。

所获取的资料不仅包括调查问卷，还包括整个市场调查过程中积累的信息资料。通过报告中的信息展示，阅读者可以根据这部分内容进行再思考和再分析。

五、结论和建议

结论和建议是撰写综合性分析报告的主要目的。这部分包括对引言和正文部分所提出的主要内容的总结，提出如何利用正文部分所阐述的主要内容的总结，提出如何利用已证明为有效的措施和解决某一具体问题可供选择的方案与建议。结论是基于调查结果的意见，而建议是提议应采取的相应行动。因此，结论和建议与正文部分的论述要紧密对应，不可以提出无论据的结论，也不要进行没有结论性意见的论证。

六、附　件

附件是指调查报告正文包含不了或没有提及，但与正文有关必须附加说明的部分。它是对正文报告的补充或更详尽的说明。包括调查提纲、调查问卷和观察记录表、数据汇总表、原始资料背景材料和必要的工作技术报告等。

第三节　市场调查报告的撰写要求与技巧

一、市场调查报告的基本要求

一份内容完整、质量较高的市场调查报告，在撰写时应遵循以下要求：

（一）高度重视报告的阅读者和使用者

从某种意义上来说，调查报告是为阅读者或使用者撰写的，因此要充分重视他们的需要。在撰写时一定要记住以下事实：第一，大多数经理人员都很忙碌；第二，他们一般都不太精通调查分析方法及其专业术语；第三，如果存在多个阅读者或使用者，他们之间通常存在需要和兴趣方面的差异；第四，经理人员和常人一样，都不喜欢那种冗长、乏味、呆板的文字。

（二）报告的内容要实事求是、客观真实

准确性是市场调查报告的生命。准确性包括数字要准确，情况要真实，观点要恰当三个方面。只有掌握了准确的资料，才能做出正确的判断和结论。市场调查报告作为调查研究的成果，最基本的特点就是尊重客观实际，用事实说话，而且这些事实是真实的。真正做到实事求是是不容易的，原因在于：① 数字不容易搞准确；② 人们认识能力有局限性，因而准确地判断不是轻而易举的；③ 少数人弄虚作假，虚报瞒报，为准确地反映客观事物带来困难。只有深入调查研究，力求弄清事实，摸清原因，才能真实地反映事物的本来面目。

（三）以调查资料为依据，坚持定性与定量分析相结合

一篇好的市场调查报告，必须有数字，有情况，有分析。市场调查报告的独特风格就是以调查资料为依据，而资料中数据资料显得尤为重要，数据资料具有很强的概括力和表现力。用数据证明事实的真相往往比长篇大论更能使人信服。在市场调查中，常常会碰到有的问题、观点，用很多叙述都难以表达清楚，而用一个数字、一个百分比，往往就能使事物的全貌一目了然。但运用数据要适当，过少既不能说明问题，也使调查报告空洞无物，失去特色；过多地堆砌数字又太烦琐，反而使人眼花缭乱，不得要领。所以，恰当地运用调查数据，可以增加调查报告的科学性、准确性和说服力。通过定性分析与定量分析的有效结合，达到透过现象看本质的目的，从而研究市场活动的发展、变化过程及其规律性。

二、市场调查报告的撰写技巧

（一）标题的撰写

标题是画龙点睛之笔。它必须准确揭示调查报告的主题思想，做到题文相符。标题要简单明了，高度概括，具有较强的吸引力。

标题的撰写主要有三种：

（1）“直叙式”，就是直接叙述调查地点、调查意向、调查内容等方面的标题。例如：《××市方便面消费需求调查》等。

（2）“表明观点式”，是直接阐明调查者的观点、看法，或对事物的判断、评价的标题。例如:《对当前巨额结余购买力不可忽视》《私家轿车悄然升温》等调查报告的标题。

（3）“提出问题式”，即是以设问、反问等形式提出的标题。突出问题的焦点和尖锐性，吸引读者阅读，促使读者思考。例如:《××品牌产品为什么畅销？》等形式的标题。

以上几种标题的形式各有所长，特别是第二、三种形式的标题，它们既表明了调查者的态度，又揭示了主题，具有很强的吸引力。但从标题上不易看出调查的范围和调查对象。因此，这种形式的标题又可分为正标题和副标题，并分作两行表示，如:《××牌产品为什么畅销——对××牌产品的销售情况的调查分析》。

（二）开头部分的撰写

“万事开头难”，好的开头，既可使分析报告顺利展开，又能吸引读者。开头的形式一般有以下几种：

（1）开门见山，揭示主题。文章开始先交代调查的目的或动机，揭示主题。例如："我公司受××公司的委托，对消费者进行一项有关电脑消费的市场调查，预测未来几年大众对电脑的需求量及需求的种类，使××公司能根据市场需求及时调整其产量及种类，确定今后发展方向。"

（2）结论先行，逐步论证。是先将调查结论写出来，然后再逐步论证。例如"××牌电脑是一种高档机型，通过对××牌电脑在某地的销售、使用情况的调查，我们认为它在某地不具有市场竞争能力，原因主要从以下几个方面阐述……"。

（3）交代情况，逐层分析。可先介绍背景情况、调查数据，然后逐层分析，得出结论。也可先交代调查时间、地点、范围等情况，然后分析。

例如：《关于牙膏的购买习惯与使用情况的调查报告》的开头："本次关于对牙膏的购买习惯和使用情况的调查，调查对象主要集中于中青年，其中青年（20～35岁）占55%，中年（36～50岁）占25%，老年（50岁以上）占20%；女性为70%，男性30%……"

（4）提出问题，引入正题。例如《关于方便面市场调查的分析报告》中的开头部分："随着我国台湾康师傅方便面的上市，各种合资的、国产的方便面如统一、一品、加州等品牌似雨后春笋般地涌现，面对竞争如何立于不败之地？带着这些问题，我们对重庆市部分消费者和销售点进行了有关调查。"

（三）论述部分的撰写

论述部分是调查报告的核心部分，它决定整个调查报告质量的高低和作用的大小。这一部分着重撰写通过调查了解到的事实，分析说明被调查对象的发生、发展和变化过程，调查的结果及存在的问题，提出具体的意见和建议。

由于论述部分一般涉及内容很多，文字较长，有时也可以用概括性或提示性的小标题，突出文章的中心思想。论述部分的结构安排是否恰当，直接影响分析报告的质量。论述部分主要分为基本情况部分和分析部分两部分内容。

（1）基本情况部分。主要有三种方法：第一，是先对调查数据资料及背景资料做客观的说明，然后在分析部分阐述情况的看法、观点或分析；第二，首先提出问题，提出问题的目的是要分析问题，找出解决问题的办法；第三，先肯定事物的一面，由肯定的一面引申出分析部分，又由分析部分引出结论，循序渐进。

（2）分析部分。分析部分是调查报告的主要组成部分。在这个阶段，要对资料进行质和量的分析，通过分析，了解情况，说明问题和解决问题。分析有三类情况：第一类，原因分析，是对出现问题的基本成因进行分析，如对××牌产品滞销原因分析，就属于这类；第二类，利弊分析，是对事物在市场活动中所处的地位，起到的作用进行利弊分析等；第三类，预测分析，是对事物的发展趋势和发展规律做出的分析，如对××市居民住宅需求意向的调查，通过居民家庭人口情况、住房现有状况、收入情况、居民对储蓄的认识和对分期付款购房的想法等，对××市居民住房需求意向进行预测。

（四）结尾部分的撰写

结尾部分是调查报告的结束语。好的结尾，可使读者明确题旨，加深认识，启发读者思考和联想。结尾一般有四种形式：

（1）概括全文。经过层层剖析后，综合说明调查报告的主要观点，深入文章的主题。

（2）形成结论。在对真实资料进行深入细致的科学分析的基础上，得出报告结论。

（3）看法和建议。通过分析，形成对事物的看法，在此基础上，提出建议和可行性方案。提出的建议必须能确实掌握企业状况及市场变化，使建议有付诸实行的可能性。

（4）展望未来，说明意义。通过调查分析展望未来前景。

三、撰写调查报告应注意的问题

（1）切忌将分析工作简单化。资料数据简单罗列堆砌，只停留在表面文章上，根据资料就事论事。简单介绍式的分析多，深入细致的分析及观点少，无结论和建议，整个调查报告的系统性很差，使分析报告的价值不大。只有重点突出，才能使人看后得到深刻的印象。

（2）突出重点，分析要有目的性。把收集来的各种资料无论是否反映主题，全都面面俱到，事无巨细地进行分析，使读者感到杂乱无章，读后不知所云。一篇调查报告有它的重点和中心，在对情况有了全面了解之后，经过全面系统地构思，应能有详有略，抓住主题，深入分析。

（3）报告长短根据内容确定。调查报告中常见的一个错误观点就是："报告越长，质量越高"。通常经过对某个项目几个月的辛苦工作之后，调研者的身心已经完全投入，并试图告诉读者他知道与此有关的一切。因此，所有的证明、结论和上百页的打印材料都被纳入报告中来，从而导致了"信息超载"。事实上，大部分人根本不会通读全部报告。因此，如何确定调查报告的长短，要根据调查目的和调查报告的内容而定，篇幅并不代表质量。对调查报告的篇幅，做到宜长则长，宜短则短，尽量做到长中求短，力求写得短小精悍。

（4）注意表达技巧。调查报告是用书面形式表达的语言，提高语言表达能力，是写好调查报告的重要条件之一。有了丰富的资料，深刻的感受，而写作时词不达意，不能得心应手，则会使整个调查研究工作功亏一篑，前功尽弃。报告的语言要逻辑严谨、数据准确、文风质朴、简洁生动、通俗易懂、用词恰当，并且善于使用表格、图示表达意图，避免文字上的累赘。

复习思考题

1. 试述市场调查报告的一般格式。
2. 市场调查报告的撰写技巧有哪些？
3. 结合市场调查情况，撰写一份市场调查报告。

实践训练六——撰写市场调查报告

以实践训练一至五中的训练内容为基础，形成调查报告。调查报告中须用相应的统计图表等呈现相关数据指标的分析结果，报告须内容完整，分析透彻，论证充分，结论合理，对策建议可行。

第八章　市场预测概述

【学习目标】

1. 了解市场预测的含义、种类及方法体系；
2. 理解市场预测的特点、原理原则；
3. 掌握市场调查的内容与程序；
4. 理解市场预测误差。

作为市场经济主体，企业必须深入研究和掌握市场需求状况及其他市场信息，不仅立足于现在，更要着眼于未来。市场预测是市场调查的延续，是企业管理经营决策的依据。

第一节　市场预测概述

一、预测与市场预测

（一）预　测

预测是根据客观事物的发展趋势和变化规律，对特定对象未来发展趋势或状况做出科学的推测与判断。换言之，预测是根据对事物的已有认识，对未知事件做出预估。预测是一种行为，表现为一个过程，同时，它也表述为行为的某种结果。

作为探索客观事物未来发展的趋势或状态的预测活动，绝不是一种“未卜先知”的唯心主义，也不是随心所欲的臆断。它是人类“鉴往知来”智慧的表现，是科学实践活动的构成部分。预测之所以是一种科学活动，是由预测前提的科学性、预测方法的科学性和预测结果的科学性决定的。预测前提的科学性包含三层意思：一是预测必须以客观事实为依据，即以反映这些事实的历史与现实的资料和数据为依据进行推断；二是作为预测依据的事实资料与数据，还必须通过抽象上升到规律性的认识，并以这种规律性的认识作为指导；三是预测必须以正确反映客观规律的某些成熟的科学理论做指导。

预测对象是具体的、特定的。对不同对象的预测，形成不同的预测领域和预测学科的不同分支。目前，许多国家已经将预测技术广泛用于科学技术、文化教育、自然资源、生态环境、经济发展、人口变化、军事等诸多领域，于是便产生了科技预测、经济预测、教育预测、人口预测、资源预测、环境预测、军事预测等。不同的预测领域采用的预测方法有许多共性，但都必须以该领域的特殊规律、特殊理论和特殊方法做指导。预测学是一门科学。

定性分析与定量分析相结合是预测活动必须遵循的共同方法。定性分析离不开一定的理论指导，定量分析则离不开数学和计算机手段。数学对于预测模型的建立与求解是必不可少的。要学好预测理论和方法，就必须借助于微分学、线性代数、概率论、数理统计等数学知识。对于较为复杂的预测问题，还必须掌握计算机技术与相关的计算技术。

（二）市场预测

市场预测是对商品生产、流通、销售的未来变化趋势或状态进行的科学推测与判断。市场预测是预测学理论与方法在经济领域的运用，集中表现在市场体系中的运用。市场预测学是适应市场经济发展的需要而逐渐成熟起来的一门科学，它以市场体系的发展过程与变动趋势作为自己的研究对象。

市场体系是商品交换的体系。在商品交换中存在着市场主体和市场客体。市场主体是从事商品交换的主体，包括商品的供需双方及其中介，如生产商、中间商、消费者。生产商是商品的供应者，对生产商行为的趋势的预测，实际上就是对进入市场商品资源量的预测。中间商既是商品的需求者，也是商品的供应者，充当商品流通的中介，对中间商行为趋势的预测可以纳入商品资源量与商品需求量的预测。消费者包括社会团体和个人，既有最终商品与服务的消费，也有中间商品的消费，对消费者行为趋势的预测归根到底是对商品需求量的预测。就市场主体而言，对生产商、中间商、消费者行为趋势的预测，也就是对生产商市场、中间商市场和消费者市场的预测。

市场客体是进入市场用以交换的商品，包括作为最终消费需要的消费品与服务，以及满足生产经营活动需要的各种资源性商品。于是作为商品交易的场所与载体，便形成了消费品市场和生产要素市场，而生产要素市场则包括生产资料市场、金融市场、技术市场、劳动力市场、信息市场等。无论是消费品市场或生产要素市场，所交换的商品无外乎实物性商品与非实物性商品两大类。消费品商品和生产资料商品通常为实物性商品。本书以讨论实物性商品的预测为主，当然其理论与方法也适用于非实物性商品的预测。在不同的商品市场里，在商品交换过程中，始终都存在着商品的供求关系与价格关系。通过供求关系与价格关系的调节以实现资源的优化配置和商品的合理流通。市场预测实质上就是对商品供求关系和价格关系变动趋势与未来状态的预测，以及由资源配置和商品流通引致的经济效益的预测。

（三）市场预测的特点

1. 预测工作的超前性

我们将预测对象的发展及相应的预测工作分解为三个时期：当期、观察期和预测期。

时间是无始无终的，而我们对预测对象的研究却是有限的。对预测对象研究的有限时段包括当期、观察期和预测期。当期事实上也是一个时域，例如一月、一季或一年，或约定的更长的一个时期。观察期与预测期，通常为当期的若干倍数。观察期的长短取决于对其历史的考察样本数取值的需要以及取得有效历史资料的可能性大小。对观察期作为历史考察所获历史资料构成时间数列，作为预测分析的事实依据，对当期作现状分析所取得的现实资料则是预测分析的出发点或基点。预测期的长短取决于预测目标的需要。对预测期做出的预测分析使我们把握预测对象的未来信息，为科学决策提供依据。可见，市场预测工作本质上就是在对预测对象做历史考察与现状分析的基础上，对其未来的发展趋势作超前性的分析，并提供准确的信息资料。

2. 预测信息的可测性

通过市场预测得到的关于预测对象的未来信息，通常可视为经营决策的目标，必须是可测度的、可量化的、可分解的。因此，作为市场预测的结果，一般均由可量化的指标来明确表达。

3. 预测内容的时空性

市场预测对象是在一定的时空中发生与发展的，关于预测对象的未来信息只能通过一定时间与空间特征反映出来并加以测度。市场预测的内容十分丰富，都有具体的时空特征。例如，某商品的市场需求量，就是特指某一时期某一市场范围内的某商品的市场需求量；某商品的市场容量，就是指在某空间广度范围内和一定时间内，消费者对某商品的实际购买力等。对预测内容时空特性的理解有助于我们对预测方法做科学的划分和正确的选择。

4. 预测结果的近似性

此前我们强调过预测结果的科学性，为什么又要指明预测结果的近似性呢？指明其近似性正是其科学性的表现。导致预测结果的近似性有以下原因：

（1）预测对象未来发展趋势影响因素的复杂性。影响预测对象未来发展趋势的因素是十分复杂的，是多元的，且是动态的，主因与辅因、内因与外因彼此交织。因此只要外部条件发生某些变化，这种改变就经常表现为一个过程。

（2）预测者对预测对象及其所处环境的认识的局限性。这种局限性表现在：第一，对复杂的影响因素此起彼落、此消彼长不可能完全把握；第二，对外部条件随机变化引起的预测对象未来运行规律的变动难以控制；第三，预测对象未来变化趋势的规律性变化是一个过程，换而言之，其变化规律是逐渐显示出来的，而且被许多现象所掩盖，预测分析是在这一过程显示之前，从已知推断未来，对过程完全准确认识显然是困难的。

（3）预测模型的非精确性。预测模型只考虑影响预测对未来变化的主要变量，而忽略了若干次要的变量，以此来简化运算。预测模型只能近似地反映客观情况，因而是非精确的。

指明预测结果的近似性丝毫不影响对预测结果的科学评价。市场预测工作要求将预测结果的误差限制在允许的范围之内，这是读者在以后学习各种预测方法时需要特别予以关注的。

（4）预测分析的经验性。预测分析包括质的分析与量的分析，要求尽可能采用现代计算手段和先进的预测技术，即便如此，预测工作既不能排除预测工作者经验因素的影响，也不能排除预测工作者其他主观因素的影响。因此，预测分析质量的高低，同预测者的个人经历、实践经验与综合素质密切相关。

二、市场预测的种类

市场预测，实质上是对市场商品需求量与销售量的预测，或者说就是对产品的生产量或商品资源量的预测。预测总是具体的，表现为采用一定的预测方法，对特定商品在一时间内与一定地域范围内需求量与销售量的预测，或者是对相关供需指标与效益指标的预测。据此，市场预测便可以从方法、对象、时间等多个角度进行分类。

（一）按预测活动的空间范围分类

（1）宏观市场预测。宏观市场预测是指全国性的市场预测。它同宏观经济预测，即对整个国民经济总量和整个社会经济活动发展前景与趋势的预测相联系。为了对全国性市场的需求量和销售量做出科学预测，从而为企业的发展提供宏观经济指导，或者为了依据宏观经济

发展指标对企业或地区市场的经营预测提供基础性资料，宏观经济预测提供的预测值有：国民生产总值及其增长率、人均国民收入及其增长率、物价总水平和商品零售总额、工资水平和劳动就业率、投资规模及其增长率、积累和消费结构、产业结构、国际收支的变化等。宏观经济预测还应包括世界范围的市场动态、商品结构、进出口贸易行情、国际金融市场对国际贸易的影响趋势等。宏观市场预测的直接目标是商品的全国性市场容量及其趋势变化，商品的国际市场份额及其变化，相关的效益指标及各项经济因素对它的影响。

（2）中观市场预测。中观市场预测是指地区性市场预测。它的任务在于确定地区性或区域性的市场容量及其变化趋势，商品的地区性或区域性需求结构与销售结构及其变化趋势，相关的效益指标变化趋势及其影响因素的关联分析等。中观市场预测与中观经济预测紧密相关。中观经济预测是对部门经济或地区经济活动与发展前景的趋势预测，诸如部门或地区的产业结构、经济规模、发展速度、资源开发、经济效益等。

（3）微观市场预测。微观市场预测以一个企业产品的市场需求量、销售量、市场占有率、价格变化趋势、成本与诸效益指标为其主要目标，同时又与相关的其他经济指标的预测密不可分。

微观、中观、宏观市场三者之间既有区别也有联系。在预测活动中可以从微观、中观预测推到宏观预测，形成归纳推理的预测过程；也可以从宏观、中观预测推到微观预测，这便是演绎推理的预测过程。

（二）按预测对象的商品层次分类

（1）单项商品预测。这是对某种具体商品的市场状态与趋势的预测，例如，粮食市场预测、棉花市场预测、食用油市场预测、钢材市场预测、汽车市场预测等。单项商品预测仍需分解和具体化，包括对各单项商品中不同品牌、规格、价格的商品需求量与销售量，以及效益指标等进行具体的预测。

（2）同类商品预测。这是对同类商品的市场需求量或销售量的预测。大的类别有生产资料与生活资料类预测。每一类别又可分为较小的类别层次，如生活资料类预测可分为食品类、衣着类、日用品类、家电类等。按不同的用途与等级，上述各类生活资料还可以分为更具体的类别层次，如家电类可分为电视类、音响类、冰箱类、微波炉类等。

（3）目标市场预测。按不同的消费者与消费者群体的需要划分目标市场，而且它是市场营销策略与经营决策的重要依据。目标市场预测可分为中老年市场预测、青年市场预测、儿童市场预测、男性市场预测、女性市场预测等。

（4）市场供需总量预测。市场供需总量可以是商品的总量，也可以用货币单位表示商品总额。市场供需总量预测包括市场总的商品需求量预测与总的商品资源量预测，也可以表示为市场总的商品销售额预测。

（三）按预测期限的时间长短分类

市场预测是对未来一段时间内市场的状态与趋势做出的判断与估计，由于预测对象与预测目标的不同，预测期限的长短要求存在差异。

（1）近期预测。一般指一年以内，以周、旬、月、季为时间单位的市场预测。

（2）短期预测。通常指预测期为 1～2 年以内的市场预测。

（3）中期预测。一般指预测期为 2～5 年的市场预测。

（4）长期预测。通常指预测期为 5 年以上的市场预测。

一般来说，预测期越长，预测结果的准确程度就越低。由于企业面对瞬息万变的市场，为降低经营风险，力图使市场预测值尽可能精确，故多侧重于近期或短期预测。不过，在企业制定中长期发展规划时，或对重大项目做可行性研究时，又不能不做好中长期预测。还需指出，考虑到技术开发与产品开发的周期相对较长，技术寿命周期也较长，企业在做重大技术预测时，近期、短期、中期、长期的时间周期，应比上述时间长，短期为 1～5 年，中期为 5～15 年，长期为 15～50 年。

（四）按预测方法的不同性质分类

（1）定性市场预测。定性市场预测是根据一定的经济理论与实际经验，对市场未来的状态与趋势做出的综合判断。例如根据产品生命周期理论，对产品在预测期内处于萌芽期、成长期、饱和期或衰退期做出的判断，就是一种定性预测。定性预测是基于事实与经验的分析，它无须依据系统的历史数据建立数学模型。

（2）定量市场预测。定量市场预测是基于一定的经济理论与系统的历史数据，建立相应的数学模型，对市场的未来状态与趋势做出定量的描述，对各项预测指标提供量化的预测值。定量预测通常包括点值预测与区间值预测。

在实际预测工作中，尽可能将定性预测与定量预测相结合，以提高预测值的准确度与可行度。

三、市场预测的作用

在市场经济条件下，任何经济活动都离不开市场预测。从微观来说，企业的一切经营活动都需要建立在市场预测的基础之上。市场预测对企业经营的多重作用表现在以下诸多方面。

（1）市场预测是企业经营决策的基本前提。经营决策是否正确及正确程度的高低，乃是一个企业成败与兴衰的关键，而正确的决策则要以科学的市场预测为前提。这是因为：第一，市场预测为经营决策提供未来的有效经济信息；第二，市场预测为经营决策提供决策目标和必要的被选方案；第三，市场预测为经济经营决策方案实施提供参照系，以利于调整经营措施，确保决策目标的实现。

（2）市场预测是实现资源有效配置的基本依据。在市场条件下，经济发展中生产、流通、交换、分配的关系，产、供、销的关系，资源配置的关系，都只能以市场为导向，才能求得合理的组合与良性的循环。然而，市场竞争的激励与变化的无常，若没有科学的资源预测，也就不可能实现资源的有效配置，达不到市场机制的正常运作。科学的市场预测可以帮助企业通过市场调节信号，掌握商品的供求变动与价格趋势，从而正确把握与调节自己的经营方向，制定相应的营销策略，合理安排人、财、物的比例和流向，使资源得到最充分的利用。

（3）市场预测是提高管理科学水平的基本条件。一个企业的经营管理的科学水平，不仅表现在决策水平上，而且还表现在经营计划的水平上。企业经营计划固然离不开企业历史的和现实的状况与轨迹，同时还需要把握企业环境的变化趋势、产品发展的趋势以及市场供需的变化趋势。只有通过科学的市场预测，才能使各项计划指标得以量化并避免主观性和盲目性。

（4）市场预测是实现最佳效益的必要条件。处于市场条件下的企业，其产品开发、生产、销售直到售后服务，都必须从市场需要出发，实现效益的最大化。然而，同市场的有机结合并实现最佳效益，只有通过市场预测掌握市场供需动向才有可能。一个企业经济效益的好坏，在一定程度上取决于该企业将市场预测纳入其经营活动的自觉性的高低。

综上所述，市场预测是宏观经济管理和微观经济决策的重要职能；是科学组织社会化大生产，有计划指导经济活动，有效利用市场机制，合理配置资源，提高经济效益的重要手段；是企业按照市场经济发展规律，科学制定企业市场营销发展战略和营销计划的客观依据，在经济决策和计划管理中发挥愈来愈重要的作用。

四、市场预测的原则

科学的市场预测不是随心所欲、杂乱无章的，它是在一定原则的指导下，按照一定的程序有组织进行的。

为了提高市场预测的准确性和科学性，进行市场预测时一般应该遵循以下原则：

（1）连贯原则。市场发展变化同任何事物一样都有它的前因后果和来龙去脉，具有一定的历史连贯性。变化过程中的各个阶段，既有区别又有联系，甚至会有极大的相似性。现在的市场需求状况是过去市场需求历史的演进，未来市场需求状况是今天市场需求发展的继续。因此掌握历史和现在的市场资料，分析其变化发展的规律，按照连贯原则的要求进行逻辑推理，就可以预测出未来市场需求的状况。

（2）模拟原则。任何一个市场结构的变化和发展都有各自的特点和规律，即按照一定的模式进行，根据某一特定模式的特点和规律可将其抽象为一个简化模型，按照模拟原则进行定量分析，即可推断出未来市场发展变化的动态趋势。

（3）取样原则。任何一个市场状况都可以通过样本（典型资料、指标、数据）表现出来。进行预测时，抽样越具有代表性、容量越大越全面，市场预测结果与未来市场状况越接近，误差越小，市场预测的结果越真实、可靠、准确、可信，从而可以有效地防止营销决策的失误。

（4）节约原则。市场预测是一种复杂的超前性研究工作，必然耗费一定的人力、物力、财力和时间。按照节约的原则进行市场预测，就是在保证预测结果精度的要求下，合理选择样本容量、计算方法和工具，恰当选择预测模型，以尽量低的成本和尽量短的时间，获取较好的预测效果，切忌过于追求精确性，而不顾费用和时间的耗费。

（5）修正原则。影响市场变化的因素复杂多变，甚至有许多始料不及的因素，由此决定了市场预测精度是一个相对的概念，允许其有合理的误差，这种误差随着时间的推移呈现扩大的趋势，市场预测往往不是一次性完成的，它需要随着市场规模、结构、需求变化的改变，及时对原预测结果进行修正和补充，以减少误差，提高预测的精度。

市场预测是一项科学性极强的分流工作，搞好市场预测的基本要求是：目标明确、资料真实、方法得当、程序科学、结果较准确及分析合理，要满足这些要求的关键在于有一支业务素质较高的预测队伍。他们必须具有经济学、市场营销学、统计学、会计学、计量经济学、消费经济学、货币银行学、经营管理等多门经济学科的知识，同时还应具有社会学、心理学、数学、外语以及自然科学等方面的知识，除此之外还必须对具体的市场环境、产业结构、生产组织、经济体制、方针政策、人文地理以及风俗习惯有所了解，再加上一定的实践经验，分析、判断、解决问题的能力和较强的应变能力。

第二节　市场预测的基本程序

为了做好市场预测，必须按照一定的程序。一般市场预测的全过程应遵循以下步骤：确定预测目标；确定影响因素；搜集整理资料；进行分析判断；做出预测。

一、确定预测目标

确定预测目标就是确定预测所需要解决的问题，亦即确定预测课题或项目。确定预测目标，使得预测工作获得明确的方向与内容，可据此筹划该项预测的其他工作。

1. 市场需求目标与资源供给目标

市场需求目标是市场预测关注的最关键的预测目标，它是企业经营决策的出发点。需求包括各种类别和各个层次，究竟选择何种类别与层次的需求作为预测目标，则应根据实际情况和预测任务加以确定。需求目标也可用市场容量来表示。

资源供给目标是指生产厂家能为市场提供商品的结构与数量，是一定时期内的商品可供量。

市场需求目标与销售量可看为等价的，资源供给目标与生产量可看为等价的。

2. 总量预测目标与分量预测目标

预测对象可视为一个系统。对于一个复杂的系统，可将系统分解为若干子系统，子系统还可下分为若干层次的多级子系统。系统的总体目标即为预测对象的总量目标，各级子系统分解出来的单项目标则为分量预测目标。预测对象系统具有一定结构，决定了预测目标也有一定结构。

3. 长期预测目标与短期预测目标

长期预测目标与短期预测目标在性质上有较大的差别。长期预测目标一般服务于战略决策，而短期预测目标则多服务于一般市场营销策略。例如，长期预测目标需要确定市场寿命周期的周期阶段，短期市场预测目标则更多关注商品的销售量。

4. 资源投入目标与产出效益目标

资源投入目标就是物化劳动与活劳动的投入或消耗，它表现为一系列指标。产出效益目标则表现为一系列财务指标。投入产出目标的确定直接为企业决策提供依据，常常成为预测目标的主体。

二、确定影响因素

预测目标确定之后，必须详细分析影响该预测目标的各种因素，并选择若干主要的影响因素。

确定影响因素需注意以下原则：

1. 根据预测目标确定影响因素

预测目标不同，影响因素各异。根据预测目标，考虑相关的经济理论，通过实际观察与分析，可确定相关的影响因素。例如，为了预测商品的市场需求量，其影响因素应包括：人口增长与分布；居民收入水平与实际购买力；消费者购买心理与消费趋势；商品价格与品质；商品所处生命周期的阶段；同类产品与替代品的竞争趋势；进出口贸易的需求结构；政府相关政策规定等。如为了预测商品的资源量，则应从生产厂家的生产能力与生产条件分析其影响因素。显然，市场需求量与商品供应量预测的影响因素是不同的。

2. 确定影响因素应尽可能详尽

确定的影响因素详尽与否，直接关系着预测结果的精确度。预测对象系统的发展趋势与状态，是很多因素共同作用的结果，只有尽可能充分地把这些因素的作用考虑进去，才能较准确地反映对象系统的未来发展。

要求尽可能详尽是一回事，而实际情况又是一回事。这是由于：第一，预测者的认识有局限性；第二，有些影响因素具有隐蔽性；第三，有些影响因素虽然被确认，但其历史与现实资料却难以收集；第四，分析方法不允许太多的影响因素作为预测因子。

3. 注意力应集中于确定主要影响因素

实际预测工作要求用尽可能少一些的因素较充分地反映预测目标，以便使预测工作得以简化。在精确达到要求的前提下，要尽可能使确定的影响因素少一些，最有效的途径就是通过分析，在尽可能详尽地考察各种影响因素的基础之上，选择若干主要的因素。为此，要学会善于运用质的分析方法和统计分析方法，并善于把这两种方法有机地结合起来。在实际预测工作中，预测目标及确定的主要影响因素，均须转换为变量，由一系列指标体系加以表征。

三、搜集整理资料

搜集整理资料是市场预测的基础性工作。与市场预测有关的资料内容十分广泛，若不分主次一概搜集整理，不仅加大成本，而且无此必要。因此，依据预测目标确定资料搜集的范围与资料处理的方案就显得十分重要了。

（一）资料的搜集

1. 历史资料的搜集

历史资料是指企业已经建档和各级统计机构发布或经报刊、会议文件等其他途径发布的各种经济与社会发展资料，包括宏观的、中观的与微观的各种历史统计资料，诸如：人口状况；就业与人均收入的变化情况；社会购买力；货币流通量；商品生产与销售情况；企业经营的各项财务指标等。从历史资料的分析中认识与揭示预测对象系统的运动规律，进而推测未来，这是搜集历史资料的主要目的。

2. 现实资料的测算

现实资料是指当期或预测期内正在发生着的有关经济与社会发展的各种指标数据。通过对社会经济的实际调查、对用户的问卷调查或从消费者的直接反馈而获得的是原始的现实资料，通过各种报表所获得的是初步加工的现实资料。从现实资料的分析中可以把握预测对象的现实状态，并把它作为预测指标的起点。

3. 间接资料的测算

搜集到的历史资料与现实资料，有时并不完整、系统。此时，可选用某种方法进行测算，以获得基本上能反映预测对象变动趋势的间接资料。间接资料作为搜集的直接资料的补充，在搜集资料中也是不可忽略的工作。

间接资料的测算方法很多，下面介绍几种常用的方法。

（1）比例测算法。这是根据市场总量的占有率测算某个指标绝对数的方法。例如，已知某商品的市场销售总额，又已知某商品销售所占百分率，即可推出该商品的市场销售额。

（2）抽样测算法。这是运用抽样调查所获得的统计资料，是从部分推测整个市场指标的一种测算方法

（3）目标市场测算法。这是根据目标市场容量测算相关指标数据的方法。

（4）平均增长率测算法。这种方法要求首先计算出某一时段历史数据的平均增长率，再按该平均增长率补齐所需数据。

（5）外推测算法。这是以时间为自变量，以测算对象指标为因变量，建立关于时间的一个函数加以外推的一种测算方法。这种方法用于预测，就是我们在第十章中将要讨论的趋势外推测法，请读者注意。

（二）资料的整理

在多数情况下，搜集的资料还需要经过整理才能用于预测。资料整理过程也就是对资料进行加工使之系统化的工作。

1. 对资料的校核

为了保证资料的准确性，以去伪存真。对资料的校核包括逻辑性校核和计算性校核。逻辑性校核是指检查搜集到的资料是否符合预测对象变动的逻辑发展，以排除明显的偶发性因素的影响；计算性校核是指检查搜集到的各种指标数据是否有计算错误，或统计与计算口径是否一致等。

2. 对资料的分类

按搜集资料所表征的经济社会现象的特征、结构、性质、规模等方面的差异，对资料分类，是资料整理工作的主要环节。按特征分类通常是指按资料所显示的变动规律分类，例如，直线型变动形态、曲线型变动形态、季节型变动形态等。按结构分类一般指按不同的市场结构层次、商品结构层次等分类，例如，国际市场容量、各区域市场容量、各目标市场容量等。按性质分类，多指按不同的社会性质、经济性质进行分类，例如，人口资料、购买力资料、商品销售资料、商品供应资料等。按规模分类是指按市场容量规模、企业产品的生产规模、销售的赢利规模等进行分类。对资料分类取何种标准，决定于预测的任务与目标，也决定着预测方法的选择。

3. 对变量序列的编制

经分类整理的资料，用数值表示，按不同的变量排序，形成某变量的大小序列。这种序列可以方便地提供预测与决策所需要的权重分布或概率分布资料，在预测中十分有用。例如，为了预测某种商品的资源供应量，就必须对各生产厂家的生产趋势做出估计，而生产厂家的生产能力则取决于它的规模。不同生产厂家的规模可按产值、利润等作为标志性指

标，对不同标志性指标划分不同的区段，落在不同区段内的厂家数占该种商品总生产厂家的百分比，便可以作为排序的依据。这种排序实际上就是各厂家在某商品资源供应量方面的权重排序。

四、进行分析判断

分析判断是市场预测的关键性环节。这一阶段的任务，是将通过历史与现实的调整所搜集的资料进行系统的综合分析，并对市场未来的发展趋势做出质的判断。这是一个定性的分析过程，也是建立逻辑模型的过程，分析判断的主要内容包括以下方面：

（一）对各种市场影响因素同商品需求或资源的依存关系做出分析判断

市场影响因素对商品需求量或资源量的依存关系，表现为单一因素的影响关系，也表现为多个因素的共同影响关系，均可用一定的函数关系来表征。这就意味着影响因素的每一变化，将导致市场需求量或商品供应量的相应变化。函数形式可以是一元的，也可以是多元的或复合的。

1. 宏观经济发展形势对市场需求或商品资源的影响分析

宏观经济的结构性调整、投资重点、投资规模、经济发展速度、国家财政状况等，对市场需求的推动强度均有直接影响。例如，基建投资规模和房地产业的发展，是推动建材市场需求上升的主要动力。根据预测目标，选择宏观经济指标中的若干主要因素加以考察，对它们的影响强度做出评估，将依存关系转换成一定的系数关系。

2. 居民的生活质量与生活水平对市场需求或商品资源的影响分析

居民生活质量诸如食品结构、衣着结构、休闲消费水平等消费结构，对于市场需求结构有直接的影响；生活水平可以用居民的人均实际购买力作为指标，它不仅决定着需求量，还决定着对商品的需求层次。

3. 进出口贸易对市场需求或商品资源的影响分析

进出口贸易的结构与规模对市场需求结构与需求量有直接影响，当然对商品资源结构及资源量同样有直接影响。因此，国内市场与国际市场预测的关联性与依存性不可忽略。

4. 同类产品与替代产品对市场需求或商品资源的影响分析

同类产品是指功能相同的不同品牌、不同厂家生产的产品，如各种品牌的电视机；替代产品是指功能可以替代的产品，例如降温用空调与风扇的替代。应该说，同类产品与替代产品的型号、款式、价格等方面的相互竞争直接影响市场需求结构与商品资源结构，同时也影响它们的市场需求量和商品的资源供应量。

5. 母子产品对市场需求或商品资源的影响分析

母子产品如 VCD 与光盘、计算机与软件，彼此之间存在着不可分离的依存关系。母子产品的特殊结构显然决定着市场需求结构和商品资源结构。

（二）对预测期内商品的产、供、销关系做出分析判断

1. 对市场需求趋势做出分析判断

市场需求趋势判断包括：社会总购买力及其投向趋势；居民平均购买力及需求结构变化

趋势；商品流通渠道变化趋势；商品的目标市场分布与趋势变化；消费者对商品的需求结构变化趋势；商品需求量及其变化速度等。

2. 对商品资源趋势做出分析判断

商品资源趋势判断是对商品能在多大程度上满足市场需求的预估，它包括提供市场的商品结构趋势；商品的社会生产规模与社会生产能力的趋势；原材料、能源、交通的供应趋势以及实现生产能力的程度等。

3. 对商品的供需平衡状态做出分析判断

对商品供需平衡状态的分析对市场预测有重要意义。供需的差额，包括顺差与逆差的判断，以及此消彼长的发展态势，是市场各种要素演化的重要动因。供需差额的分析，不能只注意量的方面，在市场预测判断中，还需特别着眼于产生原因与实质内容的分析。

（三）对影响市场需求的消费心理、经济政策及其他环境因素的分析判断

消费者的消费观念、消费行为、价值取向、文化背景、风俗习惯等对市场需求有很大影响。国家的宏观经济政策诸如财政政策、货币政策、产业政策、投资政策等也决定着市场的发展趋势。此外，其他的环境因素，例如国际经济环境、政治环境等方面的影响也不能忽视。

五、做出预测

这一阶段的主要内容是选择预测方法，建立预测模型，确定预测值，提出预测报告。

（一）选择预测方法

预测方法是指在以上各阶段工作的基础上，对市场未来发展状态与趋势做出判断和测算的各种技术与手段的总称。预测方法很多，大体可以分为定性预测方法与定量分析方法两大类。在实际预测活动中，要将定性预测方法同定量预测方法相结合，以定性分析为依据，以定量分析为手段；在定性分析中尽可能量化，在定量分析中贯穿质的分析。关于预测方法的选择原则将在下一节中作专门介绍。

（二）建立预测模型

以一定的经济理论做指导，根据所采用的预测方法建立起数学模型，以表征预测目标同各影响因素之间的关系，进而用数学方法确定预测值。建立预测模型必须注意以下问题：

（1）必须以正确的经济理论做指导。在建立经济计量模型时，作为指导的经济理论不同，则预测模型会有很大差异。

（2）必须尽可能准确地确定模型中变量及变量之间的关系。为此，第一，在许多情况下，要对预测模型进行检验，以确认模型中变量之间是否存在着相关关系；第二，要对模型的参数认真地做出估计。参数的估计要以样本数据作为分析依据，参数的精确度是对模型中变量之间关系准确的一种描述。

（3）必须尽可能地使模型简化。为此，模型所采用的变量不可太多。

（4）尽可能有利于实现计算机模拟和计算机运算。

（5）模型不合理时，必须及时进行修正。

（三）确定预测值

市场预测的结果，应通过解数学模型提供数量化的预测值。预测值在许多情况下应包括点预测值和区间预测值。在确定预测值时，尚需对预测的误差做出估计，也就是把预测值同历史观察值做比较。预测值误差实质上是对预测模型精确度的直接评价，决定着对模型是否认可，是否需要做出修正，以及在多大程度上做出修正。

需要指出，为了保证预测值的准确性，在市场预测中，常常要同时采用不同的预测方法与预测模型，并对它们的预测结果进行比较分析，进而对预测值的可信度做出评价。

（四）提出预测报告

在预测报告中应对预测结果作定性与定量相结合的分析，决不能把预测报告组成数据的堆砌。预测报告实际上是目标决策分析，它是直接为决策服务的，故系统的综合分析显得特别重要。

预测报告是预测结果的文字表述。写好预测报告不仅是预测的完成步骤，而且也是对调研过程的总结和综合反映。预测结果能否对决策产生影响，与能否写好预测报告也有很大关系。预测报告一般包括题目、摘要、目的、正文、结论和建议以及附录等部分。

1. 题　目

题目是对预测报告内容的高度概括。它应醒目、明确，要与文中内容相符。有时，题目也可采用“主标题＋说明性副标题”的形式来表示。通常，撰写题目可参照下列两条标准：（1）经常性预测以反映目标为主。这就是说，如果是按时就一特定题目提出预测报告，预测题目主要是反映预测目的、对象、范围及时间界限。例如“2005年第二季度全国经济预测”；（2）应急性预测以反映预测结论为主。如果是由于情况发生变化临时做出的预测，或是为了修改原有预测，预测题目就要把新的发现（预测结论）突出反映出来，以引起有关部门的重视。例如，“美国经济第二季度将继续下降，制成品需求继续萎缩”以及“英国北海石油价格降低将造成国际市场油价的松动，年内世界石油需求将有所增加”。有重大发现时，为反映新的预测结果，报告的题目可稍长些。

2. 摘　要

在预测报告的正文前，通常将调研的主要发现、预测结果及建议采取的对策等予以摘要说明。摘要与题目配合，可引起有关人士对预测的重视。在下属两种情况下，摘要更有特殊的意义：一是当预测分析较多、篇幅较长时，摘要可以使重大结论与行动建议突出；二是分析和预测过程中应用了较多的技术性语言，如图表、公式、模型或其他专业语言时，摘要可用较通俗的语言扼要介绍主要观点。一般地讲，摘要中的要点应从预测结论和对策意见中提炼概括，切忌以正文内的小标题作简单地罗列。

3. 目　的

在正文前简单地交代预测目的或调研目的，以作为正文的引子。

4. 正　文

正文包括分析及预测过程、模型及说明、必要的计算方法及图表、预测结论及理由陈述。

正文的重点是资料分析。在撰写正文时要紧紧围绕中心论题，保持论题的同一、稳定，使结构紧凑，不要节外生枝。资料及论据必须真实、客观，论证要符合逻辑，结论要明确。

5. 结论与建议

除扼要地说明预测结果外，还要有针对性地提出行动建议以及对策。同时，对制约因素和控制条件也要做必要的说明。

6. 附　录

包括必要的附表、资料来源、较复杂计算方法的说明及其他未列入正文的有关资料。

写好预测报告是预测人员基本功训练的一项重要内容。撰写时还必须注意以下诸点：说清问题；易于理解；避免使用千篇一律的语言“套话”；注重事实，切忌华而不实，哗众取宠；文字精练，篇幅不宜过长。

第三节　市场预测的基本原理、条件和方法

一、市场预测的基本原理

（一）系统性原理

市场预测的系统性原理，是指预测必须坚持以系统观点为指导，采用系统分析方法，实现预测的系统目标。

1. 坚持以系统观点为指导

系统是相互联系、相互依存、相互制约、相互作用的诸事物的完整过程所形成的统一体。预测工作中体现系统本质特性的观点应包括以下方面：

（1）全面地整体地看问题，而不是片面地、局部地看问题。例如，在预测中，必须全面地分析各变量之间的相互影响，从系统整体出发建立变量之间的函数关系与模型等。

（2）联系地、连贯地看问题，而不是孤立地、分割地看问题。例如在预测中，必须注意预测对象系统各层次之间的联系、预测对象与环境之间的联系、预测对象内部与外部各要素之间的彼此联系、预测对象各发展阶段之间的联系等。

（3）发展地、动态地看问题，而不是静止地、凝固地看问题。市场预测都是对预测未来发展趋势的预测，没有发展变化，也就没有市场行为，更无须市场预测。市场预测必须根据预测对象系统的过去、现在推断未来，从而正确地反映发展观与动态观。

2. 坚持采用系统分析的方法

系统都是有结构、有层次的。预测对象系统的内部结构与层次及其相互关系，是决定它按照一定规律运动的内在根据，其外部环境因素与系统的相互关系，则是决定它按照一定规律运动的外在条件。在预测工作中，通过对内在根据与外在条件的分析，便能较好地认识和把握预测对象的运动规律，进而依据这种规律性的认识对预测对象系统的未来状态和趋势做出科学的推测与判断。

在预测工作中采用系统分析方法要求做到：

（1）通过对预测对象的系统分析，确定影响其变化的变量及其关系，建立符合实际逻辑模型的数学模型。

（2）通过对预测对象的系统分析，系统地提出预测问题，确定市场预测的目标体系。

（3）通过对预测对象的系统分析，正确地选择预测方法，并通过各种预测方法的综合运用，使预测尽可能地符合实际。

（4）通过对预测对象的系统分析，按照预测对象的特点组织预测工作，并对预测方案进行验证和跟踪研究，为经营决策的实施提供及时的反馈。

（二）连贯性原理

社会经济现象都是在一定条件下受一定规律支配的，只要这一规律发生作用的条件不变，合乎规律的现象必将重复出现，即该经济现象的未来趋势将同过去保持连贯性。连贯性也叫连续性，表明经济对象的发展按一定的规律作合乎逻辑的连续性运动。所谓连贯性原理，就是指市场预测一定要在历史与现实的信息联系中找出其固有的规律才能推断未来。

市场预测中运用连贯性原理，必须满足以下两个条件：

（1）预测对象的历史发展数据所显示的变动趋势应具有规律性。

（2）预测对象演变规律起作用的客观条件必须保持不变，否则该规律的作用将随条件的变化而中断，连续性失败。

需要指出，任何经济现象都是时间的函数。在市场预测中，将连续性仅仅理解为经济现象随时间而演变是远远不够的，重要的是要揭示其随时间演进的特殊规律是什么。例如，是线性规律还是曲线规律，若是曲线规律又属于何种曲线，等等。

趋势外推测法实际上就是连贯性原理的具体运用。

（三）类推性原理

类推性原理是基于对预测对象同参照对象作类比推理而产生的一种市场预测思路。它是指预测对象同参照对象之间若存在某些相同或相似的结构和发展模式，则可推断预测对象的未来发展还存在着另一些同参照对象相同或相似的结构和发展模式。

类推预测方法是类推性原理的具体运用。类推预测方法既适用于同类对象之间的类推，也适用于不同对象之间的类推。采用类推方法进行预测的关键是分析样本之间是否存在相同或相似之处，相同或相似的程度越高，则采用该种方法预测的效果愈好。

（四）因果性原理

因果关系是存在于客观事物之间的一种普遍联系。因果关系具有时间上的相随性，作为原因的某一现象发生，作为结果的另一现象必然出现，原因在前，结果在后。因此，不同的客观对象之间只要存在因果关系，便可以从已知的原因推断出未知的结果。

因果关系往往呈现出多种多样的情况，有一因一果、一因多果、多因一果、多因多果，还有互为因果以及因果链等。在预测中运用因果性原理，必然通过科学分析，确定相关经济现象之间因果联系的具体形式，以据此建立合适的预测模型。

现实中存在的诸多经济现象之间的因果关系的表现形式固然复杂多样，但在预测中，预测对象及其相关经济现象的历史资料数量变动的因果关系，可以归纳为两种形式：第一，确定的函数关系；第二，不确定的统计相关关系。运用因果性原理进行市场预测，就是要通过因果分析，把握影响预测对象的诸多因素的不同作用，由因推果，对预测对象的未来趋势做出预测。

（五）统计性原理

1. 统计性原理的概念

必然性与偶然性是客观事物之间普遍联系的一种形式。偶然性中隐藏着必然性，必然性通过偶然性表现出来。市场预测的任务就是要通过对预测对象及其诸多影响因素的偶然性分析，揭示预测对象系统内部的必然性联系，即发展的规律性，并运用这种规律性的认识以推断未来的发展趋势。

从偶然性中揭示必然性所遵循的是统计规律，预测者通过对预测对象历史数据的偶然性分析，便可以找到它的统计规律。因此，建立在概率论基础上的数理统计的原理和方法便成为市场预测理论和方法的重要基石。

2. 统计性原理的应用

（1）建立统计预测模型，确定预测值置信区间。根据统计性原理，一般均需对预测对象的经济过程建立的相应的统计模型进行模拟，并将模拟过程同实际比较，将模拟得到的理论估计值同客观经济过程发生的实际观察值做比较。比较结果出现的偏差具有随机性，故而有必要引入区间预测值，并对预测值置信区间做出估计，也就是根据统计原理对预测值的允许偏差做出估计，进而对这种偏差做出控制。

（2）认识预测对象的非线性本质，正确评价预测结果的近似特征。在第一节中曾经提到过预测结果的近似性问题，这里我们有必要进一步做些补充说明。市场预测对象作为一个经济系统，由于受内外诸多随机因素的影响，实际上都是非线性的，其运行规律无疑也是非线性的。然而，在预测中，我们为了简化计算，往往用线性模型来描述它。由于线性模型只能近似地描述非线性问题，故我们求得的市场预测的线性解也就只能看成是非线性模型的近似解。

（六）可控性原理

人们对预测对象的未来发展趋势与进程，在一定程度上是可控制的。在市场预测中，对本来是不确定的预测对象的未来事件，可以通过有意识地控制，预先使其不确定性极小化。因此，在运用以随机现象为研究对象的数理统计原理与方法进行预测时，应当同可控因素的分析紧密结合。在市场预测中运用可控制性原理应当注意：

第一，在市场预测中确定影响预测目标的各种因素时，应尽可能地利用可控制的因素。

第二，应充分利用不确定性较小的经济变量，用以推测判断所要预测的市场变量。

二、市场预测的条件

市场预测实质上是一种特殊的经济分析过程，为了实现这一经济分析过程，必须具备以下几个方面的条件。

1. 要有一定的经济理论做指导

市场预测既然是一种经济分析过程，在质和量的分析中必然要受一定经济理论的指导。

我国正处在建立社会主义市场经济体制的深刻变革进程中，市场预测应以马克思主义政治经济学原理作为基础。发端于经济发达国家的一些预测理论和方法，常常以西方经济学的主要理论为依据，例如，凯恩斯（J.M.Keynes）经济学国民收入理论、后凯恩斯主义的经济发展理论、弗里德曼的货币主义理论等；微观预测以微观经济理论为依据，如新古典学派的厂商理论、供求理论以及生产函数理论等；中观经济预测则以中观经济理论为依据，如列昂节夫的投入产出理论等。

2. 要有全面、系统、准确的调查统计资料作为分析依据

深入的调查研究和翔实的统计资料，是市场预测的事实依据与客观基础。调查研究包括对预测对象所处环境的调研，通过对历史的与现实的资料的统计分析，进而获得关于预测对象的规律性认识，由此做出对未来发展趋势的推断。离开调查研究和统计资料，便丧失了预测的科学性，其结论只能是唯心主义的主观臆断。

3. 要有科学的预测手段和预测方法

为了保证预测过程及预测结论的科学性，必须掌握科学的预测手段和预测方法，这是因为：第一，随着技术的进步与预测理论和方法的日趋成熟，有条件提供科学的预测手段和方法；第二，由于市场的日益复杂和国际化，市场经济需要处理的各种数据更多，影响预测过程和结果的变数也更多，若不采用先进的预测手段和科学的预测方法，便无法实现预测的目标。预测手段主要是指调查研究的手段和计算工具，如计算机、通信器材和交通工具等；预测方法主要是定性分析方法与定量分析方法两大类，它们又分别包含诸多的具体方法。

4. 要建立专门的预测机构、组建预测网络并大力培养市场预测的人才

市场预测不是孤立和封闭的活动，其涉及的范围大、面广、专业性强，因此，建立和健全不同部门、不同地区、不同层次的市场预测组织机构，建立和健全市场预测网络，统一市场预测指标体系，规范市场行情报表和报告制度，培训一批市场预测专家，是搞好市场预测的重要先决条件。预测人才是非常重要的，预测工作要他们去做，预测理论要他们去掌握和研究。预测精度的高低，关键在于预测人员的水平，有了既懂生产技术、经济理论、市场规律，又懂得预测理论和方法的人才，才能产生好的预测结果，并能提高我国市场预测工作的水平，发展市场预测的理论和方法。

三、市场预测的方法

市场预测方法是指在全面、系统、准确地占有有关资料的基础上，对预测目标进行定性分析和定量预测的各种方法的总称。

（一）预测方法的分类

由于预测的对象、目标、内容和期限的不同，形成了多种多样的预测方法。据不完全统计，目前世界上共有 300 多种预测方法，其中较成熟的有 150 多种，常用的有 30 多种，用得最普遍的有 10 多种。

市场预测常用方法通常分为定性分析与定量分析两大类。定性分析预测法属主观判断分析的预测方法。

（1）主观判断分析预测法。主观判断分析预测法亦称为经验判断预测方法，它是指预测者根据历史的与现实的观察资料，依赖个人或集体的经验与智慧，对市场未来的发展状态和变化趋势做出判断的预测方法。

① 个人判断预测法。主要有相关类推法、对比类推法、比例类推法等。

② 集体判断预测法。主要有意见交换法、意见测验法、意见汇总法、购买意向推断法、专家意见法、市场调研法、指标分析预测法等。

（2）定量分析预测法。这是依据调查研究所得到的数据资料，运用统计方法和数学模型，近似地揭示预测对象及其影响因素的变动关系，建立对应的预测模型，据此对预测目标做出定量测算的预测方法。

① 时间序列分类预测法。这是以连续性预测原理做指导，利用历史观察值形成的时间数列，对预测目标未来状态和发展趋势做出的定量判断的预测方法。主要有移动平均法、指数平滑法、趋势外推法、季节指数预测法等。

② 因果分析预测法。这是以因果性预测原理做指导，以分析预测目标同其他相关事件及现象之间的因果联系，对市场未来状态与发展趋势做出预测的定量分析方法。主要有回归分析预测法、经济计量模型预测法、投入产出分析预测法、灰色系统模型预测法等。

另外市场预测还可以按其他的标准进行分类，比如：

按预测技术的差异分类，可分为定性预测技术、定量预测技术、定时预测技术、定比预测技术和评价预测技术五类。

按预测方法的客观性分类，可分为主观性预测方法和客观性预测方法两类。前者主要依靠经验判断，后者主要借助数学模型。

按预测分析的途径分类，可分为直观型预测方法、时间序列预测方法、计量经济模型预测方法、因果分析预测方法等。

按采用模型的特点分类，可分为经验预测模型和正规的预测模型。后者包括时间关系模型、因果关系模型、结构关系模型等。

（二）预测方法选择的影响因素

选择合适的预测方法，对于提高预测精度、保证预测质量有十分重要的意义。影响预测方法选择的因素很多，在选择预测方法时应综合考虑。

1. 预测的目标特征

预测目标用于战略性决策，要求采用适于中长期预测的方法，但对其精度要求较低；预测目标用于战术性决策，要求采用适于中期和近期预测的方法，对其精确度要求较高；预测目标用于业务性决策，要求采用适于近期和短期预测的方法，而且要求预测精度高。

2. 预测的时间期限

适用于近期与短期的预测方法有：移动平均法、指数平滑法、季节指数预测法、直观判断法等；适用于 1 年以上短期与中期的预测方法有：趋势外推法、回归分析法、经济计量模型预测法等；适用于 5 年及以上长期预测的方法有：经验判断预测法、趋势分析预测法等。

3. 预测的精度要求

满足较高精度的预测方法有：回归分析预测法、经济计量模型预测法等；适用于精度要求较低的预测方法有：经验判断预测法、移动平均预测法、趋势外推预测法等。

4. 预测的费用预算

预测方法的选择，既要达到精度的要求，又要满足预测目标的需要，而且要尽可能节省费用，即既要有高的工作效率，也要实现高的经济效益。用于预测的费用包括调研费用、数据处理费用、程序编制费用、上机费用、专家咨询费用等。费用预算较低的方法有：经验判断预测法、时间序列分析法以及其他较简单的模型预测法；费用预算较高的方法有：经济计量模型预测法以及大型的、复杂的预测模型预测方法。

5. 资料的完备程度与模型的难易程度

（1）资料的完备程度。在诸多预测方法中，凡是需要建立数学模型的方法，都对资料的完备程度的要求较高，但当资料不够完整时，可采用专家调查法等经验判断类预测方法。

（2）模型的难易程度。在预测方法中，因果分析法都需要建立模型，其中有些方法的建模要求预测者有坚实的预测基础理论和娴熟的数学应用技巧。因此，预测人员的水平难以胜任复杂模型的预测方法时，则应选择较为简易的方法。

6. 历史数据的变动趋势

在定量预测方法的选择中，必须以历史数据的变动趋势为依据。以商品的市场销售为例，不同的销售趋势外推预测，需要选用不同的曲线预测模型与之对应。

四、预测误差的概念及其产生原因

（一）预测误差的概念

预测误差是指预测模型的理论估计值同历史观察期的实际发生值之间的差异。预测模型的理论估计值是指将建立的预测模型用于对观察期的预测目标值做出的推算。由于预测期内的一切经济现象尚未发生，无法通过理论估计值同预测期内的实际值做比较来判断预测误差的大小，故而只能用预测模型的理论估计值同观察期内的历史数据做比较来近似地描述预测误差。可见，所谓预测误差，实际上是预测模型所产生的理论误差，而不是市场预测值在预测期内应验的误差。

预测误差是用以衡量预测精确度的重要指标，它可为选择合适的预测方法和调整预测模型提供重要依据，同时也是分析预测结果、编制预测报告的重要依据。

（二）产生预测误差的原因

1. 偶然突发性因素的影响

迄今为止，预测学界对于偶然突发性因素影响导致的趋势偏离，尽管已提出了初步的解决办法，但仍难以对其做出精确的估计。

2. 市场规律的过程性影响

市场供需关系等诸多规律性的显示有一个过程，当这种规律性未充分显示出来，或未能充分为人们认识之前，也就难于遵循这种规律性，准确地推测预测对象的未来。

3. 调查资料失真的影响

调查资料的准确程度直接影响市场预测结果的精确度。难以想象预测结果会比其所依据的调查资料更为精确。影响调查资料失真的原因很多，主要原因有：

（1）观测失真。由于统计表格设计不准确，表达不严密，导致填表人填报的数据出现口径不一致、数字不准或不全。有时，填报人或调查人主观动机不纯也会造成观测失真。

（2）抽样失真。多数情况下，调查对象的确定采用抽样方法。但抽样过程中，由于各种主客观原因，偏离了抽样原则，故而导致了调查资料的失真。

（3）计算误差。计算误差的情况有二，一是对搜集的统计数据归口计算产生的误差；二是因统计资料加工处理时对数据尾数取舍产生的误差。

（4）时滞误差。在调查搜集资料中，许多指标要求在时间上一一对应，但实际情况很难完全做到。随时可能出现的时滞也是产生误差的重要原因。

4. 数学模型的近似性影响

第一，在选择与建模的过程中，只能将主要的影响因素确定为变量，这就意味着从建模之初便注定数学模型不能十分精确地完全反映预测对象系统的真实情况；第二，变量之间的关系也难以确定，通常以某系数反映变量之间的相互关系，但无论采用何种方法求出的系数也只能对变量关系做近似的描述；第三，模型的精确度同调查的样本数有直接的相关性，但样本的确定及样本数都受到许多因素的限制。

5. 预测方法不当的影响

从预测方法选择的影响因素分析，不难理解，预测方法的选择是件很细微的工作，不同的预测方法可能导致对同一预测目标所得结果的巨大偏离。

6. 心理因素的影响

在主观判断预测中，预测者的心理因素对预测结果的影响不容忽视。心理因素较多，诸如心理定式的影响、从众心理的影响、个人偏好的影响、团体行为的影响、价值取向的影响、社会意识的影响等。即便是在采用定量方法的预测中，心理因素的影响也始终渗透于定性分析之中，并进而影响样本的确定、变量的选择、模型的建立、方案的确定等。

复习思考题

1. 解释下列概念：
   预测　市场预测　近期预测　短期预测　中期预测　长期预测　预测误差
2. 实现市场预测必须具备哪些要素？
3. 市场预测有哪些特点？为什么会有这些特点？
4. 简要阐述市场预测的作用。
5. 市场预测主要包括哪些内容？
6. 怎样对市场预测进行分类？市场预测的分类有何意义？
7. 市场预测应遵循哪些基本原理？分别说明应用这些原理应注意的问题。
8. 市场预测有哪些步骤？完成每步预测工作应注意哪些问题？
9. 怎样对预测方法进行分类？选择预测方法应主要考虑哪些影响因素？
10. 估计预测误差、分析预测误差产生原因有何意义？

第九章　定性预测法

【学习目标】

1. 了解常见的定型预测方法含义；
2. 理解类推预测法和意见推断预测法的含义，掌握几种主要的方法；
3. 理解专家会议法含义，掌握头脑风暴法、德尔菲法的特点和实施。

我们不要一提市场预测，就总是想到数学模型，各种各样的直线或曲线拟合。诚然，定量预测法是一种科学的预测方法，但是我们也不应该产生这种倾向，即认为只有数学的方法才是科学的，其预测的结果才是可信的。而把定性预测方法贬低为没有学问，不需计算的不科学方法，加以排斥，定性预测方法也是一种科学的预测方法。更不能认为之所以采用定性预测方法，是因为我国有些经济工作者，数学基础差而暂时采用的预测方法。实际上二者之间的关系是，现代定性预测也要采用数学工具进行计算，而定量预测必须建立在定性预测的基础上，二者相辅相成，定性是定量的依据，定量是定性的具体化，把二者结合起来灵活运用，才能取得最好的预测效果。即使是在先进的工业化国家，定性预测方法仍在各个领域广泛使用。可以断言，即使将来我国各级经济工作者的数学知识丰富了，能普遍使用计算机，能够正确建立和应用数学模型进行预测时，仍然不能废弃定性预测方法。二者将长期共存，相互补充，不断完善，共同发展。

必须指出，现代定性预测方法较之古典定性预测方法，有了质的飞跃，它们之间具有截然不同的特点。其中突出的有：

（1）已经形成了一套科学的预测方法；

（2）不是依靠个人或少数人，而是依靠一个智慧的群体；

（3）古典定性预测法，其结果无法定量，因而缺乏严谨和科学性，而现代定性预测的结果一般具有数理统计性。

第一节　专家预测法

专家预测法是基于专家的知识、经验和分析判断能力，在对历史和现实有关资料综合分析的基础上，对未来市场变化趋势做出预见和判断的方法。它主要包括专家会议法、头脑风暴法和德尔菲预测法三种。

一、专家会议法

专家会议法又称为会议调查法，是指预测人员采用开调查会的方式，从与会人员那里获取预测信息，经过判断和推算，预测市场未来发展前景的一种定性预测方法。

会议调查法在我国的市场预测工作中，占有很重要的地位，有其独特的作用，并为广大的企业家和经济工作者所熟悉。

国外主要是使用专家调查，他们称为专家调查法或专家评估法。美国在20世纪80年代中期使用的全部预测方法中，使用专家调查法的约占1/4。其原因在于现代的专家会议法较之过去有了截然不同的特点。其中主要有：

（1）已经形成一套如何组织专家，充分利用专家的创造性思维进行评估的基本理论和科学方法。

（2）不是依靠一个或少数科学家，而是依靠许多专家或专家集体，不仅仅依靠本领域专家，同时广泛邀请相关领域专家参加预测，充分发挥专家的集体智慧。依靠专家集体不仅可以消除个别专家的局限性和片面性，而且由概率论的大数定律可以知道，当 n 个专家的预测值为独立同分布的随机变量时，只要 n 足够大，其预测的算术均值将趋近于真值的期望值。

（3）古典的专家会议预测法主要是停留在定性分析、定量讨论的基础上，其结果无法定量表示，因而缺乏严谨和科学性。而现代的专家评估法是在定性分析的基础上，以打分等方式做出定量评估，其预测结果具有数理统计性。

专家评估法的最大优点是，在缺乏足够统计信息和原始资料的情况下，可以做出定量估计和得到报刊上还未反映的信息。

1. 个人判断

征求专家个人意见的主要优点是，不受外界影响，没有心理压力，可以最大限度地发挥个人的创造才能。但是仅仅依靠个人的判断，很容易受到专家的知识面、知识深度和占有的资料，以及对预测问题是否有兴趣的左右，难免有片面性。

2. 专家会议法（会议调查法）

会议调查法，在我国是一种有效的方法。开调查会是我们一贯倡导的调查研究方法，有了一套较为完善的理论和经验。开会调查预测要注意以下几点：

（1）邀请参加会议的人必须是对预测的问题有经验和熟悉情况的人员，包括专家学者，也包括深切明了该市场的中、下级干部和群众。

（2）每次参加会议的人数不宜过多，三五人或七八人即可，要根据预测者主持会议的能力而定，善于主持会议的，可以多到十几人或二十几人。

（3）要开展讨论式的调查，事先要准备好调查提纲，并先发给参加会议的人做好准备。预测者在会上按提纲提问，开展知无不言，言无不尽的讨论。那种只是随便问一下，不提出中心问题，意见分歧不引导辩论，或者只听个别权威讲经验、谈意见的方法，是不能得到近于正确的结论的。

（4）预测者要有谦虚谨慎、虚心求教的态度，不要首先拿出倾向性的意见，带着个人“意图”去找“群众基础”。开调查会只要组织得好，是可以深入地辨明问题，取得比较正确的结论的。例如，各种形式的生产、销售会议，农作物收获前的估产会议等，都证明了这种方法的有效性。

专家会议同个人判断比较，至少有如下三个优点：

（1）专家会议的信息量比个人所占有的信息量要大；

（2）专家会议考虑的因素比个人考虑的因素多；

（3）专家会议提供的方案比个人提供的具体。

专家会议有助于交换意见，互相启发，弥补个人的不足，通过内外反馈的意见集中于目标，为重大决策提出预测。因而专家会议法仍不失为一种主要的预测方法，特别是为全局战略决策进行预测时，专家会议法常常是一种重要的预测方法。苏联、美国都曾用这种预测方法为重大战略决策服务。

然而，国内外的经验表明，专家会议法也有严重缺点，主要表现在：

（1）感情影响：上级、权威、老前辈、老同事之间的不同见解，不易当面展开辩论。

（2）个人影响：个体的差异明显，在会议中会有不同的表现，有人善辩，根据不多，理由不少；有人寡言，根据不少，讲话不多；有人谦虚，有人保守……

（3）时间影响：会议时间再长也有限；会前准备再充分，也很难完全切题；即席发言，再慎重，也有考虑不周之处等。

（4）得失影响：当面，或在知人知事时，怕错，错了又不便修正，尤其是不便反复修正。新见解，尤其是尚不成熟的见解，不易谈，谈不清，谈不深，还有事业方面的利害关系，不便公开议论等等。

二、头脑风暴法

头脑风暴法是在宽松的环境中，以专题讨论会的形式，通过专家的自由交流，在头脑中进行智力碰撞，产生新的智力火花，使专家的论点不断集中和深化，以形成优化方案的一种集体预测方法。

头脑风暴法（Brain Storming），简称“BS”法，它是美国学者A.F.奥斯本于1938年首创的。它的原意是指精神病人的胡思乱想，A.F.奥斯本将其定义为思维自由奔放、打破常规、创造性地思考问题。头脑风暴法作为一种创造性思维的方法在预测中得到了广泛的应用，并日趋普及。美国从20世纪60年代末到80年代中，头脑风暴法在各类预测方法中的比重由6.2%增加到8.1%。

采用头脑风暴法组织专家会议时，应遵守以下原则：

（1）严格限制问题的范围，明确具体要求，以便集中精力。

（2）不能对别人的意见提出怀疑和批评，要研究任何一种设想而不管这种设想是否正确和可行。

（3）发言要简练，不要详细论述。长的发言将有碍产生一种富有成效的创造性气氛。

（4）不允许参加者宣读事先准备的发言稿，提倡即席发言。

（5）鼓励参加者对自己已经提出的设想进行改进和综合，为准备修改自己设想的人提供优先发言的机会。

（6）支持和鼓励参加者解除思想顾虑，创造一种自由的气氛，激发参加者的积极性。

实践经验证明，利用头脑风暴法从事预测，通过专家之间直接交换信息，充分发挥创造性思维，有可能在比较短的时间内得到富有成效的创造性成果。头脑风暴法可以分为以下两类：

（1）直接头脑风暴法即常规的头脑风暴法，是根据一定的规则，共同讨论具体问题，鼓励创造性活动的一种专家集体评价方法。无特别说明时头脑风暴法默指直接头脑风暴法。

（2）质疑头脑风暴法是一种同时召开两个会议，集体产生设想的方法。第一个会议完全遵从直接头脑风暴法原则，第二个会议对第一会议提出的设想进行质疑。

为了提供一个创造性思维环境，必须决定小组的最佳人数和会议时间。小组规模以 10 ~ 15 人为宜，会议时间一般以 20 ~ 60 min 为好。参加的人员按以下原则聘请：

（1）如果参加者相互认识，要从同一职位（职称和级别）的人员中聘请，领导人员不应参加，否则对下属人员将产生一定的压力。

（2）如果参加者互不认识，可从不同职位（职称和级别）的人员中聘请。这时，不论成员是高级经济师，还是一般经济工作者，都应同等对待。

参加者的专业是否与所论问题一致，不是专家成员的必要条件。并且，专家组中希望包括一些学识渊博、对所论问题有所了解的其他领域的专家。

头脑风暴法的领导工作最好委托给预测学家负责，因为他们知道如何提问题，并对引导科学辩论有足够的经验。同时，他们熟悉处理程序和方法。如果所论问题面很窄，则应该邀请所论问题的专家和预测学家共同负责领导工作。头脑风暴法预测小组应由以下人员组成：方法论学家——预测学家；设想产生者——专业领域专家；分析者——专业领域的高级专家，他们应当追溯过去，并及时评价对象的现状和发展趋势；演绎者——对所论问题具有充分的推断思维能力的专家。

头脑风暴法领导者的发言能激起参加者的心理灵感，促使参加者感到急需回答会议提出的问题。通常在头脑风暴法开始时，领导者必须采取强制询问的方法，因为领导者很少可能在 5 ~ 10 min 创造一个自由交换意见的气氛，并激发参加者发言。领导者的主动活动也会局限在会议开始时，一旦参加者被鼓动起来，新的设想就会不断涌现，这时领导者只需根据头脑风暴法的原则进行适当的引导即可。应当指出，发言人越多，意见越多种花样，所论的问题就越广越深，出现有价值的设想的概率就越大。

会议提出的设想应记录在磁带上，以便不放过任何一个设想，并使其系统化，以备下一阶段使用。

由分析组对会议产生的设想，按如下程序系统化：① 就所有提出的设想编制名称一览表；② 用专业术语说明每一设想；③ 找出重复和互为补充的设想，并在此基础上形成综合设想；④ 分组编制设想一览表。

在预测过程中，还经常采用质疑头脑风暴法。这种方法，是对直接头脑风暴法提出的已系统化的设想进行质疑。对设想进行质疑，这是头脑风暴法中对设想实现可行性进行评价的一个专门程序。在这一过程中，参加者对每一个提出的设想都可进行质疑，并进行全面评价。评价的重点是研究有碍设想实现的问题。在质疑过程中，可能产生一些可行的设想，这些可行的设想，包括对已提出的设想无法实现的论证、存在的限制因素，以及排除限制因素的建议等。可行设想的结构通常是："这样是不可行的，因为……如果要使其可行，必须……"

质疑头脑风暴法的第二个阶段，是就每一组或其中每一个设想，编制一个评价意见一览表，以及可行设想一览表。

质疑头脑风暴法应遵守的原则与直接头脑风暴法一样，只是禁止对已有的设想提出肯定意见，而鼓励提出可行设想。

由分析组负责处理和分析质疑结果。分析组要吸收一些有权对设想实施做出决定的专家，如果要在很短时间内就重大问题做出决策时，吸收这些专家参加尤为重要。

实践经验证明：头脑风暴法可以排除折中方案，对所论问题通过客观的连续分析，找到一组切实可行的方案。因而近年来头脑风暴法在军事和民用预测中得到很广泛应用。例如在美国国防部制订长远规划中，邀请了 50 名专家采用头脑风暴法开了两周会议，参加者的任务是对事先提出的工作文件提出异议，并通过讨论把文件变为协调一致的报告。经讨论，原文件中只有 25%～30%的意见得到保留，结果在质疑的基础上形成了一个更新的、更可行的规划。

头脑风暴法对其提出的一组可行方案，还不能按其重要性进行排队和寻找达到目标的最佳途径，所以还应辅以专家集体评价，并对评价结果进行统一处理，获得专家协调意见作为评价结果。

三、德尔菲法

（一）德尔菲法的产生和发展

德尔斐（Delphi）法，在我国又称为专家调查法。为克服专家会议法的缺点，在 20 世纪 40 年代末期，由美国兰德公司首创该调查方法。

德尔菲法是专家会议法的发展。它采用调查表的形式，以匿名方式，通过几轮信函征求专家们对预测或决策问题的意见。预测领导小组对专家们每一轮的意见都要汇总整理，作为参考资料再匿名函寄给各位专家，供他们分析判断，提出新的见解。如此反复多次，直至专家们的意见趋于一致或多数专家不再修改自己的意见时为止。最后由预测小组领导汇总、处理专家们最后一轮的意见，做出最后预测，写出预测报告。它适用于资料很少、未知因素很多的预测主题。

由于德尔菲法能够对预测对象在未来发展中的各种可能和期待出现的前景做出概率估计，使之获得非常重要且以概率表示的明确答案，为决策者提供方案选择的可能性，使它成为世界各国广泛使用的预测方法之一。目前德尔菲法不仅是一种预测方法，而且也是决策部门制订政策和长远规划的重要手段，被广泛用于军事、科学、技术、经济、人口、医疗卫生、教育、研究方案、决策分析等各个领域。就市场预测而言，既可以用于微观，也可用于宏观。从时间上来看，既可用于短期、中长期，也可用于远景规划；不仅可以预测事物的量变过程，也可预测事物的质变过程。特别是用于中长期和远景规划，更具优势，在长远规划者和决策者心目中，德尔菲法享有很高威望，被称为最可靠的预测方法，最理想的决策工具。

20 世纪 50 年代初，兰德公司将其用于军事预测，1964 年又将其用于科学技术预测，到 1969 年用了几百次，到 1984 年已达几千次。此外，日本、西欧、苏联和印度等国也采用德尔菲法从事各项预测活动。据《未来》杂志报道，60 年代末到 80 年代中期，专家会议和德尔菲法（以德尔菲法为主）在各种预测方法中所占比例，从 20.8%增加到 24.2%。

德尔菲法在国内外得到如此迅速广泛的应用，足以说明方法本身在技术预测和经济预测方面具有很高的价值。下面就德尔菲法的特点，确定预测主题、设计预测事件调查表，选择专家，预测过程，以及结果的处理和表达方式等问题分别介绍如下。

（二）德尔菲法的特点

为了弥补专家会议的缺点和不足，德尔菲法有如下三个特点：

1. 匿名性

为了克服专家会议易受心理因素影响的缺点，德尔菲法采用匿名信函征求意见。应邀参加预测的专家之间横向不发生联系，只与预测领导小组成员单线联系。因而完全消除了心理因素的影响。专家可以参考前一轮的预测结果修改自己的意见，而无须做出公开说明，无损自己的威望。

2. 轮间反馈信息

德尔菲法不同于民意测验，一般要经过四轮。在匿名情况下，为了使参加预测的专家掌握每一轮的汇总结果和其他专家提出的论证意见，达到相互启发的目的，预测领导小组对每一轮的预测结果做出统计和处理，并作为反馈材料寄给每一位专家，供下一轮预测时参考。

3. 预测结果的统计特性

作定量处理是德尔菲法的一个重要特点。为了给出定量的预测结果，德尔斐法采用统计方法处理每一轮的专家意见，使预测结果具有统计特性。

（三）确定预测主题，设计预测事件调查表

1. 确定预测主题，归纳预测事件

预测主题就是所要研究和解决的问题，一个主题可以包括若干个事件，事件是用以说明主题的重要指标。市场预测主题应根据企业的目标来确定，应该选择有研究价值，对市场未来发展趋势有重要影响而又意见分歧的问题作为预测主题。确定预测主题和归纳、提出预测事件是关键的一步。

经典的德尔菲法是从一张白纸开始的，即第一轮仅向专家提供预测主题，而具体预测事件则是由专家提出的。例如，1964 年美国兰德公司首次采用德尔菲法从事 50 年长远规划预测时，包括 6 个主题，具体为：科学的突破、人口的增长、自动化技术、航天技术、战争的可能和防止以及新的武器系统。

应邀参加预测的专家围绕预测主题，提出应预测的事件，寄给预测领导小组。预测领导小组对专家提出的预测事件经筛选整理，排除重复和次要的事件，形成一组预测事件。例如经整理，兰德公司的 6 个主题包括 49 个事件。预测事件确定后，根据预测要求编制预测事件调查表。

值得注意的是，预测小组在汇总专家提出的预测事件时，要尽量做到指标体系完整、系统。例如金融未来形势这个主题，除应纳入货币信贷、货币这些主要指标之外，还应将外汇储备、进出口贸易量和经济效益等方面的重要指标纳入指标体系。其次，指标体系的设计应充分体现经济活动的因果关系，从逻辑上充分反映外生政策变量对内生变量，解释变量对因变量的制约和影响关系。因为政府行为、领导决策对经济变动有重大影响。例如，预算内基建规模的大小，消费基金计划增长的幅度、国家牌价的调整，这些外生政策变量在很大程度上制约着经济形势。

2. 设计预测事件调查表

根据预测事件和要求，预测时间调查表有多种格式，其中主要有：

（1）时间预测调查表。预测某事件的实现（或发生）时间，这是最常见的德尔菲预测。例如，某企业生产总值哪一年可以达到 20 亿元；企业利润哪一年可以达到 5 000 万元；新产

品产量到哪一年可以达到总产量的60%等，其预测事件调查表见表9.1。

表9.1 预测事件调查表

预测事件	实现时间/年		
	10%概率	50%概率	90%概率
某企业生产总值达到20亿元			
某企业利润达到5 000万元			
新产品产量达到总产量的60%			

（2）主观概率预测。主观概率预测是对预测事件发生某种结果的可能性大小的主观估计。在德尔菲法中，某种结果的主观概率由专家本人估计，并作为专家本人对预测事件可能发生某种结果的预测，其调查表见表9.2。

表9.2 主观概率调查表

专家意见事件	主观概率									
	0.1	0.2	0.3	0.4	0.5	0.6	0.8	0.8	0.9	1.0
1										
2										
…										
n										

（3）择优预测。在企业产品开发时，可能面临很多方案可供选择。请专家们择优，就是择优预测。例如，您认为选择蓄电电池的纯电动汽车应该具体选择哪一种类型的电池，其预测调查表见表9.3。

表9.3 汽车电池类型选择调查表

电池类型	铅酸蓄电池	镍氢电池	钠硫电池	二次锂电池	三元锂电池	空气电池
专家人数						

由调查表的格式和应答要求可知，德尔菲法的调查表为预测结果量化处理创造了条件。

在设计预测事件调查表时，有以下几个问题要注意：

（1）对德尔菲法要做出充分说明。为了使专家全面了解情况，一般表格都应有前言，用以说明预测的目的和任务，以及专家应答在预测中的作用，同时还要对德尔菲法做出充分说明，因为并非所有专家都熟悉德尔菲法。

（2）向专家提供背景材料。在许多情况下，市场预测主题，受经济政策及很多相关问题的制约。不能期望参加预测的每位专家都非常了解外界的经济、市场情况。因此有必要把有关政策及相关问题的发展趋势，作为第一轮的信息提供给专家，使他们有一个共同的起点。

（3）问题要集中。调查的问题要集中并有针对性，不要过于分散，但要完整、系统。问题是要按登记排队，先综合，后局部。在同类问题中，先简单，后复杂。这样由浅入深地排列，易于引起专家回答的兴趣。

（4）用词要准确。在设计调查表时常常出现一些含糊不清的用语，这是由于不注意使用专业术语或“行话”引起的。例如，“私人家庭到哪一年将普遍拥有空调器”。这里普遍二字比较含糊，缺乏定量的概念。如果一位专家认为50%属于普遍，并提出一个评价日期；而另一位专家认为80%属于普遍，也提出一个评价日期。由于评价起点不同，两个评价结果可能相差很大。如果以“哪一年私人家庭安装空调器的比例达到80%”为题目进行预测，两位专家的意见可能完全一致。因而，像“普遍”“广泛”“经常”等缺乏定量概念的词，应避免使用。

（5）调查表要简化。调查表应有助于而不是妨碍专家做出评价，应使专家把主要精力用于思考问题，而不是用于理解复杂和混乱的调查表。调查表的应答要求最好是选择或填空，必要时应做出填表说明。调查表还应留有足够的地方，以便专家阐明意见。

（6）问题的数量要限制。问题的数量不仅取决于应答要求的类型，同时还取决于专家可能做出应答的上限。如果问题只要求做出简单回答，数量可多些。如果问题比较复杂，并有一些对立的观点和看法需要斟酌，则数量要少些。严格的界限是没有的，一般认为数量的上限以25个为宜。

（7）对预测事件要给出多重数据。经典德尔菲法经常要求专家对每个事件的实现日期做出评价。专家提供的日期一般是指成功或实现的可能性为50%的日期。在较多的情况下，要求专家提供三个不同概率的日期，即未必可能实现的日期，相当于成功的概率为10%；成功与否的可能性相等的日期，相当于成功的概率为50%；基本上可以实现的日期，相当于成功的概率为90%，当然也可以选择其他相似的概率。

（四）选择专家

经典德尔菲法是由专家根据预测主题，提出预测事件的。因此，预测小组成立之后，首先要选择专家。又由于此法主要是向专家获取预测结果，因而选择专家是预测成败的关键，如果应邀专家对预测主题不具有广泛的知识，那就很难提出正确的意见和有价值的判断。即使预测主题比较狭窄和针对性很强，要物色一批对这一专题涉及的各个领域都有很深造诣的专家也很困难。

选择专家决不能简单从事，更不能未征得同意就将调查表寄给拟定邀请的专家，因为有的专家可能因故不能参加预测。

那么选择专家应如何进行呢？这里有四个问题：专家的含义，怎样选择专家，选择什么样的专家，以及确定专家的人数。

1. 专　家

这里说的专家是广义的，所谓“专家”是指精通业务、有真才实学、有经验、熟悉情况、有分析和预测能力的人。因此，这里的所说的专家既可以是专家学者、权威，也可以是在本领域从事10年以上工作的业务干部。

2. 怎样选择专家

怎样选择专家是由预测任务的决定的，如果涉及机密问题，就只能从内部选择专家。否则，不仅要选择本领域的专家，而且要选择有关领域的专家，必要时可邀请国外专家。选择专家的方法：

（1）本系统职工和组织推荐，占专家人数的 60%；

（2）专家推荐，两名以上专家推荐者，占专家人数的 38%；

（3）从有关期刊和出版物中选择，占专家人数的 2%。

以上选择专家的方法和比例可以灵活掌握。

选择专家的程序：

（1）根据预测主题，编制所需各方面专家一览表；

（2）编制预测主题一览表；

（3）将预测主题一览表函寄给每位拟聘专家，征询他们是否愿意并能坚持参加规定问题的预测。

3. 选择什么样的专家

在选择专家的过程中不仅要选择本专业或本领域有丰富实践经验，或者有较深理论修养的专家，而且要注意选择相关专业或相关领域的专家。选择担当重要职务的专家固然重要，但是要考虑他们是否有足够的时间来填写调查表。经验表明，一位身居要职的专家匆忙填写的调查表，其参考价值远不如一位一般专家认真填写的调查表。

其次，对该项预测有兴趣，愿意参加并能胜任，也是在选择专家时要考虑的问题。

4. 确定专家组人数

专家组人数的多少视预测主题的规模而定，人数太少，限制学科代表性不能集思广益，并使汇总的综合指标失去意义，因为相对指标和平均指标都要有较多数据才能计算；而人数太多，又不易组织和联络，处理结果也比较复杂，而且增加了预测费用。经验表明，预测误差与专家人数呈递减关系，且以专家人数坐标轴为渐近线，如图 9.1 所示。由图可知，随着专家人数的增加，预测的标准差就越小，预测精度就越高；而当人数接近某一人数时，进一步增加专家人数，则对预测精度影响不大。因而视预测主题的规模，一般以 10 ~ 15 人为宜。当然，因种种原因专家也不一定每一轮必答，有时甚至中途退出，因此预选人数要多于规定人数，以便保证各轮调查的回收质量，排除人员波动对预测结果的影响。

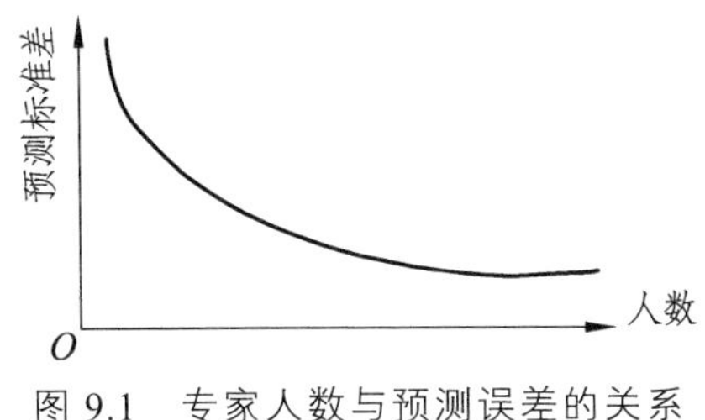

图 9.1　专家人数与预测误差的关系

（五）预测过程

专家确定后就可以开始预测，经典的德尔菲法一般分为四轮：

第一轮：提出预测事件。将预测主题调查表和现有背景资料函寄给各位专家，给专家的第一轮调查表不带任何框框，只提出全部预测主题，请专家明确回答对预测主题应预测的事件及哪些资料可以用于预测。预测领导小组对专家填写的调查表进行汇总整理，归并同类事件，排除次要事件，用专业术语提出预测事件一览表，并作为第二轮调查表及预测参考资料一并寄给每位专家。

第二轮：初次预测。专家对调查表中所列的每个事件做出预测且阐明理由。并再次征询为改进预测还需补充哪些资料。调查表收回后，领导小组要对专家意见进行统计处理。

第三轮：修改预测。预测领导小组将第二轮预测的统计资料寄给每位专家，请专家据此补充材料，再一次进行预测且充分陈述理由，并征询还有什么要求。有些预测在第三轮时还要求持异端意见的专家充分陈述理由。这是因为他们的根据可能是其他专家忽略的外部因素或未曾研究过的问题。这些依据往往会对其他专家重新做出判断产生影响。

第四轮：最后预测。在第三轮统计结果的基础上，根据全部资料，请专家们最后做出预测，根据领导小组的要求，有的专家要重新做出论证。

必须注意：最后一轮专家们的意见必须趋于一致或基本稳定，即大多数专家不再修改自己的意见。因此，征询次数应灵活掌握。

（六）应注意的问题

（1）领导小组的意见不应强加于调查表中，在对某事件的预测过程中，领导小组认为已经存在明显的判断和事实，而专家却没有注意时，领导小组就试图把自己的观点加在调查表中，作为反馈的材料提供给下一轮预测时参考，这样的处理势必出现引导现象，使专家的评价向领导小组意图靠拢。因而由此得到的预测结果，其可靠性是值得怀疑的。

（2）减少应答轮数。经典德尔菲法一般经过四轮，有时候甚至五轮，轮次过多容易引起专家的厌烦。实践表明，有时经过两轮意见就已经相当协调。因此就现有的经验而言，一般采用三轮较为适宜。如果要在短时间内做出预测，采用两轮也可以得到较好的预测结果。

每轮的时间间隔可定为一周、十天、半个月或一个月均可。但是专家填表的时间一般控制在 2 ~ 4 h 为宜（不包括独立思考时间）。时间间隔的长短，由以下几个因素决定：

① 预测规模的大小；

② 专家人数多少及专家距预测领导小组的最远距离；

③ 领导小组成员业务熟练程度及能力；

④ 处理结果的手段。

（七）派生的德尔菲法

自从美国兰德公司创立德尔菲法以来，世界各国在应用过程中提出了不少改进办法，使方法更加完善，我国的预测专家们也做出了自己的贡献，主要的派生方法有：

1. 由领导小组确定预测事件

经典德尔菲法的第一轮，只提供给专家一张预测主题表，这样固然可以排除领导小组先入为主的问题，有益于充分发挥专家的个人才智。但是某些专家由于对德尔菲法不甚了解或其他原因，不知如何下手，有时提供的预测事件杂乱无章，无法归纳。同时，也难以保证在第一轮中专家提出的预测事件符合领导小组的要求。为了克服这些缺点，领导小组可根据已掌握的资料或征求有关专家的意见，预先拟订预测事件一览表，作为第一轮资料提供给专家，使他们第一轮就开始预测。当然，在第一轮提供给专家们时也可以对事件调查表进行补充和提出修改意见。

其他与经典德尔菲法的预测过程相同，只是由四轮征询变成三轮，第一轮就开始预测。

2. 部分取消匿名

匿名性有助于发挥个人长处，不受外界的支持和反对意见的影响。但是在某些情况下，部分取消匿名也能保持德尔菲法的优点，从而有助于缩短预测过程。其做法是先采取匿名征询，而后公布结果并进行口头辩论，最后再进行匿名征询。或专家们先各自阐明自己的论点和论据，再进行口头辩论，最后通过灯光显示装置，匿名表示各自的意见，将由此而得到的结果作为最后评价。经验表明，前一种方法较好，这是因为先匿名调查，每个人都独立思考做出应答，因而辩论时容易坚持己见，引起争论，通过讨论取得协调意见。后一种方法由于事先经过讨论，匿名调查有时难以回避会议的多数意见做出独立判断。

3. 部分取消反馈

如果完全取消反馈，则第二轮以后专家将仅限于对自己提出的评价进行重新认识。实践表明，对自己的判断简单地重新认识只能使应答结果变坏，而不会改善。因而全部取消反馈将丧失德尔菲法的特点。部分取消反馈，是只向专家反馈四分点或十分点，而不提供中位数。这样有助于防止有些专家只是简单地向中位数靠拢，借以回避提出新的评价和论据的倾向。

第二节　类推预测法

类推预测法是根据预测的直观知识，对未来市场变化的特点和趋势做出合乎实际和逻辑的推理判断，它主要包括相关类推和对比类推两种预测方法。

一、相关类推预测法

从已知的各种相关市场因素的变化，依据因果性原理，预见和推断未来的市场变动的特点和趋势的预测方法称之为相关类推预测法。其基本方法是：根据理论分析和实际资料，确定影响预测目标变动趋势的主要因素，在此基础上依据市场需求变化的内在联系进行逻辑推理、分析和判断。

影响市场需求变动的因素千变万化，错综复杂，从而构成各种各样的相关因素，制约着市场变动和发展。这就要求在采取相关类推预测法时，根据不同的相关因素，采取不同的方法。

（1）从相关产品的需求变化预测产品未来的需求、变化的趋势，如某自行车钢珠厂预测钢珠的市场需求量，钢珠是自行车的相关产品，所以要用自行车的总产量乘上每辆自行车的钢珠量，便可以求出市场钢珠的总需求量，再用该厂的市场占有率乘以市场需求总量，就可以预测出该厂的市场需求量的变动情况。

（2）从可替代产品的市场需求变化预测商品市场需求变动趋势，在市场需求总量已定的情况下，两种相互替代商品之间的需求关系呈反向变化，在数量上有此消彼长的特点，即对某种商品的市场需求量增加，对其替代品的市场需求量就会相应缩小。对同类商品市场需求量的预测，在已知替代品市场需求量的情况下，采用类推预测法就可以预测和判断被替代品市场需求的变动趋势。

（3）从互补商品的市场需求变化预测商品市场需求变动趋势，其特点是两种互补商品之间的需求关系呈同向变化的特点，如室内装饰、家具、建筑材料、玻璃会随着住宅建设的发展而增长；洗相设备、胶卷、相纸、洗相器材会随着照相机和录像机的增长而增长。在已知某种主要产品市场需求量的条件下，就可类推出其补充品市场需求量的变动趋势。

（4）从时间先行、后行、平行关系中预测某种经济现象的变动趋势。由于许多经济现象存在相关性和因果关系，某种经济现象发生变化后，相隔一段时间后，与之相关的另一种经济现象必然随之发生相应的变化，这种相关变动的关系从时间上称为先行、后行关系，它反映了相关经济现象在因果关系上的时间先后顺序性。代表先行关系的经济指标称为先行指标，代表后行关系的经济指标称为后行指标，先行指标引起后行指标变动的时间间隔称为滞后时间。在市场预测中，根据某种经济现象和其他经济现象之间的先行、后行关系的变化规律，可以推断先行指标或后行指标的变动趋势。当某种经济现象同时发生变化时，几乎在时间上难以划分先后关系，分不清它们的因果关系，一般被称为平行关系。经济变量中，某些经济指标之间的平行变动关系的规律性，往往成为直观预测某种经济现象变动趋势的重要方法。

（5）从相关变动的顺向或逆向关系中预测某种经济现象的变动趋势。在经济现象的相关关系中，往往存在顺向或逆向的特征，用经济指标衡量，往往呈现同增、同减或一增一减的关系。同增同减为顺向关系变动，一增一减为逆向关系变动。利用两种经济指标顺向或逆向的变动关系原理，从一个已知经济指标变动方向便可以类推出相关经济指标的变动趋势。

二、对比类推预测法

对比类推预测法是把预测目标同其他类似事物，根据类推性原理，进行对比分析，从而预测和推断目标市场未来需求发展趋势的一种预测方法。对比某些国外产品的市场寿命周期，产品的更新换代，新产品有关指标的发展趋向，对相近产品的发展情况进行对比分析，预见和推断某种新产品市场需求的变动趋势，如对比录音机的变化趋势推测高级组合音响的市场需求，对比电视机的变化趋势推测空调器的市场需求，对比电冰箱的变化趋势推测冰柜的市场需求。

类推预测法适用范围广，手段简便，论证性强。它要求预测人员具有丰富的实践经验，对预测目标及其关联内容有深入的了解，掌握比较全面的有关信息资料，有较强的分析、综合、逻辑推理的能力。只有这样，才能保证预测结果符合市场变动实际，为市场营销决策提供真实可靠的依据。

第三节　意见推断预测法

意见推断法是通过调查研究，搜集、处理、分析各方面人士的意见，运用集体智慧和经验对预测对象发展趋势进行推断预测的方法。此方法简便易行，可靠实用，注重发挥集体智慧，在一定程度上克服了个人直观判断的主观性、局限性和片面性，有利于提高市场预测的质量。意见推断预测的具体方法很多，其中较适用的方法包括：意见交换预测法、营销人员意见估计法、用户意见调查预测法、决策者意见判断预测法、集合意见预测法、商品试销征询意见预测法、问卷调查估算预测法、访问预测法等。

一、意见交换预测法

意见交换预测法是指预测者召集熟悉业务、经验丰富、具有较强分析判断能力的各类人员，以座谈讨论的方式，针对预测对象相互交换意见，提出预测方案的定性预测方法。我国工商企业对某种商品未来市场发展趋势、产销变化及价格趋势、产品所处的市场生命周期阶段、新产品的市场前途、产品市场占有率变动趋势等问题的分析预测时，常常采用这种方法，并取得了良好的预测效果。

二、意见集合预测法

意见集合预测法也称综合意见判断预测法，它是由预测者或决策者牵头，将经验判断的各种方法集中综合应用，预见和判断未来市场需求动态的一种综合预测法。它可以发挥各类人员的特长，集思广益，取长补短，提高预测的质量和水平。集合意见预测法与综合判断法组合使用，并采用定量分析，效果甚佳。

例如，某厂各部门对某产品销售及其概率预测可参见表 9.4。根据表 9.4 的数据，假定销售科的重要性较大，权数定为 2，其他都为 1，采用加权平均法计算的预测值为：

$$\frac{875\times2+980\times1+770\times1+880\times1}{2+1+1+1}=876\ （万元）$$

表 9.4　某厂各部门对某产品销售及其概率预测表　　单位：万元

预测部门	三点估计项目	销售量最高值	最可能销售预测值	销售量最低值	期望值合计
销售科	销售量	1 200	850	600	875
	概率	0.25	0.50	0.25	
	预测期望值	300	425	150	
技术科	销售量	1 300	900	800	980
	概率	0.30	0.50	0.20	
	预测期望值	390	450	140	
生产科	销售量	1 100	850	500	770
	概率	0.20	0.60	0.20	
	预测期望值	220	450	100	
财务科	销售量	1 200	800	600	880
	概率	0.30	0.50	0.20	
	预测期望值	360	400	120	

三、营销人员意见估计法

营销人员意见估计法是指长期从事市场营销活动的工作者，凭借他们对市场环境的熟悉，对消费者需求心理和消费水平的了解，以及长期积累的销售经验，对未来的市场销售趋势进行估计和预测。一般来说，按营销人员预测值的平均数作为预测结果是比较接近市场变动的实际情况的，对营销决策具有重要的参考作用。这种方法被中小企业广泛采用，为制定新产品开发策略、价格策略、促销策略等提供了可靠的依据。这种预测方法受营销人员主观因素，如知识水平、个人偏好、情绪波动影响较大，估计值有可能与市场实际存在一定的偏差，在指定营销决策时，要考虑一定的误差，留有余地。

四、用户意见调查预测法

用户意见调查预测法是指预测者通过访问、座谈、电话、信函和现场投票等方式，了解用户的需求情况和意见，掌握消费者的购买意向，分析预测消费者未来需求特点和变动趋势的一种方法。它主要适用于用户不多或主要用户不多的商品市场预测。从用户调查预测法运用结果来看，生产资料商品的准确性远远高于消费品，耐用消费品的准确性又高于日用消费品和选购品。

五、决策者意见判断预测法

决策者意见判断预测法是指工商企业的厂长和经理根据产品销售、资金财务、市场环境、管理水平等资料，通过听取各类负责人的汇报和意见，在此基础上综合归纳分析、预见和判断市场变动趋势的一种预测方法。这种方法程序清楚、责任分明、省时省力、简便易行，对提高营销决策效率具有积极的作用。决策者的判断要建立在全面广泛征求意见的基础上，要广开言路，善听逆言，切忌孤陋寡闻；要果断决策，切忌优柔寡断。

复习思考题

1. 头脑风暴法有什么特点？我们该如何用它？

2. 专家会议法到现在有何发展？与古典的有何区别？

3. 新技术预测。用德尔菲法预测人类大约需要多少年能离开地球到太空生活？11 位专家在某一轮的应答结果是 16，15，16，18，18，22，20，23，20，21，24（年），试对结果进行处理。

4. 试述为提高德尔菲法调查表的回收率，应采取哪些措施？

5. 某商店对本店下一年度的销售情况进行预测，由三名有经验的销售人员组成预测小组，他们的预测结果见题表 9.1。

题表 9.1　某商店销售额预测值估计表

预测人员	销售额估计值					
	最高值/万元	概率	最可能值/万元	概率	最低值/万元	概率
甲	8 600	0.4	7 200	0.5	6 500	0.1
乙	7 300	0.3	6 700	0.4	6 300	0.3
丙	6 100	0.2	5 800	0.4	5 400	0.4

根据题表 9.1 中的资料，试估算：

（1）各位预测人员的预测期望值；

（2）若给予各人的权数分别为：甲的权数为 0.4，乙的权数为 0.3，丙的权数为 0.3，试估算该店下一年度的销售预测值。

6. 某笔记本电脑公司经理召集主管销售、计划和生产等部门的负责人，对下一年度某种型号笔记本电脑的销售前景预估。几个部门负责人的初步判断如题表 9.2 所示。请估计下一年度的销售额（绝对平均法和加权平均法）。假定销售部门负责人的加权系数为 2，其他两个部门负责人的加权系数为 1。

题表 9.2　销售情况预测表

部　门	各种销售量估计	销售量/台	概率	期望值/台（销售量×概率）
销售部门负责人	最高销售量	18 600	0.1	1 860
	最可能销售量	11 160	0.7	7 812
	最低销售量	9 920	0.2	1 984
	总期望值	…		
计划财务部门负责人	最高销售量	12 400	0.1	1 240
	最可能销售量	11 160	0.8	8 928
	最低销售量	9 300	0.1	930
	总期望值	…		
生产部门负责人	最高销售量	12 400	0.3	3 720
	最可能销售量	10 540	0.6	6 324
	最低销售量	7 440	0.1	744
	总期望值	…		

根据以上数据计算：

（1）各类人员的总期望值各为多少？

（2）结合三类人员的估计，该公司下一年度某种型号笔记本电脑的销售前景如何？

第十章　时间序列预测法

【学习目标】

1. 了解时间序列预测法基本原理及程序；
2. 理解一次移动平均法、加权移动平均法和二次移动平均法；
3. 掌握一次指数平滑法，理解二次指数平滑法；
4. 掌握直线趋势延伸法，理解曲线趋势延伸模型；
5. 了解季节变动分析法。

时间序列预测法也称时间序列预测技术、时间数列预测法。美国麻省坎布里哈佛大学首先使用此法于商情研究和预测。到 20 世纪 70 年代，随着电子计算机技术的发展，时间序列预测法在气象、水文、地震、经济等领域得到广泛的应用，特别在经济领域。它目前已成为世界各国经济预测的基本方法之一，不仅在微观，而且在宏观范围得到广泛应用。

第一节　时间序列预测法的基本原理及主要步骤

一、时间序列预测法的基本原理

时间序列，也叫时间数列、历史复数或动态数列。它是将某种统计指标的数值，按时间先后顺序排列所形成的数列。一般它是将某个经济变量的观测值，按时间先后顺序排列所形成的数据，时间可以是以天、周、季度、年或若干年为一个时间单位。

时间序列预测法是根据某个经济变量的时间序列，依据惯性原理，通过统计分析或建立数学模型进行趋势外推，以对该经济变量的未来可能值做出定量预测的方法。时间序列预测法的另一种说法就是通过编制和分析时间序列，根据时间序列所反映出来的发展过程、方向和趋势，进行类推或延伸，借以预测下一段时间或以后若干年内可能达到的水平。虽然时间不是经济变量变化的原因，但时间序列中的每个观测值都是该经济变量在所有影响因素综合作用下的结果。可以说，时间序列反映了在诸多影响因素综合作用下经济变量的变化过程、趋势和速度。因此，时间序列预测法是只考虑预测变量随时间的推移而变化的方法，是对诸多影响因素复杂作用的高度简化。但是必须注意，由于时间序列预测法依据的是惯性原理，所以它建立在某经济变量过去的发展变化趋势是该经济变量未来的发展变趋势的假设基础上。然而，从事物发展变化的普遍规律看，同一经济变量的发展变化趋势在不同的时期是不可能完全相同的。这样，只有将定性预测和时间序列预测有机结合在一起，才能收到最佳效果，即首先通过定性预测，在保证惯性原理成立的前提下，再运用时间序列预测法进行定量预测。

时间序列预测法对短期和中期预测效果好。当时间序列比较稳定时，也可用于长期预测，否则长期预测的准确性很难保证。

时间序列预测法可分为确定性时间序列预测法和随机性时间序列预测法两大类。前者使用的数学模型是不考虑随机项的非统计模型，是利用反映事物具有确定性的时间序列进行预测的方法，包含平均预测法、指数平滑预测法、趋势外推法、季节指数预测法等。后者则是利用反映事物具有随机性的时间序列进行预测的方法，它的基本思想是假定预测对象是一个随机时间序列，然后利用统计数据估计该随机过程的模型，根据最终的模型做出最佳的预测。由于这种方法考虑的因素比较多，计算过程复杂，计算量大，所以发展比较缓慢。随着电子计算机技术发展，1968 年，美国威斯康大学的博克斯和詹金斯提出了一套比较完整的随机时间序列的分析理论和数学模型。此后随机性时间序列预测法得到迅速发展，并广泛应用于经济预测、过程控制和气象预报等领域。

在一般的市场预测中常用的是确定性时间序列预测法。因此本章主要介绍确定性时间序列预测法的基本原理和常用预测方法。

二、时间序列预测法的主要步骤

1. 收集、整理历史资料，编制时间序列

在进行这一工作时，要注意以下几点：

（1）收集的历史资料的时间要长，时间越长，资料越丰富，预测效果也就会越好。

（2）如果收集到统计资料不可比，要将其整理成可比统计资料。

（3）如果在时间序列中存在极端值（即影响平均值，使趋势值异常偏高或偏低的值），要将其删除。这样做既不影响大局，又有利于提高预测精度。

2. 绘制统计图

这一工作的目的是确定时间序列是由哪几个因素叠加而成，为下一步做准备。如将某地区的某农副产品上市量的时间序列绘制成统计图，我们根据图示的信息就可以确定该时间序列是由长期递增变动、季节变动和随机变动构成，如图 10.1 所示。

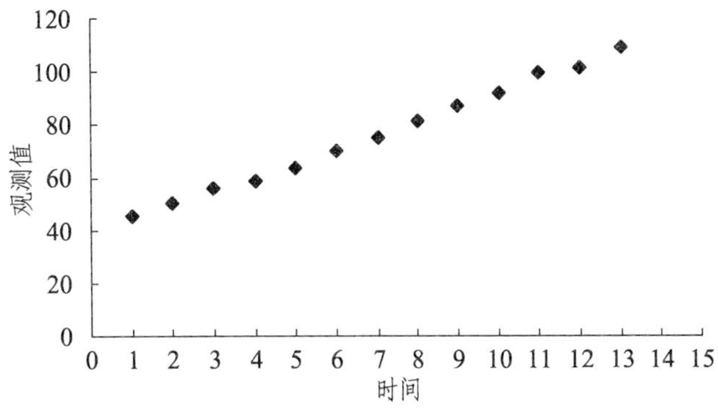

图 10.1　时间序列统计图

3. 分解时间序列

分解时间序列就是按照时间序列的构成，将其各因素分解出来，具体分解方法将在后面详细介绍。

4. 预　测

（1）要利用上述步骤所建的模型预测出各种变动的数值。

（2）根据因素的构成形式结合加法模型或乘法模型，将各变动数值综合以得出预测值。即，对于加法模型而言，就将各种变动的数值相加得出预测值；对于乘法模型而言，就将长期趋势值乘以各变动值来得到预测值。

如果考虑随机变动的话，那么这样的时间序列预测法就是随机型时间序列预测法；如果不考虑随机变动的话，那么这种时间序列预测法就是确定型时间序列预测法。

三、时间序列基本变动趋势构成及分解

（一）时间序列基本变动趋势构成

时间序列的变化受许多因素的影响，概括地讲，可以将影响时间序列变化的因素分为四种，即长期趋势因素（T）、季节变动因素（S）、周期变动因素（C）和不规则变动因素（I）。

（1）长期趋势因素（T）。长期趋势因素（T）反映了经济现象在一个较长时间内的发展方向，它可以在一个相当长的时间内表现为一种近似直线的持续向上或持续向下或平稳的趋势。在某种情况下，它可以表现为某种类似指数趋势或其他曲线趋势的形式。经济现象的长期趋势一旦形成，则总能延续一段相当长的时期，即使如股票市场这种变化较快的经济现象，其形成的向上趋势（牛市）或向下趋势（熊市）也总能延续数月及至数年。因此，分析预测经济现象的长期趋势对于预测经济现象的发展具有十分重要的意义。

（2）季节变动因素（S）。季节变动因素（S）是经济现象受季节变动影响所形成的一种长度和幅度固定的周期波动，季节变动因素既包括受自然季节影响所形成的波动，也包括受工作时间规律如每周 5 天工作制等所形成的波动。季节变动和周期变动的区别在于季节变动的波动长度固定，如 12 个月、4 个季节、1 个月或 1 个星期等。而周期变动的长度一般是不一样的。

（3）周期变动因素（C）。周期变动因素也称循环变动因素，它是受各种经济因素影响形成的上下起伏不定的波动，如国内生产总值、工业产值指数、股票价格、利率和大多数的经济指标均具有明显的周期变动特征。

（4）不规则变动因素（I）。不规则变动又称随机变动，它是受各种偶然因素影响所形成的不规则波动，如股票市场受突然出现的利好或利空消息使股票价格产生的波动等。

（二）时间序列分解模型

当将时间序列分解成长期趋势、季节变动、周期变动和不规则变动四个因素后，可以认为时间序列 Y 是这四个因素的函数，即

$$Y_t = f(Y_t, S_t, c_t, I_t) \tag{10.1}$$

时间序列分解的方法有很多，较常用的模型有加法模型和乘法模型。

加法模型为：

$$Y_t = T_t + S_t + c_t + I_t \tag{10.2}$$

乘法模型为：

$$Y_t = T_t \times S_t \times c_t \times I_t \tag{10.3}$$

相对而言，乘法模型应用得较广泛。在乘法模型中，时间序列值（Y）和长期趋势用绝对数表示，季节变动、周期变动和不规则变动用相对数（百分数）表示。

第二节　平均预测法

平均预测法是以一定观察期内预测变量的时间序列的平均值作为未来期望预测值的预测法。

一、算术平均预测法

算术平均预测法就是以一定观察期内预测变量的时间序列的算术平均数作为下期预测值的一种最简单的时间序列预测法。常用的有简单算术平均预测法和加权算术平均预测法两种。

（一）简单算术平均预测法

简单算术平均预测法就是以观察期预测变量的简单算术平均数作为下期预测值的预测法。它适用于趋势比较稳定（一般要求时间序列具有水平趋势特征或包含水平趋势特征）的时间序列的短期预测。

基本计算公式为：

$$\hat{X}_{n+1} = \bar{X} = \sum_{i=m}^{n} X_i / (n-m+1) \tag{10.4}$$

式中：$\bar{X}$ 表示简单算术平均数；X_i 表示该期内时间序列的观测值；i 表示时间序列中的观测值的顺序号；$n-m+1$ 表示观测期的长度；$\hat{X}_{n+1}$ 表示第 $n+1$ 期的预测值。计算期长短的不同，即 $n-m+1$ 取不同的值，所得到的预测值也不同。一般当 $n-m+1$ 较小时，反应速度较快，敏感性高，所以适用于事物发展趋势正在发生变化或随机变动较少时；而当 $n-m+1$ 较大时，反应速度较慢，对于干扰敏感性降低，所以适用于没有变化倾向或随机变动较大时。

（二）加权算术平均预测法

加权算术平均预测法是以预测变量预测期的加权算术平均数作为下期预测值的预测方法。简单算术平均预测法将各期观测值等同看待，但实际上近期观测值含有更多的时间序列变化趋势的信息，而远期的则较少，这样，简单算术平均预测法就很难做到准确预测，所以就需要引进加权算术平均数。其计算公式如下：

$$\hat{X}_{n+1} = \bar{X} = \sum_{i=m}^{n} W_i X_i \Big/ \sum_{i=m}^{n} W_i \tag{10.5}$$

式中：$\bar{X}$ 表示观测期内的加权算术平均数；X_i 表示该期内的时间序列中的各值；W_i 表示与 X_i 相应的权数；$\hat{X}_{n+1}$ 表示第 $n+1$ 期预测值；n 和 i 与简单算术平均预测法中的含义相同。运用加权算术平均预测法准确预测的关键是权数的确定，但是，权数的确定却没有规律可循。通常要凭借预测者的经验判断来主观确定。这并不是说权数的确定没有任何客观限制，实际上权数的确定必须体现影响力大的观测值对应大的权数这一原则。一般来说，若历史资料变动较大，则应进一步加大近期观测值的权数，以抵消历史资料大幅度变动对预测结果的影响，如可用由远至近采用等比数列（如 1，2，4，8，16，…）作为权数。若历史资料变动较小，则权数不必相差太大，如可用由远至近采用等差数列（1，2，3，…，n）作为权数，当历史资料呈现明显的倾向变化时，采用加权算术平均预测法仍会出现滞后偏差，造成较大的误差。

二、几何平均预测法

几何平均预测法是以一定观测期内预测变量的时间数列的几何平均数作为下期预测值的预测方法。由于几何平均数的数学性质与经济现象发展的平均比率和平均速度形成的客观过程相一致，因此，几何平均预测法通常用来预测逐年发展速度或逐年增长率大致接近的某些预测目标。

运用几何平均预测法进行预测的一般步骤是：

（1）计算出一定观测期内预测目标时间数列逐期环比发展速度 V_i，其计算公式为：

$$V_i = X_i/X_{i-1} \tag{10.6}$$

式中：X_i 为观测期内第 i 期观测值（$i=2$，3，…，n；n 为观测期长度）。

（2）利用逐期环比发展速度求几何平均数，作为预测期的发展速度（M_g）。

$$M_g = \sqrt[N-1]{V_2 \cdot V_3 \cdots V_N} \tag{10.7}$$

（3）以预测期前一期的观测值乘以预测期的发展速度，即可得出下一期预测值，其计算公式为：

$$\hat{X}_{n+1} = X_n \times M_g \tag{10.8}$$

类似于算术平均预测法，几何平均预测法也可以分为简单几何平均预测法和加权几何平均预测法。它们的主要区别在于上述预测的第二步中，简单几何平均预测法以简单几何平均数作为预测期的发展速度，而加权几何平均预测法以加权几何平均数作为预测期的发展速度。

加权几何平均预测法的计算公式为：

$$M_g = \sqrt[W_2+\cdots+W_n]{V_2^{W_2} \cdots V_N^{W_n}} \tag{10.9}$$

其中，W_i 表示各期发展速度对应的权数。

对于预期发展速度，为便于计算，可使用对数形式来简化，即

$$\lg M_g = \lg\sqrt{V_2 \cdots V_N} = \frac{1}{N-1}\sum_{i=2}^{N}\lg V_i$$

$$\lg M_g = \lg\sqrt[W_2+\cdots+W_n]{V_2^{W_2} \cdots V_N^{W_n}} = \frac{1}{\sum_{i=2}^{N}W_i}\sum_{i=2}^{N}W_i\lg V_i \tag{10.10}$$

其中，$\sum_{i=2}^{N}W$ 表示权数之和。

然后再求反对数，就可得出预测值。

三、移动平均预测法

移动平均预测法是通过移动平均数来进行预测的方法。算术平均值只能说明一般情况，既看不出数据中高点和低点，也不能反映发展过程和趋势。如果对一组数据分段平均，则是一种改进，然而分段平均预测法使得数据减少过多，图线不准确。如果分段平均预测法不是固定在某一段上，而是在每段间距保持不变的情况下，逐次后移一次求其平均值，即求移动平均值，则效果就会更好些，可以较好地说明事物发展的过程和趋势。这种取分段平均值即移动平均值来进行预测的方法就是移动平均预测法。其实质就是仅取最近几个数据点求其平均值，作为下期的预测值。它具有较好修匀历史数据、消除随机波动影响的作用，从而使长期趋势显露出来，以便进行趋势预测。它不但可以直接进行预测，而且可以在统计分析中用来修匀历史数据，揭示变化趋势，因而在商业预测中得到广泛应用，常用的有一次移动平均数法和二次移动平均数法。

（一）一次移动平均数法

一次移动平均数法是依次取时间序列的 n 个观测值进行平均，并依次移动，得到一个平均数序列，且以最近 n 个观测值的平均数作为下期预测值的预测方法。

其计算公式：

$$\hat{X}_{t+1}^{(1)}=\overline{X}_{t}^{(1)}=\frac{X_t+X_{t-1}+\cdots+X_{t-n+1}}{n}=\frac{1}{n}\sum_{i=t-n+1}^{t}X_i,\qquad (t=n,n+1,\cdots,N) \tag{10.11}$$

式中：$\overline{X}_{t}^{(1)}$ 表示第 t 期的移动平均数；X_t，X_{t-1}，…，X_{t-n+1} 表示序列第 t，$t-1$，…，$t-n+1$ 期的观测值；n 为移动平均的期数；$\hat{X}_{t+1}^{(1)}$ 为第 $t+1$ 期的预测值；N 为序列中的数据个数（样本容量）。

对于 n 的确定，当时间序列呈现周期变动时，则以周期长度为 n；若无明显周期变动倾向时，则要由经验判断确定，也可以对比预测值的误差（平均绝对误差 MAE），以误差较小者为好。

（二）二次移动平均数法

二次移动平均预测法是利用预测变量的时间序列的一次移动平均值和二次移动平均值（即以一次移动平均值作为时间序列，计算其移动平均值）的滞后偏差演变规律建立线性方程进行预测的方法，它适用于预测具有线性变动趋势的经济变量。

二次移动平均数法的预测模型为：

$$\hat{X}_{t+T}=\hat{a}_t+\hat{b}_tT \tag{10.12}$$

式中：$\hat{X}_{t+T}$ 表示 $t+T$ 期的预测值；t 为本期时间；T 表示由本期到预测期的期数；$\hat{a}_t$、$\hat{b}_t$ 为

模型参数。

一般二次移动平均预测法的使用步骤为：

（1）计算时间序列的一次移动平均数。

（2）计算时间序列的二次移动平均数。

计算公式为：

$$\overline{X}_t^{(2)} = \frac{\overline{X}_t^{(1)} + \overline{X}_{t-1}^{(1)} + \cdots + \overline{X}_{t-n+1}^{(1)}}{n} = \frac{1}{n}\sum_{i=t-n+1}^{t} \overline{X}_i^{(1)},\ (t = 2n-1, 2n, 2n+1, \cdots, N) \qquad (10.13)$$

式中：$\overline{X}_t^{(2)}$表示第 t 期的二次移动平均数；$\overline{X}_t^{(1)}, \cdots, \overline{X}_{t-n+1}^{(1)}$分别为第 t 期，…，第 $t-n+1$ 期的一次移动平均数。

（3）计算参数 $\hat{a}_t$、$\hat{b}_t$ 的值。

假设一个时间序列，以移动步距 3，得到的一次移动平均值、二次移动平均值如表 10.1 所示。由于当历史数据存在明显的线性变动趋势时，一次移动平均数总是落后于实际趋势值，形成滞后偏差，同理，二次移动平均数对于一次移动平均数也会形成滞后偏差，而且两者的滞后偏差大体相同，可用图 10.2 表示。

表 10.1　一次移动平均预测法计算结果

时间	观察值 X_i	一次移动 $\overline{X}_t^{(1)}$	二次移动 $\overline{X}_t^{(2)}$
1	25		
2	36		
3	42	34	
4	58	45	
5	70	57	45
6	81	70	57
7	97	83	70
8	106	95	82
9	117	107	95

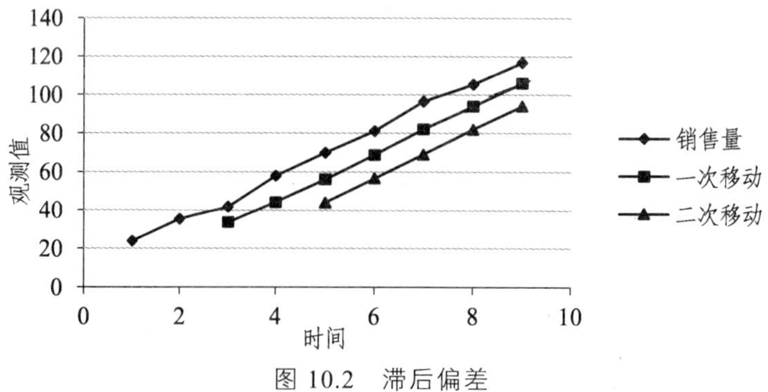

图 10.2　滞后偏差

由图 10.2 可知，若令 $\hat{b}_t$ 为拟合直线的斜率，则有

$$\hat{X}_{t+T} = X_t + \hat{b}_t \cdot T \tag{10.14}$$

令 $\hat{a}_t = X_{t,}$，则因为 $X_t - \bar{X}_t^{(1)} = \bar{X}_t^{(1)} - \bar{X}_t^{(2)}$，所以有

$$\hat{a}_t = X_t = 2\bar{X}_t^{(1)} - \bar{X}_t^{(2)} \tag{10.15}$$

由于 $\hat{b}_t$ 为拟合直线的斜率，所以有

$$\hat{b}_t = \frac{X_t - X_{t-1}}{t-(t-1)} = X_t - X_{t-1}$$

则 $\quad X_t - b_t = X_{t-1}$

同理 $\quad X_{t-1} - b_t = X_{t-2}, \cdots, X_{t-n+1} - b_t = X_{t-n}$

又因为 $\quad X^{(1)}{}_t = \frac{1}{n}(X_t + \cdots + X_{x-n+1})$

所以

$$\begin{aligned} X_t - \bar{X}_t^{(1)} &= X_t - \frac{1}{n}(X_t + \cdots + X_{t-n+1}) \\ &= X_t - \frac{1}{n}[X_t + (X_t - \hat{b}_t) + \cdots + (X_{t-n+2} - \hat{b}_t)] \\ &= X_t - \frac{1}{n}[X_t + (X_t - \hat{b}_t) + \cdots + (X_t + (n-1)\hat{b}_t)] \\ &= X_t - \frac{1}{n}[nX_t - \hat{b}_t - \cdots - (n-1)\ \hat{b}_t] \\ &= X_t - X_t + \frac{(n-1)[\hat{b}_t + (n-1)\hat{b}_t]}{2n} \\ &= \frac{n-1}{2}\hat{b}_t \end{aligned}$$

又因为 $\quad X_t - \bar{X}_t^{(1)} = \bar{X}_t^{(1)} - \bar{X}_t^{(2)}$

所以 $\quad \bar{X}_t^{(1)} - \bar{X}_t^{(2)} = \frac{n-1}{2}\hat{b}_t$

$$\hat{b}_t = \frac{2}{n-1}(\bar{X}_t^{(1)} - \bar{X}_t^{(2)}) \tag{10.16}$$

（4）建立模型，进行预测。

根据上面得到的参数值，建立线性模型，再将预测期数代入，便可得到预测结果。

【例 10.1】 某企业 2013—2021 产品需求量如表 10.2 所示，当移动步距为 3，用二次移动平均预测法预测 2022 年需求量。

解： 首先仍然取 $n = 3$ 来计算序列的一次移动平均值和二次移动平均值，计算结果见表 10.2。

表 10.2 用二次移动平均预测法的计算结果

年度	需求量 X_i	$\bar{X}_i^{(1)}$	$\bar{X}_t^{(2)}$	a_t	b_t
2013	8 745				
2014	9 211				
2015	10 033	9 330			

续表

年度	需求量 X_i	$\overline{X}_i^{(1)}$	$\overline{X}_t^{(2)}$	a_t	b_t
2016	10 152	9 799			
2017	12 895	11 027	10 052	12 002	975
2018	13 240	12 096	10 974	13 218	1 122
2019	14 490	13 542	12 221	14 862	1 320
2020	15 019	14 250	13 296	15 204	954
2021	16 664	15 391	14 394	16 388	997

利用公式计算参数值：

$$\hat{a}_{2021}=2\overline{X}_{2021}^{(1)}-\overline{X}_{2021}^{(2)}=2\times 15\ 391-14\ 394=16\ 388$$

$$\hat{b}_{2021}=\frac{2}{n-1}(\overline{X}_{2021}^{(1)}-\overline{X}_{2021}^{(2)})=\frac{2}{3-1}\times(15\ 391-14\ 394)=997$$

可得到趋势直线方程：

$$\hat{X}_{2021+T}=16\ 388+977\times T$$

将 $T=1$ 代入上式，即可得到 2022 年的预测值：

$$\hat{X}_{2022}=17\ 365\text{（吨）}$$

四、指数平滑预测法

指数平滑预测法也称指数移动平均预测法拉数修匀法，是 1995 年美国学者布朗在《库存管理的统计预测》中提出的。它是移动平均预测法的发展，实际上是一种特殊的加权平均法，它分为一次指数平滑预测法和多次指数平滑预测法。

（一）一次指数平滑预测法

一次指数平滑预测法，也称单重指数平滑预测法，是对第 t 期的预测值和观测值，用平滑系数 $a^{(1)}$ 加权，算出第 t 期的平滑值，并以此平滑值作为下期预测值的一种特殊加权平均预测方法。

（二）基本公式

一次指数平滑预测法中，$S_t^{(1)}$ 为第 t 期一次指数平滑值；X_t 为第 t 期观测值；$\hat{X}_t^{(1)}$ 计算公式为：

$$\hat{X}_{t+1}^{(1)}=\hat{S}_t^{(1)}=\alpha^{(1)} \tag{10.17}$$

其中：$\hat{X}_t^{(1)}$ 为第 t 期一次指数平滑预测值；$\alpha^{(1)}$ 为一次指数平滑系数（$0\leqslant\alpha^{(1)}\leqslant 1$）；$\hat{X}_{t+1}^{(1)}$ 为第 $t+1$ 期一次指数平滑预测值。

由于多次指数平滑预测法和一次指数平滑预测法的关系，类似于一次移动平均预测法和多次移动平均预测法（常用的是前面介绍的二次移动平均预测法）的关系，所以只要说明一次指数平滑预测法是移动平均预测法的改进形式，就可以说明指数平滑预测法（包括多次指数平滑预测法）是移动平均数法的发展，下面说明这一点。

简单移动平均预测法公式：

$$\bar{X}_{t-1}^{(1)}=\frac{X_{t-1}+X_{t-2}\cdots+X_{t-n}}{n}=\hat{X}_{t}^{(1)}$$

因为 $\bar{X}_{t}^{(1)}=\hat{X}_{t-1}^{(1)}$

所以 $\hat{X}_{t+1}^{(1)}=\bar{X}_{t}^{(1)}=\hat{X}_{t}^{(1)}+\frac{X_t-X_{t-n}}{n}$

可写成 $\hat{X}_{t+1}^{(1)}=\bar{X}_{t-1}^{(1)}+\frac{X_t-X_{t-n}}{n}$

由于 $\bar{X}_{t-1}^{(1)}$ 可近似代表 X_{t-n}，所以上式可写为：

$$\hat{X}_{t+1}^{(1)}=\bar{X}_{t}^{(1)}=\bar{X}_{t-1}^{(1)}+\frac{X_t-X_{t-1}^{(1)}}{n}=\frac{1}{n}X_t+\left(1-\frac{1}{n}\right)\bar{X}_{t-1}^{(1)}$$

令 $a^{(1)}=1/n$，则有

$$\hat{X}_{t+1}^{(1)}=\bar{X}_{t}^{(1)}=a^{(1)}X_t+(1-a^{(1)})\bar{X}_{t-1}^{(1)}$$

因为 $t-1$ 期的平滑值是作为第 t 期的预测值的，所以上式可写成：

$$\hat{X}_{t+1}^{(1)}=\bar{X}_{t}^{(1)}=a^{(1)}X_t+(1-a^{(1)})\hat{X}_{t}^{(1)}$$

当把 $\bar{X}_{t}^{(1)}$ 用 $S_{t}^{(1)}$ 代替后，上式就成为：

$$\hat{X}_{t+1}^{(1)}=S_{t}^{(1)}=a^{(1)}X_t+(1-a^{(1)})\hat{X}_{t}^{(1)}$$

这个式子也就是一次指数平滑预测法的公式，从这里可以看出一次指数平滑预测法确实是移动平均预测法的改进形式。接下来把它展开，看看这种特殊的移动平均预测法（一次指数平滑预测法）的权数特征。

因为 $\hat{X}_{t+1}^{(1)}=a^{(1)}X_t+(1-a^{(1)})\hat{X}_{t}^{(1)}=S_{t}^{(1)}$

$$\hat{X}_{t}^{(1)}=a^{(1)}X_{t-1}+(1-a^{(1)})\hat{X}_{t-1}^{(1)}=S_{t-1}^{(1)}$$

$$\hat{X}_{t-1}^{(1)}=a^{(1)}X_{t-2}+(1-a^{(1)})\hat{X}_{t-2}^{(1)}=S_{t-2}^{(1)}$$

将 $\hat{X}_{t}^{(1)}\cdots$ 依次代入 $\hat{X}_{t+1}^{(1)}$ 的表达式中，可得

$$\hat{X}_{t+1}^{(1)}=a^{(1)}X_t+a^{(1)}(1-a^{(1)})X_{t-1}+a^{(1)}(1-a^{(1)})^2X_{t-2}+\cdots+ a^{(1)}(1-a^{(1)})^{t-1}X_1+(1-a^{(1)})^t\hat{X}_{t}^{(1)}$$

因为 $0<a^{(1)}<1$，所以 $0<1-a^{(1)}<1$。这样当 t 值很大时，$(1-a^{(1)})^t\hat{X}_{t}^{(1)}$ 对 $\hat{X}_{t+1}^{(1)}$ 的影响就会很小，从而可以省略。这时上式可写成：

$$\hat{X}_{t+1}^{(1)}=a^{(1)}X_t+a^{(1)}(1-a^{(1)})X_{t-1}+\cdots+a^{(1)}(1-a^{(1)})^{t-1}X_1$$

因为 $0<a^{(1)}<1$，$0<1-a^{(1)}<1$，所以 $a^{(1)}, a^{(1)}(1-a^{(1)}),\cdots$ 依次递减。设其总和为 S，则当 t 很大

时，就有

$$\begin{aligned}S&=a^{(1)}+a^{(1)}(1-a^{(1)})+\cdots+a^{(1)}(1-a^{(1)})^{t-1}\\&=a^{(1)}[1-(1-a^{(1)})^{t}]/[1-(1-a^{(1)})]\\&=1\end{aligned}$$

从以上的推导我们可以看出，用指数平滑预测法求得的实际上是以历史期 t 为平均期的移动平均数。其权数 $\alpha^{(1)},\alpha^{(1)}(1-\alpha^{(1)}),\alpha^{(1)}(1-\alpha^{(1)})^{2},\cdots$ 是一个等比数列，是一种指数形式的权数，指数平滑预测法的名称即由此而来。

综上所述，指数平滑预测法与移动平均预测法其实并无本质区别，它只是用一种特殊的指数形式的权数来加权所有数据的移动平均法。这样一来，不但满足了给近期观测值以较大权数、远期预测值以较小权数的要求，而且还克服了移动平均预测法完全不考虑平均期以前数据的缺点，而只需具备某期的预测值及由预测者确定的合适 $\alpha^{(1)}$ 值 3 个数据即可，大大减少了计算量，所以说，它虽然只是一种特殊形式的移动平均预测法，但由于本身具备的优良特性，使其成为一种改进的相对独立的移动平均预测法。

下面进一步分析它的基本公式：

$$\hat{X}_{t+1}^{(1)}=S_{t}^{(1)}=a^{(1)}X_{t}+(1-a^{(1)})\hat{X}_{t}^{(1)}=\hat{X}_{t}^{(1)}+a^{(1)}(X_{t}-\hat{X}_{t}^{(1)})$$

因为($X_t-\hat{X}_t^{(1)}$)是一次指数平滑预测法第 t 期的预测误差，所以可看出一次指数平滑预测法第 $t+1$ 期的预测值实际上是由两部分组成：第一部分是第 t 期的预测值 $\hat{X}_t^{(1)}$，第二部分是用 $\alpha^{(1)}$ 调整的预测误差，$\alpha^{(1)}$ 越接近于 1，则下期的预测值中就包含对前次预测中发生的误差值越大的调整，当 $\alpha^{(1)}$ 越接近于 0 时，则下期预测值中对前期预测误差就越少做调整，当 $\alpha^{(1)}=0$，那么本期预测值就会成为下期预测值。所以 $\alpha^{(1)}$ 值确定的不同，预测结果也会不同。对于 $\alpha^{(1)}$，还可以换个角度来看看它其中包含的意义。即回过头来看一下上面讨论过的 $\hat{X}_{t+1}^{(1)}$ 展开形式，则会发现，各项的和具有如下特征：$\alpha^{(1)}$ 越大，则赋予近期预测值的权重越大，近期预测值对预测结果的影响越大；$\alpha^{(1)}$ 越小，则赋予近期预测值的权重越小，近期预测值对预测结果的影响越小，而远期观测值的影响却相应变大。这一性质通过后面的例子就可证明，这里不进行数学推导。

（三）一次指数平滑预测法的应用

在这一部分首先讨论初始预测值和平滑系数的确定，然后给出一次指数平滑预测法的一般使用步骤，最后以一个例子做具体说明。

1. 初始预测值和平滑系数的确定

（1）初始预测值的确定。

初始预测值是指整个指数平滑期最初那一期的预测值。它不能从基本公式求得。即由于

$$S_{t}^{(1)}=a^{(1)}X_{t}+(1-a^{(1)})\hat{X}_{t}^{(1)}$$

所以，当 $t=1$ 时，有

$$S_{1}^{(1)}=a^{(1)}X_{1}+(1-a^{(1)})\hat{X}_{1}^{(1)}$$

要想求 $S_1^{(1)}$ 作为 $\hat{X}_2^{(1)}$ 的话，必须先求出 $\hat{X}_1^{(1)}=S_0^{(1)}$，而

$$S_0^{(1)} = a^{(1)} X_0 + (1 - a^{(1)}) \hat{X}_0^{(1)}$$

上述公式中的 X_0 和 $\hat{X}_0^{(1)}$ 是未知，若这样推算下去，必然用尽所有数据也算不出 $S_0^{(1)}$，所以采用其他方法来得到 $S_0^{(1)}$ 即 $\hat{X}_1^{(1)}$。

现在我们在指数平滑预测法中有多种确定初始预测值的方法，在此我们介绍两种常用估计 $\hat{X}_1^{(1)}$ 的方法。

第一种：如果在平滑开始时，预测者有过去的数据，则可用这些数据或其中部分数据的算术平均数或指数平均数做 $\hat{X}_1^{(1)}$。

第二种：若没有上述数据可用来估计 $\hat{X}_1^{(1)}$ 时，可采用专家评估法进行估计。评估时可参照下述原则：

① 若样本容量 $t \geqslant 50$ 时，由于初始预测值对预测结果影响很小（从 $\hat{X}_{t+1}^{(1)}$ 的展开式可以看到 $\hat{X}_1^{(1)}$ 的权数为 $(1-a^{(1)})^t$，t 很大时，$(1-a^{(1)})^t$ 很小，所以对预测结果影响不大），所以，可直接选第一期的观测值作为初始预测值。

② 当 $10 \leqslant t < 50$ 时，由于初始预测值的影响不再很小，所以需另行估计，比较简单的方法是选第一期预测值或最初几期的预测值的平均数作初始预测值。

③ 当 $t < 10$ 时，初始预测值对预测结果会有较大影响，不过仍可简便地以最初几期的预测值的平均数作为初始预测值，一般取前三期的实际观察值的平均值作为初始值。

（2）平滑系数 $\alpha^{(1)}$ 的确定。

根据前面的分析，我们已经很清楚平滑系数 $\alpha^{(1)}$ 在指数平滑预测中的重要性，所以平滑系数 $\alpha^{(1)}$ 的确定是直接影响预测结果的关键。

同样平滑系数 $\alpha^{(1)}$ 的确定方法很多，在此主要介绍确定平滑系数 $\alpha^{(1)}$ 值的 3 种常用方法。

第一种：理论计算法。

理论计算法是从移动平均预测法和指数平滑预测法的平均值令相等这一种条件出发，来确定的 $\alpha^{(1)}$ 值。平均役令是用来反映模型灵敏度的概念，若令现期观测值的值令为 0，前一期的为 1，如此类推，得到全部数据的役令后，以模型的权数计算出的平均值就为该模型的平均役令。

对于移动平均预测法，由于用于计算的 n 个预测值的权数与递推无关，均等 $1/n$，而未列入移动平均的、以前的数据的权数都为 0，所以移动平均预测法的平均值令为：

$$\overline{Y} = \frac{1}{n}(0 + 1 + \cdots + n - 1) = \frac{n(n-1)}{2n} = \frac{n-1}{2}$$

对于指数平滑预测法，其平均值令为：

$$\begin{aligned}
P &= 0 \times a^{(1)}(1-a^{(1)})^0 + 1 \times a^{(1)}(1-a^{(1)})^1 + \cdots (n-1)a^{(1)}(1-a^{(1)})^{n-1} \\
&= a^{(1)}(1-a^{(1)}) + 2a^{(1)}(1-a^{(1)})^2 + \cdots (n-1)a^{(1)}(1-a^{(1)})^{n-1} \ \frac{P}{a^{(1)}} \\
&= (1-a^{(1)}) + 2(1-a^{(1)})^2 + \cdots (n-1)(1-a^{(1)})^{n-1} \ \frac{P}{a^{(1)}}(1-a^{(1)}) \\
&= (1-a^{(1)}) + \cdots + (n-2)(1-a^{(1)})^{n-1} + (n-1)(1-a^{(1)})^n \ \frac{P}{a^{(1)}} - \frac{P}{a^{(1)}}(1-a^{(1)}) \\
&= (1-a^{(1)})^{-1}(1-a^{(1)})^2 + \cdots + (1-a^{(1)})^{n-1} - (n-1)(1-a^{(1)})^n
\end{aligned}$$

经整理得

$$P=\frac{(1-a^{(1)})[1-(1-a^{(1)})^{n-1}]}{1-(1-a^{(1)})}-(n-1)(1-a^{(1)})^{n}$$

当 n 较大时，即数据较多时，近似有

$$P=\frac{1-a^{(1)}}{a^{(1)}}$$

由于指数平滑预测法是移动平均预测法的特殊形式，因此，它们应该具有相同的灵敏度，即应有

$$\frac{1-a^{(1)}}{a^{(1)}}=\frac{n-1}{2}$$

也就是 $$a^{(1)}=\frac{2}{n+1}$$

如当 $n=3$ 时，$a^{(1)}=0.5$。

第二种：经验判断法。

在实际中，$\alpha^{(1)}$的确定常常还是依靠经验，根据具体情况加以选择，现给出几条原则以供参考：

① 如对初始预测值的正确性有疑问时，应取较大的$\alpha^{(1)}$值，以便加大近期数据权数，减少初始预测值的影响；反之，则相反。

② 当时间序列呈现较稳定的水平趋势时，应选较小的$\alpha^{(1)}$值，一般可以在 0.05 ~ 0.20 取值，从而使各期预测值对预测结果有相似的影响。

③ 当时间序列有波动，但长期趋势变化不大时，可选稍大的$\alpha^{(1)}$值，可以在 0.1 ~ 0.4 取值。

④ 当时间序列波动很大，t 长期趋势变化幅度较大时，宜选较大的$\alpha^{(1)}$值，一般可以在 0.3 ~ 0.5 选值。

⑤ 当时间序列变化很大，呈忽然上升或忽然下降趋势时，$\alpha^{(1)}$的取值越小越好，以修匀波动。若时间序列具有明显上升或下降趋势时，则$\alpha^{(1)}$应取较大的值，一般取值大到 0.6 ~ 0.9。

第三种：试算法。

试算法是根据具体时间序列情况，参照上面几条原则，由经验判断法来大致确定的取值范围，然后取几个$\alpha^{(1)}$值进行试算，选取 MAE 最小的$\alpha^{(1)}$。

需要说明的是：若$\alpha^{(1)}$的值选取得较大，虽然给近期预测值以较大的重视，比较符合实际情况，但同时近期观测值中的随机波动也较大地影响预测结果使预测精度不高。在此，我们还要说，预测灵敏度和预测精度是相互矛盾的，必须都给予二者一定的考虑，采用折中的办法有时候效果很好。

2. 指数平滑预测法的步骤

① 选取平滑系数，方法如前；

② 确定初始预测值，方法如前；

③ 计算各期的一次指数平滑值；

④ 进行预测；

⑤ 误差分析并对预测结果进行调整。

【例 10.2】　下面仍以前面的例子为例来说明一次指数平滑预测法的具体使用方法。

表 10.3　$\alpha = 0.5$ 时各年度预测值

年　度	财政收入 X_t	$\hat{X}_t^{(1)}$	$\left\|X_t - \hat{X}_t^{(1)}\right\|$
2013	8 745	9 330.0	585.0
2014	9 211	9 037.5	173.5
2015	10 033	9 124.3	908.8
2016	10 152	9 578.6	573.4
2017	12 895	9 865.3	3 029.7
2018	13 240	11 380.2	1 859.8
2019	14 490	12 310.1	2 179.9
2020	15 019	13 400.0	1 619.0
2021	16 664	14 209.5	2 454.5
2022	—	15 436.8	—

解：由于数列具有上升趋势，所以应选取较大的 $\alpha^{(1)}$ 值，以增强灵敏度，现选取 $\alpha^{(1)} = 0.5$ 进行试算。

由于样本容量较小，所以选取最初 3 期观测值的平均值作初始预测值，即

$$S_0^{(1)} = \hat{X}_{2013} = \frac{X_{2013} + X_{2014} + X_{2015}}{3} = \frac{8\ 745 + 9\ 211 + 10\ 033}{3} \approx 9\ 330（吨）$$

将 $\alpha = 0.5$，$\hat{X}_{2013} = 9\ 330$ 吨代入一次指数预测模型得

$$\begin{aligned}
\hat{X}_{2014} &= 0.5 \times 8\ 745 + 0.5 \times 9\ 330 \approx 9\ 038（吨）\\
\hat{X}_{2015} &= 0.5 \times 9\ 211 + 0.5 \times 9\ 037 \approx 9\ 124（吨）\\
\hat{X}_{2016} &= 0.5 \times 10\ 033 + 0.5 \times 9\ 124 \approx 9\ 579（吨）\\
&\vdots\\
\hat{X}_{2022} &= 0.5 \times 16\ 644 + 0.5 \times 14\ 210 \approx 15\ 437（吨）
\end{aligned}$$

根据分析我们还可以看出一次指数平滑预测法只能用于下一期预测，对于多期预测则显得无能为力了。

（四）二次指数平滑预测法

多次指数平滑预测法也称多重指数平滑预测法，包括二次指数平滑预测法、三次指数平滑预测法乃至更高，但是三次以上的指数平滑优点就不多了。所以市场预测中主要运用的就是二次指数平滑预测法和三次指数平滑预测法。这里主要介绍二次指数平滑预测法。

二次指数平滑预测法是对一次指数平滑序列再进行一次指数平滑，以求得二次指数平滑

值，然后利用它们之间的滞后偏差规律，建立线性模型，对有明显上升或下降趋势的时间序列进行预测的方法。

二次指数平滑值的计算公式为：

$$S_t^{(2)} = \alpha^{(2)} S_t^{(1)} + (1-\alpha^{(2)}) S_{t-1}^2 \quad (10.18)$$

其中，$S_t^{(1)}, S_t^{(2)}$ 为第 t 期、第 $t-1$ 期的二次指数平滑值；$\alpha^{(2)}$ 为二次指数平滑系数；$S_t^{(1)}$ 为第 t 期的一次指数平滑值。

运用上式计算二次指数平滑值时，也需确定 $\alpha^{(2)}$ 和 $S_0^{(2)}$ 的值，确定的方法与一次指数平滑预测法基本相同。

当确定时间序列呈线性趋势时，就可建立以下的线性预测方程：

$$\hat{X}_{t+T}^{(2)} = \hat{a}_t + \hat{b}_t \cdot T \quad (10.19)$$

其中，$\hat{X}_{t+T}^{(2)}$ 为第 $t+T$ 期的二次指数平滑预测值；T 为预测超前期；$\hat{a}_t, \hat{b}_t$ 为参数的估计值。

$\hat{a}_t$ 和 $\hat{b}_t$ 的推导过程与一次移动平均预测法参数的推导过程基本相同，这里不再推导，只给出推导结果：

$$\begin{aligned} \hat{a}_t &= 2S_t^{(1)} - S_t^{(2)} \\ \hat{b}_t &= \frac{a^{(2)}}{1-a^{(2)}} (S_t^{(1)} - S_t^{(2)}) \end{aligned} \quad (10.20)$$

运用二次指数平滑预测法进行预测的一般步骤：

① 确定一次指数平滑系数和初始预测值，并计算出一次指数平滑值序列；

② 确定二次指数平滑系数和初始预测值，并计算出二次指数平滑值序列；

③ 建立预测模型，估计模型参数；

④ 进行预测。

【例 10.3】 仍然以上面的例子为例来说明二次指数平滑预测法预测的一般步骤。

解：（1）确定初始值。由于数据从 2013 到 2021 共 9 年，较少，取前三年的平均值作为初始值。

$$S_0^{(1)} = S_0^{(2)} = \frac{X_{2013} + X_{2014} + X_{2015}}{3} = \frac{8\ 745 + 9\ 211 + 10\ 033}{3} = 9\ 330 \text{（吨）}$$

（2）平滑指数 α，已给定为 0.5。

（3）计算一次、二次指数平滑值 $S_t^{(1)}$，$S_t^{(2)}$，如表 10.4 所示。

（4）建立模型，计算系数。

$$\hat{X}_{X+T}^{(2)} = \hat{a}_t + \hat{b}_t \cdot T$$

其参数计算如下：

$$\hat{a}_{2021} = 2S_{2021}^{(1)} - S_{2021}^{(2)} = 2 \times 15\ 436.8 - 14\ 371.3 \approx 16\ 502.3$$

$$\hat{b}_{2021} = \frac{\alpha}{1-\alpha} (S_{2021}^{(1)} - S_{2021}^{(2)}) = \frac{0.5}{1-0.5} \times (15\ 436.8 - 14\ 371.3) \approx 1065.5$$

这样就可以得到趋势直线方程

$$\hat{X}_{2021+T} = 16\ 502.3 + 1\ 065.5 \times T$$

将 $T=1$ 代入上式，即可得 2022 年的预测值

$$\hat{X}_{2022} \approx 17\ 567.7 \text{（吨）}$$

平均绝对百分比误差为

$$\text{MAPE} = \frac{1}{n}\sum \frac{\left|X_t - \hat{X}_t^{(1)}\right|}{X_t} \times 100\% = 1.45\%$$

可见它的拟合效果很好，但由于本例中的时间序列并不呈线性趋势，所以用这种方法来预测本例，也仅适用于短期预测。而如果预测变量确实呈线性趋势时，则可用这种方法进行中、长期预测。

表 10.4　二次指数平滑计算表

年度	财政收入 X_t	$S_t^{(1)}$	$S_t^{(2)}$	$\hat{a}_t$	$\hat{b}_t$	$\hat{X}_t^{(1)}$	$\frac{\left\|X_t - \hat{X}_t^{(1)}\right\|}{X_t}$
2012		9 330.0	9 330.0				
2013	8 745	9 037.5	9 183.8	8 891.3	– 146.3	8 891.3	0.017
2014	9 211	9 124.3	9 154.0	9 094.5	– 29.8	9 094.5	0.013
2015	10 033	9 578.6	9 366.3	9 790.9	212.3	9 790.9	0.024
2016	10 152	9 865.3	9 615.8	10 114.8	249.5	10 114.8	0.004
2017	12 895	11 380.2	10 498.0	12 262.3	882.2	12 262.3	0.049
2018	13 240	12 310.1	11 404.0	13 216.1	906.0	13 216.1	0.002
2019	14 490	13 400.0	12 402.0	14 398.0	998.0	14 398.0	0.006
2020	15 019	14 209.5	13 305.8	15 113.3	903.7	15 113.3	0.006
2021	16 664	15 436.8	14 371.3	16 502.3	1 065.5	16 502.3	0.010

最后还需要说明一点：若 $\alpha^{(2)}$ 取值较大，可能会使 $S_t^{(2)} > S_t^{(1)}$，$\hat{b}_t < 0$，所以当长期趋势呈上升时，不宜取较大的 $\alpha^{(2)}$，一般取 $\alpha^{(2)} \leqslant \alpha^{(1)}$。

第三节　趋势外推法

趋势外推法（Trend extrapolation）也称趋势延伸法，首先由 R.赖恩（Rhyne）用于科技预测，是根据过去和现在的发展趋势推断未来的一类方法的总称，它是根据预测变量的历史时间序列揭示出的变动趋势外推到未来，以确定预测值的预测方法。如果时间序列呈现出一

定的规律性，就可以运用趋势外推法进行预测。趋势外推法用于科技、经济和社会发展的预测，是情报研究法体系的重要部分。

趋势外推的基本假设是未来系过去和现在连续发展的结果。

趋势外推法的基本理论是：决定事物过去发展的因素，在很大程度上也决定该事物未来的发展，其变化不会太大；事物发展过程一般都是渐进式的变化，而不是跳跃式的变化，掌握事物的发展规律，依据这种规律推导，就可以预测出它的未来趋势和状态。

一、直线趋势预测模型

直线趋势模型是根据预测对象具有线性变动趋势的历史数据，拟合一条直线，通过建立直线模型进行预测。直线模型可表示为：

$$\hat{Y}=a+bt \tag{10.21}$$

式中，$\hat{Y}$ 为时间数列的趋势值；t 为时间变量，或称时间序数；a，b 为模型参数。

利用直线模型进行预测首先要求出 a，b 参数，最常用的方法是最小二乘法。它依据最小二乘原则（拟合直线方程所确定的理论值与对应各点的观察值之差的平方和最小），利用微分学中的极值原理，通过建立联立标准方程，求解线性方程的参数。直线方程中参数 a 和 b 的计算公式为：

$$a=\frac{1}{n}\sum Y-b\frac{1}{n}\sum t \tag{10.22}$$

$$b=\frac{n\sum tY-\sum t\sum Y}{n\sum t^2-(\sum t)^2} \tag{10.23}$$

由于时间序列号 t 是一个等差数列，可以通过调整取值，使得 $\sum t=0$，则公式（10.22）和（10.23）可化简为：

$$a=\frac{1}{n}\sum Y \tag{10.24}$$

$$b=\frac{\sum tY}{\sum t^2} \tag{10.25}$$

【例 10.4】某公司 2013—2021 年的销售数据如表 10.5 所示，以直线趋势延伸法预测 2022 年销售额将为多少？

表 10.5　某公司 2013—2021 年销售数据　　单位：百万元

年份	2013	2014	2015	2016	2017	2018	2019	2020	2021
销售额	874	976	1 024	1 105	1 211	1 240	1 338	1 501	1 645

解：（1）绘制散点图，观察趋势。

观察图 10.3，呈明显的直线特征，所以应该建立直线趋势模型进行预测。

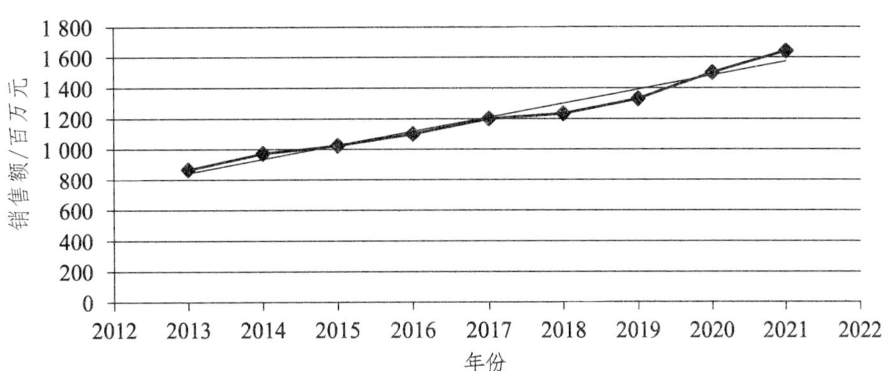

图 10.3　某公司 2013—2021 销售情况散点图

（2）建立模型。

$$Y = a + bt$$

$$a = \frac{1}{n}\sum Y$$

$$b = \frac{\sum tY}{\sum t^2}$$

（3）列表求解参数。

表 10.6　直线趋势某些参数计算表

年份	销售额 Y	t	tY	t^2
2013	874	−4	−3 496	16
2014	976	−3	−2 928	9
2015	1 024	−2	−2 048	4
2016	1 105	−1	−1 105	1
2017	1 211	0	0	0
2018	1 240	1	1 240	1
2019	1 338	2	2 676	4
2020	1 501	3	4 503	9
2021	1 645	4	6 580	16
合计	10 914	0	5 422	60

将表中数据代入参数公式，得

$$a = 1\ 212.6,\quad b = 90.4$$

故直线趋势方程为

$$\hat{Y} = 1\ 212.6 + 90.4t$$

2022 年时，$t = 5$，代入

$$\hat{Y}_{2022}=1\,212.6+90.4\times5=1\,664.6\text{（百万元）}$$

二、曲线趋势预测模型

常见的曲线趋势预测模型有：

指数曲线趋势模型：$\hat{Y}=ab^t$ （10.26）

二次曲线趋势模型：$\hat{Y}=a+bt+ct^2$ （10.27）

幂函数曲线趋势模型：$\hat{Y}=at^b$ （10.28）

双曲线趋势模型：$\hat{Y}=a+\dfrac{b}{t}$ （10.29）

简单指数曲线趋势模型：$\hat{Y}_{t_i}=\hat{a}\mathrm{e}^{\hat{b}t_i}$ （10.30）

下面通过几个例题说明各种曲线趋势模型的使用方法。

【例 10.5】 某市近 9 年的电子产品销售量资料见表 10.7，试预测 2022 年的销售量。

表 10.7　某市电子产品销售量

年份	销售量/百万件	逐期增长率/%	$X'=\lg Y$	$\hat{X}_t$
2013	8.7	—	0.939 5	8.56
2014	10.6	21.84	1.025 3	10.70
2015	13.3	25.47	1.123 9	13.38
2016	16.5	24.06	1.217 5	16.72
2017	20.6	24.85	1.313 9	20.90
2018	26.0	26.21	1.415	26.13
2019	33.0	27.00	1.518 8	32.66
2020	40.9	24.00	1.612 2	40.83
2021	50.4	23.00	1.702 1	51.04

解：（1）画出散点图，如图 10.4 所示，并计算逐期增长率，计算结果见表 10.7。符合指数曲线趋势预测法应用条件，故采用指数曲线预测模型。

图 10.4　电子产品销售量

（2）用最小二乘法得到 a，b 的值，并取对数，求出 $a=6.85$，$b=1.25$。在此基础上求出

各期预测值（结果见表 10.7），并进一步算出平均绝对百分误差仅为 1.02%，说明预测精度相当高。

（3）预测 2022 年的电子产品销售量，可得

$$\hat{X} = 6.85 \times 1.25^{10} = 63.37 \text{（百万件）}$$

【例 10.6】 某商品 2011—2021 年，每年销售量见表 10.8，试预测 2022 年该商品的销售量。

表 10.8　销售量　　　　单位：万箱

年度	序号（t_i）	销量（Y_{t_i}）
2011	1	560
2012	2	608
2013	3	685
2014	4	807
2015	5	839
2016	6	914
2017	7	1 100
2018	8	1 196
2019	9	1 499
2020	10	1 574
2021	11	1 513

解： 画出散点图，如图 10.5 所示。由于散点图不能准确确定应以哪种曲线拟合，因此采用试算法。

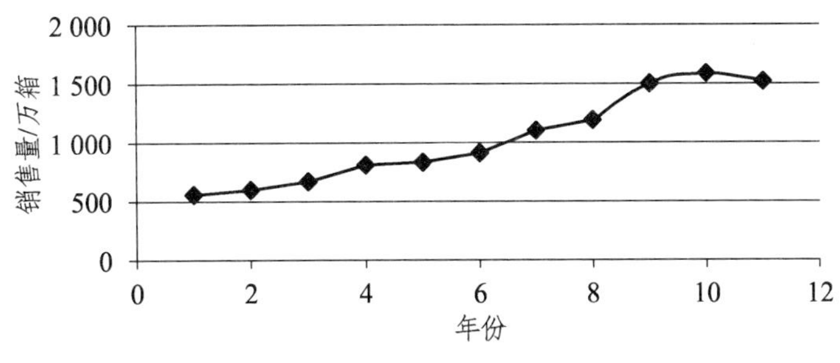

图 10.5　销售量散点图

首先用简单指数曲线拟合试算，其方程为

$$\hat{Y}_{t_i} = \hat{a}e^{\hat{b}t_i} \tag{10.31}$$

为将其线性化，两端取自然对数得

$$\ln\hat{Y}_{t_i} = \ln\hat{a} + \hat{b}t_i$$

令 $\hat{Y}_i = \ln\hat{Y}_{t_i}$，$\hat{A} = \ln\hat{a}$，则得一元线性回归方程：

$$\hat{Y}_{t_i} = \hat{A} + bt_i$$

其原点矩计算表与一元线性回归计算表的唯一区别是，多加一列 $Y_i = \ln Y_{t_i}$，其计算见表 10.9。

表 10.9　参数计算表

年度	t_i	t_i^2	Y_{ti}	$Y_i = \ln Y_{t_i}$	Y_i^2	$Y_i t_i$
$n = 11$	$\sum t_i = 66$	$\sum t_i^2 = 506$	$\sum Y_{ti} = 75.60$		$\sum Y_{t_i}^2 = 520.91$	$\sum Y_{ti} t_i = 465.76$

计算参数：

$$\hat{b} = \frac{n\sum Y_i t_i - \sum Y_i \sum t_i}{n\sum Y_i t_i^2 - (\sum t_i)^2} = \frac{11\times 465.76 - 75.60\times 66}{11\times 506 - 66^2} = 0.111$$

$$\hat{A} = \frac{\sum Y_i - \hat{b}\sum t_i}{n} = \frac{75.60 - 0.111\times 66}{11} = 6.207$$

因为　$\hat{A} = \ln\hat{a}$

所以　$\hat{a} = e^{\hat{A}} = e^{6.207} = 496.21$

根据统计数据确定的简单指数曲线模型为：

$$\hat{Y}_{t_i} = 496.21\mathrm{e}^{0.111t_i}$$

假定二、三级检验通过。2022 年，$t_i = 12$，代入预测模型

$$\hat{Y}_{2022} = \hat{Y}_{12} = 493.21\mathrm{e}^{0.111\times 12}$$

简单指数模型应用较广，参数 b 表示增长率，它说明在一定时期内增长率为常数。若以 20%的速度增长（即 $b = 0.2$），Y_t 值在 3～4 年将加倍，7 年将达 4 倍，其特点是 Y_t 随 t 按固定比例增长，但在经济问题中，不可能长期维持这样高的增长速度，一般仅能维持 3～4 年，故简单指数模型主要用于短期和中长期预测。

对表 10.9 中的数据用 8 种模型进行拟合试算，以便进行模型筛选，筛选的准则是通过内插检验，均方误差和平均绝对百分比误差最小，而 r^2 最大者为佳。计算结果见表 10.10。

表 10.10　拟合曲线筛选

曲线方程	r^2	均方误差	平均绝对误差/%
（1）直线 $\hat{Y}_{t_i} = 336.27 + 110.09t_i$	0.952 8 （3）	6 000 （2）	6.33 （2）
（2）指数曲线 $\hat{Y}_{t_i} = 496.21\mathrm{e}^{0.111t_i}$	0.977 3 （1）	5 574 （1）	4.10 （1）
（3）幂函数曲线 $\hat{Y}_{t_i} = 457.9t_i^{0.469}$	0.883 5 （5	15 749 （4）	10.54 （5）

续表

曲线方程	r^2	均方误差	平均绝对误差/%
（4）第一类双曲线 $\hat{Y}_{t_i}=1\ 300.5-(996.9/t_i)$	0.506 1 （8）	62 819 （8）	25.02 （8）
（5）第二类双曲线 $\hat{Y}_{t_i}=1/(0.001\ 816-0.000\ 119t_i)$	0.963 6 （2）	23 217 （5）	6.68 （4）
（6）第三类双曲线 $\hat{Y}_{t_i}=t_i/(0.001\ 27+0.000\ 753t_i)$	0.727 7 （7）	52 351 （7）	17.25 （7）
（7）对数曲线 $\hat{Y}_{t_i}=315.6+447.1\ln t_i$	0.793 3 （6）	26 291 （6）	15.80 （6）
（8）倒置的对数曲线 $\hat{Y}_{t_i}=1/(0.001\ 9-0.000\ 52\ln t_i)$	0.950 3 （4）	9 893 （3）	6.56 （3）

由表 10.10 看出，指数曲线三项指标均列第一，其次是直线。选定指数曲线作为预测模型，为说明方法，将内插检验结果列在表 10.11 中。

表 10.11 内插检验表 单位：万箱

年度	序号 i	观测值 Y_{t_i}	估计值 $\hat{Y}_{t_i}$	相对百分比误差 $APE=\dfrac{Y_{t_i}-\hat{Y}_{t_i}}{Y_{t_i}}\times100\%$
2011	1	560	554.46	0.99
2012	2	608	619.55	−1.90
2013	3	685	692.29	−1.06
2014	4	807	773.56	4.14
2015	5	839	864.37	−2.02
2016	6	914	965.84	−5.67
2017	7	1 100	1 079.23	1.89
2018	8	1 196	1 205.92	−0.83
2019	9	1 499	1 347.49	10.11
2020	10	1 574	1 505.68	4.34
2021	11	1 513	1 682.44	−11.20

由表 10.11 看出，大多数年份的相对百分比误差均小于 5%，只有 3 个年度（2016、2019、2021）误差稍大，而且

$$MAPE=\frac{1}{n}\sum_{i=1}^{11}\frac{\left|e_{t_i}\right|}{Y_{t_i}}\times100=\frac{44.15}{13}=3.396\ 2$$

说明误差很小，内插检验精度很高，可用此简单指数模型进行预测。

筛选预测模型的方法计算工作量很大，若无电算工具将花费大量时间，有经验的预测工作者通常不用试算法，根据散点图就能选出较好的模型，这就要求预测工作者熟悉各种曲线的形状。愈是经验丰富，判断愈准确，预测精度、效率就愈高，这就是“预测是艺术”的一种体现。

第四节　季节变动分析

由于季节气候（春、夏、秋、冬、晴、阴、雨等）和社会习惯（春节、端午、重阳等）等原因，客观现象普遍存在季节变动影响（电风扇的销售量、蔗糖的原料；农作物的生长、农副产品的生产；旅游人次；客运活动；医疗方面的流感、乙脑，等等）。

测定季节变动的主要目的，在于掌握季节变动的规律，为合理地组织生产和安排人民的生活提供依据。

一、季节变动现象的特征及研究方法

1. 季节变动现象的特征

绝大多数季节变动现象具有三种特征：一是有规律的变动；二是每年重现变动；三是各年变化强度大致相同。这三种特征形成一定规律，显示了分析与预测的可能性。以表 10.12 的资料予以说明。

表 10.12 某收购点蛋品收购量（2019—2021 年）　　单位：吨

年份	月份												
	1	2	3	4	5	6	7	8	9	10	11	12	合计
2019	5	7	13	62	80	81	73	58	61	32	17	10	499
2020	14	18	39	90	104	102	96	86	83	52	30	13	727
2021	18	25	51	115	156	158	106	107	95	76	63	30	1 010

分析表 10.12 的数据可知：

（1）每纵列数据显示各年均按一固定量发展变化，这种规律性特征提示我们可以依纵向规律测算下年的可能状态。

（2）总观 3 年数据，每横行数据显示均以每年为一周期，年内都由 1 月份为最低点，继之逐月上升，6 月份达到高峰，随之逐月下降，至次年 1 月份又达最低点，年年均以此横向规律变化。

由此可见，季节变动规律既可以认识，又可以根据其变化规律进行预测。

2. 分析方法

测定季节变动包括两方面的内容：一是测定季节变化规律，研究客观现象随季节变化而变化的状态，主要利用 12 月移动平均法（以及原数据平均法、全年平均比率法、平均数趋势整理法、趋势比率法、环比法、图解法等）计算季节比率（或叫季节指数）；二是根据季节变化规律对客观现象未来发展的可能状态进行预测。

测定季节变化规律的方法比较成熟，我们主要介绍预测方法。

二、预测方法

对季节变动数据的预测，先针对绝大多数变化趋势较为稳定的现象予以说明（对其他现象将在第四部分予以说明）。

对季节变动数据的预测，应遵循下列步骤进行：

（1）对数据的要求及特性的认识。

① 原数据时期越长越理想。一般至少 5 年，最好 10 年以上。

② 原数据应能显示季节变动所特有的规律，如表 10.12 所示的现象。

③ 要判明原数据的时间属性，如表 10.12 所示的为时期现象，表 10.13 所示的为时点现象。不同时间属性的数据，处理上有区别。

表 10.13　某企业原材料库存情况（2019—2021 年）　　单位：吨

年末	月末											
	1	2	3	4	5	6	7	8	9	10	11	12
2019	5.3	5.1	5.0	4.9	4.8	4.6	4.5	4.2	3.8	4.1	4.7	5.0
2020	5.4	5.3	5.1	5.0	4.9	4.7	4.6	4.3	4.0	4.2	4.8	5.2
2021	5.5	5.4	5.2	5.1	5.0	4.8	4.7	4.4	4.2	4.3	4.9	5.3

对表 10.13 数据的说明：

① 纵列数据显示上升趋势（变动程度为逐期增量大体相同）。

② 横行数据显示季节变动（1 月份最高，然后逐月下降，9 月份降至最低，继之上升，到 1 月份又为最高，年年如此变化）。

③ 数据的时间特性（时点数据）。

（2）计算季节变动系数，探寻数据变化规律。

该步骤分两步进行：

第一步，计算各月平均值，并求得 12 个月平均值总和。

① 如数据为时期数，则可按简单算术平均数方法计算，如式（10.32）；

$$\overline{a}_j = \frac{\sum_{i=1}^{n} a_{ij}}{n} \quad (j=1,\ 2,\ \cdots,\ 12) \tag{10.32}$$

② 如数据为时点数，由于季节变动现象的特性均以年内逐月反映，则可按“首尾折半法”计算，如式（10.33）：

$$\overline{a}_j = \frac{\frac{a_1}{2} + a_2 + \cdots + \frac{a_n}{2}}{n-1} \quad (j=1,\ 2,\ \cdots,\ 12) \tag{10.33}$$

由此，12 个月平均值总和为：

$$\overline{a} = \sum_{j=1}^{12} \overline{a}_j \tag{10.34}$$

第二步，以各月平均值除以平均值总和，即得季节变动系数，如

$$v_j = \frac{\overline{a}_j}{\overline{a}} \quad (j=1,\ 2,\ \cdots,\ 12) \tag{10.35}$$

（3）消除季节变动因素的影响，探索数据的趋势规律。

因为季节变动以 12 个月为一周期，我们可以用移动平均值（取移动步长 $n = 12$）反映数据的总趋势。同样，需区别原数据的时间属性，时期数采用简单算术平均法，时点数采用“首尾折半法”。公式与式（10.33）和式（10.34）类似。

（4）配合趋势模型。

根据上升公式及说明得出的总趋势数据配合直线趋势模型，采用最小二乘法求解参数。见直线趋势延伸法。

（5）计算各月趋势值及总和。

计算下期各月的趋势值并求出 12 个月趋势值总和 $\sum y_{cj}$ 。

（6）计算各月的预测值 y_j 。

因趋势值是在消除季节变动因素后获得的，按季节变动规律还原季节变化因素，即得各月的预测值。具体做法是以各月季节变动系数乘以趋势值总和 $\sum y_{cj}$ ，即

$$y_j = v_j \times (\sum y_{cj}) \qquad (j = 1,\ 2,\ \cdots,\ 12) \tag{10.36}$$

三、算　例

以表 10.12 的数据为例，计算及说明如下：

表 10.14　按表 10.12 数据计算的季节变动系数　　单位：吨

月份	1	2	3	4	5	6	7	8	9	10	11	12	合计
各月平均值	12.3	16.7	34.8	89.0	113.0	119.7	91.7	87.7	79.7	53.3	36.7	17.7	751.4
季节系数/%	1.6	2.2	4.6	11.8	15.1	15.9	12.2	11.6	10.6	7.1	4.9	2.4	100.0

（1）只为说明计算方法，我们仅列了 3 年数据。原数据的特征已做过说明，该数据为时期数列，有明显的季节变动现象。

（2）计算季节变动系数。

计算季节变动系数，其结果见表 10.14，与数据特性的分析结论一致。

（3）消除季节变动因素影响，反映数据总趋势。

根据前面的分析及第三步的说明，可以移动步长 $n = 12$ 计算简单算术平均数，以消除季节变动因素的影响。结果见表 10.15。

表 10.15　按表 10.12 数据计算 $n = 12$ 的移动平均值获得的总趋势　　单位：吨

年份	月份											
	1	2	3	4	5	6	7	8	9	10	11	12
2019							41.6	42.3	43.3	45.4	47.8	49.8
2020	53.0	54.9	57.3	59.1	60.8	61.8	62.1	62.4	63.0	64.0	66.3	68.3
2021	71.5	74.1	75.1	77.1	79.8	81.3	82.7					

对表 10.15 说明：

① 表 10.15 的数据是按表 10.12 原数据取移动步长 $n = 12$ 逐项移动而得的。

② 按移动步长 $n=12$ 获得的移动平均值应位于每两月的中间。如 41.6 应位于 2019 年 6 月到 7 月之间，逐个排列，再相邻两项移动平均即位于 7 月份。因我们认为该类例子的处理不进行移动平均，不影响总趋势及后续计算结果，由此只进行了一次移动平均，将 41.6 直接置于 7 月份所在位置，于是顺延得到表 10.15 所列示的资料。也可将 41.6 与 42.3 相加后除以 2，置于 7 月份所在位置。

（4）配合趋势模型。

采用最小平方法的简捷法估计参数 a 和 b，具体计算过程列于表 10.16。

表 10.16 按表 10.13 配合直线趋势模型计算过程

t	y	$y-62.1$	$t(y-62.1)$	t^2
−12	41.6	−20.5	246.0	144
−11	42.3	−19.8	217.8	121
−10	43.3	−18.8	188.0	100
−9	45.4	−16.7	150.3	81
−8	47.8	−14.3	114.4	64
−7	49.8	−12.3	86.1	49
−6	53.0	−9.1	54.6	36
−5	54.9	−7.2	36.0	25
−4	57.3	−4.3	19.2	16
−3	59.1	−3.0	9.0	9
−2	60.8	−1.3	2.6	4
−1	61.8	−0.3	0.3	1
0	62.1	0	0	0
1	62.4	0.3	0.3	1
2	63.0	0.9	1.8	4
3	64.0	1.9	5.7	9
4	66.3	4.2	16.8	16
5	68.3	6.2	31.0	25
6	71.5	9.4	56.4	36
7	74.1	12.9	84.0	49
8	75.1	13.0	104.0	64
9	77.1	15.0	135.0	81
10	79.8	17.7	177.0	100
11	81.3	19.2	211.2	121
12	82.7	20.6	247.2	144
合 计	1 544.8	−7.7	2 193.9	1 300

将表 10.16 有关数据代入

解之得 $\begin{cases} \hat{a} \approx -0.308 \\ \hat{b} \approx 1.688 \end{cases}$

趋势预测模型为：

$$\hat{y}_c = -0.308 + 1.688t + 62.1$$

即

$$\hat{y}_c = 61.8 + 1.7t$$

（5）计算各月趋势值及总和。

根据前面配合的直线趋势方程计算各月的趋势值,并求 12 个月趋势值总和,见表 10.17。

表 10.17　依表 10.12 数据计算的 2022 年趋势值　　单位：吨

月份	1	2	3	4	5	6	7	8	9	10	11	12	合计
趋势值	92.4	94.1	95.8	97.5	99.2	100.9	102.6	104.3	106.0	107.7	109.4	111.0	1 221

对表 10.17 的说明：

由表 10.17 和表 10.16 数据配合的直线趋势方程，当 $t=12$ 时为 2021 年 7 月。因此，2022 年各月 t 应分别取 18，19，20，…，29。将 t 的这些取值分别代入式趋势预测模型就得到表 10.17 各月的趋势值，及各月趋势值相加而得趋势值总和 $\sum y_c = 1\,221$。

（6）计算各月的预测值。

根据式（10.36）计算各月的预测值，结果见表 10.18。

表 10.18　某收购点 2022 年各月蛋品收购量预测值　　单位：吨

月份	1	2	3	4	5	6	7	8	9	10	11	12	合计
收购量	19.5	26.9	56.2	141.1	184.4	194.1	149.0	141.6	129.4	867	59.8	29.3	1 221

四、对变动强度差异明显的季节变动现象的研究

对变动强度差异明显的季节变动数据，除第二部分的趋势模型改变（如可用二次抛物线模型、指数曲线模型、修正指数曲线模型、龚珀兹曲线模型、蒲尔-里德曲线模型等）外，其余过程与第二部分完全一样。

客观现象中变动强度差异明显的季节性数据可以以表 10.19 的资料为佐证。

表 10.19　某企业最近 5 年产品产量变动情况　　单位：吨

年份	月份											
	1	2	3	4	5	6	7	8	9	10	11	12
1	24	26	30	33	38	43	50	60	45	40	31	27
2	29	31	35	38	43	48	55	65	50	45	36	32
3	36	38	42	45	50	55	62	72	57	52	43	39
4	45	47	51	54	59	64	71	81	66	61	52	48
5	56	58	62	65	70	75	82	92	77	72	63	59

对表 10.19 数据的说明：

（1）纵列数据显示产量逐年上升（变动规律为二级增量相同，适于配合二次抛物线模型）。

（2）横行数据显示季节规律（变动规律为 1 月份最低，然后逐月上升，至 8 月份达最高峰，继之逐月下降，到次年 1 月份又为该年最低点，年年以此规律变化）。

（3）数据的数据特性（该数列为时期数列）。

由上述特征，对变动强度差异明显的季节变动现象也是能够预测的。

复习思考题

1. 某银行 2022 年部分月份的现金库存额资料如题表 10.1 所示：

题表 10.1

月份	1	2	3	4	5	6	7
库存额/万元	500	480	450	520	550	600	580

要求：（1）具体说明这个时间序列属于哪一种时间序列。

（2）分别计算该银行 2022 年第一季度、第二季度和上半年的平均现金库存额。

2. 某市某产品连续四年各季度的出口额资料如题表 10.2 所示。

题表 10.2　某企业出口情况统计　单位：万元

季　度	一	二	三	四
第一年	16	2	4	51
第二年	28	4.3	6.7	77.5
第三年	45	7.1	14.2	105
第四年	50	5.1	16.8	114

要求：计算该市该产品出口额的季节比率，并对其季节变动情况做简要分析。

3. 某公司 2011—2021 年的产品销售数据如题表 10.3 所示。

题表 10.3　某公司 2011—2021 年的产品销售数据　单位：万元

年份	2011	2012	2013	2014	2015	2016
销售额	80	83	87	89	95	101
年份	2017	2018	2019	2020	2021	
销售额	107	115	125	134	146	

应用一次移动平均预测法，移动步距分别取 3 和 5，预测 2022 年该公司销售额。

4. 某零售企业某种商品 1 ~ 14 周的销售资料如题表 10.4 所示，要求用加权移动平均法预测第 15 周的销售值（选取跨越期为 $N=3$，根据跨越期距离预测期的远近，分别取给定权数 1，2，3）。

题表 10.4　某零售企业某种商品 1 ~ 14 周的销售额　单位：元

观察期	1周	2周	3周	4周	5周	6周	7周	8周	9周	10周	11周	12周	13周	14周
销售额	410	420	400	380	440	460	450	410	380	470	350	420	470	480

5. 假设某公司有 2021 年 1 至 11 月的月销售额数据（详见题表 10.5），试用二次移动平

均法预测 2021 年 12 月份和 2022 年 1 月和 2 月份的销售额。

题表 10.5　2021 年 1 至 11 月的月销售额

月份	时间序号 t	销售额/万元	一次移动平均值 $M_t^{(1)}$ $n=3$	一次移动平均值 $M_t^{(2)}$ $n=3$
1	1	335	—	—
2	2	320	—	—
3	3	338	331	—
4	4	340	332.67	—
5	5	351	343	335.56
6	6	357	349.33	311.67
7	7	368	358.67	350.33
8	8	359	361.33	356.44
9	9	369	365.33	361.78
10	10	375	367.67	364.78
11	11	380	374.67	369.22
12	12	—	—	—

6. 某项目生产 A 产品，自 2017 年生产以来，项目产品的主要销售地区是华东地区，A 产品在华东地区各年的销售量如题表 10.6 所示。

题表 10.6　2017—2021 年各年销售量

年份	2017	2018	2019	2020	2021
时序	1	2	3	4	5
销售量/吨	3 167	3 399	3 971	3 971	4 029

问题：（1）请用一次指数平滑法预测该产品在 2022 年的销售量（α 取 0.3）。

（2）一次指数平滑法适用于什么样的情况？

7. 某企业 2016—2021 年的销售额资料如题表 10.7 所示。

题表 10.7　某企业 2016—2021 年的销售额　　单位：万元

年份	2016	2017	2018	2019	2020	2021
销售额	140	160	150	182	160	175

试计算各年份销售额的一、二次指数平滑值，并预测该企业 2022 年的销售额。加权系数 $\alpha=0.5$，初始值 $S_0^{(2)}=S_0^{(1)}=140$。

8. 某五金公司历年的销售总额与供应地区的工业产值资料如题表 10.8 所示，试用直线趋势延伸法预测 2022 年该公司的销售总额。

题表 10.8　某五金公司 2014-2021 销售情况　　单位：百万

年份	2014	2015	2016	2017	2018	2019	2020	2021
销售额	8.5	10.6	13	15	17.5	19.7	22	24.6

9. 某一养鱼场为提高经营管理水平，需要对其养鱼场的年捕捞量进行预测。现有题表 10.9 所示数据，试建立多项式曲线模型，预测 2022 年的捕捞量。

题表 10.9　某养鱼场捕捞统计数据　　单位：吨

年份	2015	2016	2017	2018	2019	2020	2021
捕捞量	2 790	2 950	3 140	3 350	3 588	3 862	4 168

10. 某产品 18 个月的销售量数据如题表 10.10 所示。

题表 10.10　某企业销售统计数据　　单位：万件

月份	1	2	3	4	5	6	7	8	9
销售量	0.75	0.50	0.60	0.80	1.02	1.50	2.05	2.38	2.65
月份	10	11	12	13	14	15	16	17	18
销售量	2.75	2.84	2.91	2.95	2.84	2.90	2.80	2.97	2.93

试用龚珀兹曲线模型预测第 19 个月的销售额。

11. 根据题表 10.11 所列资料用修正指数曲线模型预测 2022 年的取暖器销售量，并说明其最高限额。

题表 10.11　某公司取暖器销售情况　　单位：台

年份	销售量
2013	46 000
2014	49 000
2015	51 400
2016	53 320
2017	54 856
2018	56 085
2019	56 088
2020	57 900
2021	58 563

第十一章　回归分析预测

【学习目标】

1. 了解回归分析与相关分析关系；
2. 掌握一元线性回归分析法；
3. 理解多元线性回归分析法、非线性回归分析法。

在现实经济生活中，经济现象之间往往客观地存在各种各样的相互联系，一种经济现象的存在和发展变化必然受到与其相联系的其他现象和因素的存在和发展变化的制约与影响。回归分析预测方法就是从各种经济现象之间的相互联系出发，通过对与预测对象有联系的现象变动趋势的分析，推测预测对象未来状态在数量上的表现的一种预测方法。

第一节　回归分析预测的原理

一、相互关系与相关分析

（一）变量间的相互关系

1. 相互关系

各种社会经济现象都处于不断变动之中，这些现象除了自身的变动以外，与其他现象之间还可能存在一定的依存关系。任何社会经济现象的产生和变动，总是由一定的原因引起的，并对其他现象产生影响。也就是说，任何事物都存在于一定的相互联系中，事物之间的联系方式构成了相应的相互关系。例如，人的身高、体重、血压与年龄有一定的关系；家庭的消费支出、结构与收入状况之间也有一定的联系。事物之间的相互关系可以分为两种类型：一种是确定性关系，另一种是不确定性关系。

2. 函数关系

函数关系即确定性关系。它是由某种确定的原因，必然导致确定的结果的因果关系。或者说，函数关系是指事物间的数量变化关系可以用函数关系式表示的确定性关系。即自变量的每一个确定的 X 值，因变量总有一个唯一的确定的 Y 值与之对应。所以，在人们确定了变量间的函数关系后，已知一个变量就可以确定另一个变量的取值。例如，圆的面积可以由该圆的半径确定。设圆的半径为 r，圆的面积为 S，则可以得到函数 $S = \pi r^2$，其中圆周率 π 为常数。在各种关系中，函数关系很少，大量存在的是相关关系。

3. 相关关系

相关关系即不确定性关系。它是指变量之间相互关系中不存在数值对应关系的非确定性的依存关系。函数关系是对确定的、非随机变量而言的；相关关系是对随机变量而言的。即

一个变量的确定值，与其有相关关系的另一个变量的对应值并不确定，但却按某种规律在一定范围内变化，表现出一定的随机性。例如，生产成本与劳动生产率之间的关系就是一种相关关系。

社会经济现象中的相关关系种类很多，可以分为若干类型：

从相关关系涉及的变量的数量看，分为简单相关关系和复相关关系。只有两个变量之间的相关关系，称为简单相关关系。三个及三个以上变量之间的相关关系，称为复相关或多重相关。

从变量相关关系变化的方向看，分为正相关和负相关。正相关是指具有相关关系的变量之间的变动方向一致，即同增或同减。负相关是指具有相关关系的变量之间的变动方向不一致，此增彼减。

从变量相关关系的表现形式看，分为线性相关和非线性相关。当变量之间相关关系的散点图中的点接近于一条直线时，称为线性相关。当变量之间相关关系的散点图中的点接近于一条曲线时，称为非线性相关。

从变量相关的程度看，分为完全相关、不完全相关和不相关。当一个变量的变化完全由另一个变量的变化所确定时，称为变量之间的完全相关。在这种情况下，相关关系实际上成了函数关系，所以可以把函数关系视为相关关系的特例。当两个变量的变化相互完全没有关系，即彼此互不影响时，称为不相关。两个变量的关系如果介于完全相关和不完全相关之间时，称为不完全相关关系。我们所研究的相关关系通常是指这种不完全相关关系。

（二）相关分析

相关分析是对变量间的相关关系进行分析和研究的方法，主要包括两个方面：

一是确定事物之间有无相关关系，是何种类型。这是相关分析的前提。

二是确定相关关系的密切程度。这是相关分析的主要目的和主要内容。相关关系的性质和密切程度用相关系数来衡量。

不过相关分析并不能说明变量之间相关关系的具体形式，也不能从一个变量的变化去推测另一个变量的具体变化。如果要具体测定变量之间的相关关系的数量形式，还需要运用回归分析方法。

二、回归分析与回归分析预测

（一）回归分析

“回归”用于表明一个变量的变化会导致另一个变量的变化，即有着前因后果的变量之间的相关关系。回归分析就是关于一个变量对另一个或多个变量的依存关系的分析与研究，并用适当的数学模型去近似地表达或估计变量之间的平均变化关系。具有相关关系的变量之间虽然具有某种不确定性的关系，但是，通过对现象的不断观察可以探索出它们之间的统计规律，这种统计规律或数学模型称为回归方程，回归方程可以用来近似表达相关变量间的平均关系。回归分析就是寻求回归方程的过程。

回归分析和相关分析两种方法往往是结合在一起使用的。但是回归分析与相关分析的研究目的和研究方法有明显的区别。从研究目的上看，相关分析用一定的数量指标（相关系数）度量变量间相互联系的方向和程度；回归分析却要寻求变量间联系的具体数量形式。从对变量的处理上看，相关分析对相互联系的变量，均视为随机变量，并且不分自变量与因变量；回归分析是在变量因果关系分析的基础上研究其中的自变量对因变量的具体影响，必须明确划分自变量与因变量。在回归分析中，通常假定自变量是重复抽样中取固定值的非随机变量，是确定的普通变量，而因变量是具有一定概率分布的随机变量。

（二）回归分析预测

应用相关分析和回归分析，通过对数量关系的研究分析，深入认识现象之间的相互依存关系，并可以通过回归模型进行预测和预报。回归分析的目的就是根据已知的或固定的自变量的数值，去推测和估计因变量的总体平均值。

所谓回归分析预测是指通过对预测对象和影响因素的统计整理和分析，找出它们之间的变化规律，将变化规律用数学模型表示出来，并利用数学模型进行预测的分析方法。它是在相关分析的基础上，建立相当于函数关系式的回归方程，用以反映或预测相关关系变量的数量关系及数值。根据回归分析预测所涉及变量的多少与关系类型可以分为一元线性回归预测、多元线性回归预测、非线性回归预测等。

三、回归分析预测的一般步骤

（一）确定相关关系

确定相关关系是回归分析预测的前提，正确确定相关关系对回归分析预测具有决定性作用。它主要包含以下几个方面的工作。

1. 确定相关变量

相关关系必须体现在若干变量之间。确定相关变量是在拟研究的问题或现象中找出具有相关关系的具体变量。在市场预测中，预测的目标必定是因变量，其确定并不困难。通常可以根据预测的目的确定。确定相关变量的难点和重点是确定自变量，即确定影响和制约预测目标（因变量）的因素。

确定自变量，既要对历史资料和现实市场调查资料进行分析，又要充分运用预测人员的经验和知识，进行科学的定性分析。要充分注意事物之间联系的复杂性，用系统思维的方式对复杂的关系进行系统分析，必要时还应运用假设的技术，先进行假设，再进行验证，确定那些主要的影响因素。

2. 确定变量之间相关的类型

如前所述，变量之间的相关关系有多种类型。确定变量之间相关的类型一般可通过绘制相关图直观地看出。

根据调查统计取得的一系列相互对应的数据，这些数据称为观察值或实际值，将它们编制成数据表。把预测目标确定为因变量，而自变量就是引起预测目标发生变化的一个或多个因素。相关图是将自变量和因变量的数值对应地绘在直角坐标系中所形成的散点图。根据散点图的形状，大致可以认识变量之间是否相关及相关关系类型。

3. 确定变量之间相关的密切程度

通常可通过测算相关系数来确定变量之间线性相关的密切程度。相关系数的计算公式为：

$$r=\frac{\sum(x-\bar{x})(y-\bar{y})}{\sqrt{\sum(x-\bar{x})^2\cdot\sum(y-\bar{y})^2}} \quad (11.1)$$

式中，x、y 分别为自变量和因变量的观察值；$\bar{x}$、$\bar{y}$ 分别为变量 x、y 的观察值的平均数。

相关系数取值范围是 $-1<r<1$ 或 $|r|<1$。当 $|r|$ 愈接近 1 时，变量间的线性相关程度愈高；$|r|$ 愈接近 0 时，变量间的线性相关程度愈低；$r>0$ 时，变量间的相关关系为正相关；$r<0$ 时，变量间的相关关系为负相关。

（二）建立回归方程

建立回归方程，就是根据变量之间的相关关系类型，用数学表达式给予表示。一般根据散点的分布状况，选择适当的回归数学模型。如果点的分布呈直线趋势，则要求拟合成一条直线，作为描述散点分布直线趋势的预测线，这就是一元线性回归预测问题。如果点的分布不是直线趋势，根据散点图所描绘的曲线的性状，选择相应的非线性回归模型，拟合成—条曲线作为预测线，这就是一元非线性回归预测问题。研究一个因变量与一个自变量之间的回归关系，称为一元回归问题；研究若干个变量与另一变量间的回归关系，称为多元回归问题。

在确定回归方程以后，需求解方程，以确定预测值。求解方程时，首先要计算方程式中的各项参数，如一元线性方程 $y=a+bx$ 中的参数 a 和 b。通常，回归方程中的参数可用最小二乘法求得，把求得的各项参数值代入回归方程，即得到可用于预测的实际的回归方程。

（三）进行相关检验

当我们得到一个实际问题的回归方程后，还不能马上就用它去做市场分析和市场预测，因为回归方程是否真正描述了变量之间的统计规律性，还需运用统计方法对回归方程进行检验。

相关检验就是选择恰当的相关指标，去判定回归方程变量之间关系的密切程度。相关程度越高，就表明回归方程与实际值的偏差越小，拟合效果越好。如果回归方程变量间的相关程度不高，在此情况下所得的回归方程没有什么意义。

（四）利用回归模型进行预测并评价预测结果

如果回归方程拟合得好，就可以用它来做变量的预测。把需预测期的自变量 x 的值代入方程，通过计算，即可取得所求的预测值。所谓预测就是根据自变量取值来估计因变量（预测目标）的值。预测可以分为点值预测和区间预测。如果所求的预测值为一个数值，称为点值预测。由于回归方程与实际值之间存在误差，预测值不可能简单地表示为由回归方程计算所得的确定值，而应该是一个范围或区间，这样所求的预测值有一个数值范围，称为区间预测。一般要求实际值位于这个区间的可靠度应达到 95%以上，这个区间称为预测区间或预测值的置信区间。置信区间说明回归模型的适用范围或精确程度。一般而言，点值预测计算方便，而区间预测能更精确地告诉人们所求预测值大致的波动范围。

对预测结果的可信度，可以运用某些数理统计分析方法进行评价。常用的方法有方差分析、相关分析以及运用正态分布原理测算置信区间等。

本章内容涉及较多的数理统计或统计学知识，本章给出了建立和检验数学模型的一些思路，精简了过于烦琐的数学证明和推理过程，着眼于运用数学知识去分析和解决市场预测问题，对相关统计方法不做详细叙述。

第二节　一元线性回归预测法

一、一元线性回归预测的含义与数学模型

一元线性回归预测法是分析一个因变量与一个自变量之间的线性关系的预测方法。当影响市场变化的诸因素中有一个基本的和起决定作用的因素，而且自变量与因变量之间的数据分布呈现线性（直线）趋势，那么就可以运用一元线性回归方程进行预测。

$$\hat{y}=a+bx \tag{11.2}$$

这里 y 是因变量，x 是自变量，a、b 均为参数，其中的 b 为回归系数，它表示当 x 每增加一个单位时，y 的平均增加数量。

确定直线的方法是最小二乘法。最小二乘法的基本思想是最有代表性的直线到各点的距离最近，然后用这条直线进行预测。

利用最小二乘法可导出 a、b 两参数的求解公式（推导过程略）：

$$\begin{cases} b=\dfrac{n\sum XY-\sum X\sum Y}{n\sum X^2-(\sum X)^2} \\ a=\dfrac{\sum Y}{n}-b\dfrac{\sum X}{n} \end{cases} \tag{11.3}$$

其中，n 为两个变量 X、Y 的实际观察值的个数。

二、一元线性回归预测法的实例

下面，我们用实例阐述一元线性回归预测的方法。

例如，根据某国九大航空公司的统计，各航空公司的航班正点到达的比率和每 10 万名乘客投诉的次数的数据见表 11.1。如果航班按时到达的正点率为 80%，估计每 10 万名乘客投诉的次数是多少？

表 11.1　某国航空公司的航班正点率和投诉率

航空公司	航班正点率/%	投诉率/次·(10 万名乘客)$^{-1}$
A	81.8	0.21
B	76.6	0.58
C	76.6	0.85
D	75.7	0.68
E	73.8	0.74
F	72.2	0.93
G	71.2	0.72
H	70.8	1.22
I	68.5	1.25

（一）确定相关关系

从该实例中我们可以看出，这里涉及两个相关变量：航班正点率和投诉率。从实际经验可以知道，航班正点率是乘客投诉的重要因素，二者之间存在前因后果的关系，可以运用回归分析法进行预测。

接下来我们看看二者是否存在线性关系。把各航空公司航班正点率和相应的投诉率的数据在坐标图上标出，如图 11.1 所示。从散点图可以看出，二者大致呈直线趋势变动。我们可以进一步通过计算相关系数来分析这两个变量的线性关系的密切程度及类型。运用公式（11.1）计算的相关系数 $r=-0.8826$。显然，航班正点率与乘客投诉率之间的线性相关程度高，且呈负相关关系。

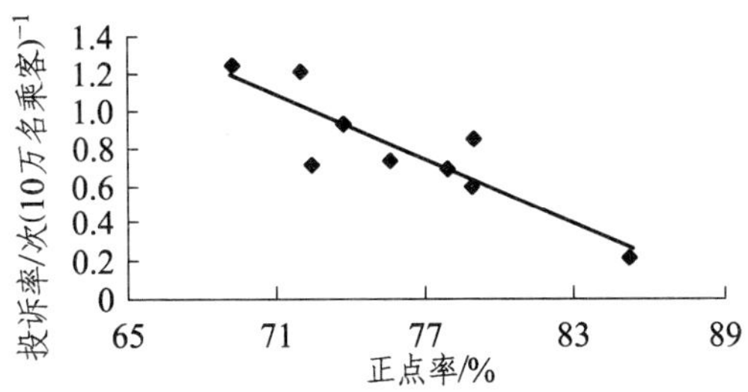

图 11.1　航班正点率与乘客投诉率散点图

（二）建立回归方程

航班正点率与乘客投诉率之间大体呈直线趋势，从而可以用一元线性回归直线进行拟合。建立一元线性方程：

$$\hat{y}=a+bx$$

式中：x 为航班正点率；$\hat{y}$ 为每 10 万名乘客可能的投诉次数。

列表求解，见表 11.2。

表 11.2　某国航空公司的航班正点率和投诉率计算数据

航空公司	航班正点率/%	投诉率/次·（10 万名乘客）$^{-1}$	xy	x^2
A	81.8	0.21	17.178	6 691.24
B	76.6	0.58	44.428	5 867.56
C	76.6	0.85	65.11	5 867.56
D	75.7	0.68	51.476	5 730.49
E	73.8	0.74	54.612	5 446.44
F	72.2	0.93	67.146	5 212.84
G	71.2	0.72	51.264	5 069.44
H	70.8	1.22	86.376	5 012.64
I	68.5	1.25	85.625	4 692.25
合计	667.2	7.18	523.215	49 590.46

把相关数据代入 a、b 的计算公式（11.2）中，求得

$$b=\frac{9\times 523.215-667.2\times 7.18}{9\times 49\ 590.46-667.2^2}\approx -0.070\ 414$$

$$a=\frac{7.18-(-0.070\ 414)\times 667.2}{9}\approx 6.017\ 8$$

将计算结果代入 $\hat{y}=a+bx$，得到所求的一元线性回归方程为：

$$\hat{y}=6.017\ 8-0.070\ 414x$$

式中，$a=6.017\ 8$ 为估计的固定投诉率；$b=-0.070\ 414$ 表示当航班正点率每增加 1%，每 10 万名乘客投诉次数平均减少 0.070 414 次。

（三）对预测模型进行检验

从前面的计算过程中可以看到，我们仅由散点图的趋势做出一个粗略的直观判断，认为两个变量是否具有线性相关性，而进一步利用相关公式计算回归方程的参数 a 和 b。也就是说，就方法本身而言，即使在平面上一堆完全杂乱无章的散点，也可以由这些数据点计算参数 a 和 b，从而确定一个直线方程表示 y 和 x 之间的关系。显然，此时所配的直线方程是毫无意义的，因此，需要用一个数量指标检验回归方程拟合的“优良性”。回归直线方程的拟合优度检验常用的方法有判定系数检验和估计标准差检验。另外，还要对线性回归方程进行显著性检验，主要包括线性关系的检验和回归系数的检验。

1. 拟合优度检验

回归方程在一定程度上描述了变量 x 与 y 之间的数量关系，据此，我们可以根据自变量 x 的取值估计或预测因变量 y 的取值。但预测的精度如何将取决于回归直线对观察数据的拟合程度。回归直线与各观察点的接近程度称为回归直线对数据的拟合优度。为了说明直线的拟合优度，需要计算判定系数。

（1）判定系数。为了说明判定系数的含义，需要对因变量 y 的取值的变差进行研究。因变量 y 的取值是不同的，y 的取值的这种波动称为变差。变差的产生来自两个方面：一是由自变量 x 的取值不同造成的；二是除 x 以外的其他因素的影响。对一个具体的观察值来说，变差的大小可以用实际观察值 y 与其均值 $\overline{y}$ 之差（$y-\overline{y}$）来表示。而 n 次观察值的总变差可以由这些离差的平方和来表示，称为总平方和，记为 SST，即

$$SST=\sum(y_i-\overline{y})^2 \qquad (11.4)$$

上式可以变换为（推导略）：

$$\sum(y_i-\overline{y})^2=\sum(y_i-\hat{y}_i)^2+\sum(\hat{y}_i-\overline{y})^2 \qquad (11.5)$$

即总平方和 SST 可以分解为两部分：其中 $\sum(\hat{y}_i-\overline{y})^2$ 是回归值与均值的离差平方和，它反映了 y 的总离差中由于 x 与 y 之间的线性关系引起的变化部分，它是可以由回归直线来解释的 y_i 的变差部分，称为回归平方和，记为 SSR；另一部分 $\sum(y_i-\hat{y}_i)^2$ 是各实际观察值与回归值的残差平方和，它是除了 x 对 y 的线性影响之外的其他因素对 y 变差的作用，是不能由回归

直线来解释的 y_i 变差部分，称为残差平方和，记为 SSE。三个平方和的关系为：

总平方和 = 回归平方和 + 残差平方和

$$SST = SSR + SSE \tag{11.6}$$

回归直线拟合的好坏取决于回归平方和 SSR 占总平方和 SST 的比例，即 SSR/SST 的大小。各观察值越是靠近直线，SSR/SST 则越大，直线拟合得越好。回归平方和占总平方和的比例称为判定系数，记为 R^2，即

$$R^2 = \frac{SSR}{SST} = \frac{\sum(\hat{y}_i - \overline{y})^2}{\sum(y_i - \overline{y})^2} \tag{11.7}$$

判定系数 R^2 测度了回归直线对观察值的拟合程度。若所有观察值在直线上，则 $R^2 = 1$，拟合是完全的；如果 y 的变化与 x 无关，则 $R^2 = 0$。可见 R^2 的取值在 0 到 1 之间。R^2 越接近于 1，回归直线的拟合程度就好；反之，R^2 越接近于 0，回归直线拟合程度就越差。

在本例中，利用上述公式或 Excel 软件求得判定系数 $R^2 = 0.778\ 996 = 77.899\ 6\%$。它的实际意义是：在每 10 万名乘客投诉次数取值的变差中，有 77.899 6%是由航班正点率所决定的。可见，乘客投诉率与航班正点率之间具有较强的线性关系。

（2）估计标准误差。另一个用来测度各实际观察值在直线周围散布状况的量可以从另一角度说明回归直线的拟合优度。这个量就是估计标准误差，用 S_y 来表示，它是残差均方（MSE）的平方根，即

$$S_y = \sqrt{\frac{\sum(y_i - \hat{y}_i)^2}{n-2}} = \sqrt{\frac{SSE}{n-2}} = \sqrt{MSE} \tag{11.8}$$

估计标准误差反映了用估计的回归方程预测因变量时预测误差的大小。若各观察值越靠近直线，S_y 越小，回归直线对各观察值的代表性就越好，根据估计的回归方程进行预测也就越准确。

在本例中，利用上述公式或 Excel 软件求得 $S_y = 0.160\ 8$。这就是说，根据正点率预测每 10 万名乘客投诉次数时，平均的预测误差是 0.160 8 次。

2. 显著性检验

当我们建立回归方程后，并不能马上用于估计或预测，因为该方程是根据样本数据或部分单位数据得到的，它是否真实地反映了变量 x 和 y 之间的关系，则需要通过检验后才能证实。回归分析中的显著性检验主要包括两个方面的内容：一是线性关系的检验；二是回归系数的检验。

（1）线性关系的检验。线性关系的检验是检验自变量 x 和因变量 y 之间的线性关系是否显著，或者说，它们之间能否用一个线性模型来表示。为检验两个变量之间的线性关系是否显著，以回归平方和（SSR）和残差平方和（SSE）为基础，构造检验统计量。比值 MSR/MSE 的抽样分布服从分子自由度为 1、分母自由度为 $n-2$ 的 F 分布，即

$$F = \frac{SSR/1}{SSE/(n-2)} = \frac{MSR}{MSE} \sim F(1, n-2) \tag{11.9}$$

计算检验统计量 F 后，确定显著性水平 a，根据分子分母的自由度查 F 分布表，找到相应的临界值 F_a。若 $F > F_a$，拒绝原假设，表明两个变量之间的线性关系是显著的；若 $F < F_a$，不拒绝原假设，没有证据表明两个变量之间的线性关系显著。

在本例中，利用上述公式或 Excel 软件计算得 $F = 24.673\,6$。根据显著性水平 $a = 0.05$，分子自由度 $df_1 = 1$ 和分母自由度 $df_2 = 9 - 2 = 7$ 查 F 分布表，查得相应的临界值 $F_a = 5.59$。由于 $F > Fa$，拒绝原假设，表明乘客投诉率与航班正点率之间的线性关系是显著的。

（2）回归系数的检验。回归系数的显著性检验是要检验自变量对因变量的影响是否显著的问题。在一元线性回归模型中，要检验回归系数 b 是否等于 0。检验假设是否成立，需要构造检验统计量。为此，需要研究回归系数 b 的抽样分布。

我们知道，估计的回归方程是根据样本数据计算得到的。不同的样本会得到不同的回归方程。也就是说，回归系数 b 也是随机变量，也有自己的分布。统计证明，$\hat{b}$ 服从正态分布，其数学期望为 b，估计的标准差为：

$$S_{\hat{b}} = \frac{s_y}{\sqrt{\sum x_i^2 - \frac{1}{n}(\sum x_i)^2}} \tag{11.10}$$

式中，s_y 为误差项的估计标准差。

这样构造出用于检验回归系数的统计量 t：

$$t = \frac{\hat{b} - b}{s_{\hat{b}}} \tag{11.11}$$

该统计量服从自由度为 $n - 2$ 的 t 分布。如果假设成立，则 $b = 0$，检验的统计量为：

$$t = \frac{\hat{b}}{s_{\hat{b}}} \tag{11.12}$$

计算检验统计量 t 后，确定显著性水平 a，根据自由度 $df = n - 2$ 查 t 分布表，找到相应的临界值 $t_{\alpha/2}$。若 $|t| > t_{\alpha/2}$，拒绝原假设，表明两个变量之间的线性关系是显著的；若 $|t| < t_{\alpha/2}$，不拒绝原假设，没有证据表明两个变量之间的线性关系显著。

在本例中，利用上述公式或 Excel 软件计算得 $t = -4.967\,25$。根据显著性水平 $a = 0.05$，自由度 $df = 9 - 2 = 7$ 查 t 分布表，查得相应的临界值 $t_{\alpha/2} = 2.364\,6$。由于 $|t| > t_{\alpha/2}$，拒绝原假设，表明乘客投诉率与航班正点率之间的线性关系是显著的。

在实际应用中，除了应用检验统计量进行显著性检验外，也可以直接利用 P 值进行检验。这里不做详述。

（四）利用回归预测模型进行预测

回归模型 $\hat{y} = a + bx$ 通过检验后，便可用于预测。本例中已求得航班正点率与每 10 万名乘客的投诉次数的回归模型 $y = 6.017\,8 - 0.070\,414x$，并通过了相关检验，证明了航班正点率与每 10 万名乘客的投诉次数之间的线性关系是显著的。那么，当航班正点率 $x = 80\%$时，每 10 万名乘客的投诉次数的点预测值为：

$$\hat{y}_0 = 6.017\ 8 - 0.070\ 414 \times 80 = 0.384\ 68$$（次/10 万名乘客）

由于实际计算中难免存在误差，预测值不可能是一个确定值，而应该是一个范围或区间，一般要求实际值位于这个区间范围的可靠程度应达到 95%以上。

若给定置信区间 $1-\alpha$，可以证明 y_0 的预测区间为：

$$(\hat{y}_0 - t_{\alpha/2}S_0, \hat{y}_0 + t_{\alpha/2}S_0) \tag{11.13}$$

其中

$$S_0 = S_y\sqrt{1+\frac{1}{n}+\frac{n(x_0-\sum x_i/n)^2}{n\sum x_i^2-(\sum x_i)^2}} \tag{11.14}$$

式中，$t_{\alpha/2}$ 由 t 分布表查得；x_0 为预测点的 x 值；S_y 是估计标准差。

因为当 n 很大时，t 分布趋近于正态分布，式（11.13）中的 S_0 也趋近于 S_y；当 n 不是很大时，在实际应用中往往把 S_y 作为近似估计值。根据正态分布的理论，可以证明：

预测值的置信水平为 68.27%时的预测区间为：

$$(\hat{y}_0 - S_y, \hat{y}_0 + S_y)$$

预测值的置信水平为 95.45%时的预测区间为：

$$(\hat{y}_0 - 2S_y, \hat{y}_0 + 2S_y)$$

预测值的置信水平为 99. 73%时的预测区间为：

$$(\hat{y}_0 - 3S_y, \hat{y}_0 + 3S_y)$$

预测区间的长度直接关系到预测的准确性。显然，预测区间愈长，精度愈差，反之则愈好。通常取置信水平为 95%时的预测区间 $(\hat{y}_0 - 2S_y, \hat{y}_0 + 2S_y)$。

在本例中，已求得 $x_0 = 80$，点预测值 $\hat{y}_0 = 0.384\ 68$（次/10 万名乘客），$S_y = 0.160\ 8$，则预测值的置信水平为 95%的预测区间是：

（0.384 68 − 2×0.160 8，0.384 68 + 2×0.160 8）

即　　（0.063 08，0.123 713 088）

第三节　多元线性回归预测法

一、多元线性回归预测法的含义

一元线性回归只是分析一个自变量对因变量的影响，而市场现象的变化是复杂的，预测对象的变化往往是由多个因素引起的或者受到多个因素的影响或制约，并且很多时候这些因素难以分清主次。例如，预测商品的销售量时，需要考虑当地居民人数、居民收入状况和商品价格等诸因素。如果预测对象与多个因素之间具有线性相关性，一般采用多元线性回归法进行分析预测。多元线性回归分析预测法是利用回归分析原理，寻找预测对象与多个影响因素之间的变化规律，并利用所求得的回归模型作预测的方法。多元线性回归方程的一般表达式为：

$$\hat{y}=b_0+b_1x_1+b_2x_2+b_3x_3+\cdots+b_nx_n \quad (11.15)$$

式中　$\hat{y}$——因变量，即预测目标；

$x_1, x_2, x_3, \cdots, x_n$——影响预测目标的诸因素；

$b_0, b_1, b_2, b_3, \cdots, b_n$——参数。

存在两个自变量的回归方程称为二元回归方程，它是多元回归方程的特例。由于多元线性回归分析法在因素分析和计算上都是十分复杂的，故这里着重讨论二元线性回归分析预测法。

二、二元线性回归的预测模型

如果实际问题中有两个自变量与因变量呈线性相关性时，可用如下线性回归模型描述：

$$\hat{y}=b_0+b_1x_1+b_2x_2 \quad (11.16)$$

式中　x_1, x_2——自变量；

b_0——回归常数；

b_1, b_2——y 对 x_1, x_2 的回归系数；

$\hat{y}$——预测估计值。

二元线性回归预测法就是依据回归分析的原理，利用 n 组已知的实际数据，或称为样本观察值（x_{11}, x_{21}, y_1），（x_{12}, x_{22}, y_2），…，（x_{1n}, x_{2n}, y_n），确定参数 b_0，b_1，b_2，从而得到回归预测模型。根据最小二乘法原理，要使实际值 y_i 与对应估计值 $\hat{y}_i$ 之间的误差平方和达到最小，从而确定参数 b_0、b_1、b_2，可用以下公式表示（推导计算过程略）：

$$\begin{cases} b_1=\dfrac{S_{1y}S_{22}-S_{2y}S_{12}}{S_{11}S_{22}-S_{12}S_{21}} \\ b_2=\dfrac{S_{2y}S_{11}-S_{1y}S_{21}}{S_{11}S_{22}-S_{12}S_{21}} \\ b_0=\bar{y}-b_1\bar{x}_1-b_2\bar{x}_2 \end{cases} \quad (11.17)$$

其中

$$S_{11}=\sum(x_1-\bar{x}_1)^2$$

$$S_{22}=\sum(x_2-\bar{x}_2)^2$$

$$S_{12}=S_{21}=\sum(x_1-\bar{x}_1)(x_2-\bar{x}_2)$$

$$S_{1y}=\sum(x_1-\bar{x}_1)(y-\bar{y})$$

$$S_{2y}=\sum(x_2-\bar{x}_2)(y-\bar{y})$$

三、多元线性回归的预测模型

从二元回归线性预测模型很容易就可以推广到一般的多线性回归预测模型。

m 元线性回归方程的一般形式为：

$$\hat{y}=b_0+b_1x_1+b_2x_2+\cdots+b_mx_m \quad (11.18)$$

式中 $x_1, x_2, \dots, x_m$——自变量；

b_0——回归常数；

$b_1, b_2, \cdots, b_m$——y 对 $x_1, x_2, \cdots, x_m$ 的回归系数；

$\hat{y}$——预测估计值。

根据最小二乘法原理，要使 n 个实际值 y_i 与对应估计值 $\hat{y}_i$ 之间的误差平方和达到最小，从而确定参数 b_0，b_1，b_2，…，b_m。在多个自变量的情况下，求解比较复杂，一般用矩阵运算。待定参数的估计值可用以下公式表示（推导计算过程略）：

$$B=(X^{\mathrm{T}}X)^{-1}X^{\mathrm{T}}Y \tag{11.19}$$

其中

$$X=\begin{pmatrix}1 & x_{11} & \cdots & x_{m1}\\ 1 & x_{12} & \cdots & x_{m2}\\ \vdots & \vdots & & \vdots\\ 1 & x_{1n} & \cdots & x_{mn}\end{pmatrix},\quad B=\begin{pmatrix}b_0\\ b_1\\ \vdots\\ b_m\end{pmatrix},\quad Y=\begin{pmatrix}y_1\\ y_2\\ \vdots\\ y_m\end{pmatrix}$$

X^{T} 为 X 的转置矩阵。

四、多元线性回归模型的检验

根据实际数据计算出多元线性回归方程的待定参数，建立预测模型后，同样要借用数理统计的方法进行检验，从总体上确信模型具有可信度之后，才能运用于预测。多元线性回归模型的检验主要有以下四类：

（一）复相关系数检验——R 检验

复相关系数记为 R，R 检验是检验一组变量 x_1，x_2，…，x_m 与因变量 y 之间线性相关程度的检验方法。复相关系数的公式为：

$$R=\sqrt{\frac{\sum(\hat{y}_i-\overline{y})^2}{\sum(y_i-\overline{y})^2}}=\sqrt{1-\frac{\sum(y_i-\hat{y}_i)^2}{\sum(y_i-\overline{y})^2}} \tag{11.20}$$

式（11.19）中，实际值 y_i 与估计值 $\hat{y}_i$ 的离差平方和称为误差平方和，记为 Q，即

$$Q=\sum(y_i-\hat{y}_i)^2$$

实际值 y 与其平均值的离差平方和称为总偏差平方和，记为 U，即

$$U=\sum(y_i-\overline{y})^2$$

其中

$$\overline{y}=\frac{1}{n}\sum y_i$$

显然，当实际数据给定后，总偏差平方和 U 是一个常数。而误差平方和 Q 越小，回归方程的拟合程度越好。由式（11.19）可知，当 R 接近于 1 时，Q 接近于 0，说明误差平方和 Q 趋于最小；当 R 接近于 0 时，则表明误差平方和 Q 趋于最大。

R 检验法的步骤为：

（1）计算复相关系数 R；

（2）根据回归模型的自由度 $n-m-1$ 和给定的显著性水平 α 值，查相关系数检验表，得

临界值 R_0；

（3）做判断：当 $R > R_0$ 时，认为因变量 y 与自变量 x_1，x_2，…，x_m 之间具有线性关系，反之不然。

（二）偏相关系数检验

偏相关系数是指在多个具有线性相关关系的变量中，固定其他自变量，只测定某一个自变量与因变量之间线性相关密切程度的指标。偏相关系数需要用单相关系数来表达。所谓单相关系数就是一元线性回归方程的相关系数 R_{yx}。在多元线性关系中，单相关系数忽略其他自变量的变化来反映某一自变量与因变量的线性相关程度。事实上，其他自变量的变化也会影响因变量的变化，因此，单相关系数不能真正反映多元线性关系中某一自变量与因变量的线性相关程度，而这需要用偏相关系数来反映。

以二元线性回归模型为例，偏相关系数的计算公式为：

$$r_{yx_1,x_2} = \frac{r_{yx_1} - r_{yx_2} r_{x_1x_2}}{\sqrt{(1-r_{yx_2}^2)(1-r_{x_1x_2}^2)}} \tag{11.21}$$

$$r_{yx_2,x_1} = \frac{r_{yx_2} - r_{yx_1} r_{x_1x_2}}{\sqrt{(1-r_{yx_1}^2)(1-r_{x_1x_2}^2)}} \tag{11.22}$$

其中，r_{yx_1,x_2} 表示固定 x_2 后，自变量 x_1 与因变量 y 的一阶偏相关系数；r_{yx_2,x_1} 表示固定 x_1 后，自变量 x_2 与因变量 y 的一阶偏相关系数.

式中 r_{yx_1}——自变量 x_l 与因变量 y 的单相关系数；

r_{yx_2}——自变量 x_2 与因变量 y 的单相关系数；

$r_{x_1x_2}$——自变量 x_1 与自变量 x_2 的单相关系数。

多元线性回归方程的回归系数需要用 $m-1$ 阶偏相关系数来检验。

偏相关系数的数值介于 -1 与 1 之间，其绝对值越大，说明在固定其他变量的条件下，某一自变量与因变量的线性关系越密切，该自变量对因变量有较强的影响作用；其绝对值越小，说明两变量间越不相关，该自变量对因变量的影响作用较小。经检验，对因变量无显著影响的自变量，应从回归方程中剔出，重新建立回归方程。

（三）F 检验

F 检验是关于回归方程的显著性检验，即检验所有自变量作为一个整体与因变量之间是否有显著的线性相关性。

检验假设为：H_0：$b_0 = b_1 = \cdots = b_m = 0$

F 统计量的计算公式为：

$$F = \frac{\sum(\hat{y}_i - \overline{y})^2 / m}{\sum(y_i - \hat{y}_i)^2 / (n-m-1)} \tag{11.23}$$

给定显著性水平 α，由 F 分布表查临界值 $F_\alpha(m, n-m-1)$，当 $F > F_\alpha(m, n-m-1)$ 时，认为 y 与 x_1，x_2，…，x_m 之间有显著的线性相关性，即认为 m 元线性回归方程有显著意义。反之，则认为 y 与 x_1，x_2，…，x_m 之间不存在显著的线性相关关系。回归方程的显著性检验未获通过的原因，可能是因为因变量与自变量之间的关系是非线性的，也可能是因为选择自变量时漏掉了重要的影响因素，此时应考虑重新建立回归模型。

（四）t 检验

t 检验是关于回归系数的显著性检验，即检验回归方程中每个自变量与因变量之间的线性关系是否显著。

检验假设为：H_0：$b_i = 0$　（$i = 1, 2, \cdots, m$）

t 统计量的计算公式为：

$$t_{b_i} = \frac{b_i}{S_{b_i}} \qquad (i = 1, 2, \cdots, m) \tag{11.24}$$

式中：S_{b_i} 称为回归系数 b_i 的标准差；$S_{b_i} = \sqrt{c_{ii} S_y}$，其中 S_y 是估计标准差，$S_y = \sqrt{\dfrac{\sum (y_i - \hat{y}_i)^2}{n-m-1}}$；$c_{ii}$ 是式（11.18）中矩阵 $\boldsymbol{C} = (X^T X)^{-1}$ 主对角线上的第 i 个元。

给定显著性水平 α，由 t 分布表查临界值 $t_{\alpha/2}(n-m-1)$，当 $|t_{b_i}| > t_{\alpha/2}$ 时，认为回归系数 b_i 与 0 有显著差异，即自变量 x_i 对因变量 y 有显著影响；反之，接受 $b_i = 0$，即自变量 x_i 对因变量 y 无显著影响，x_i 应从回归方程中剔出。

五、多元回归分析预测法的应用实例

多元回归预测法在因素分析和计算上都比一元回归预测法复杂。相对而言，二元线性回归预测法要简便一些。以下，我们通过举例来叙述二元线性回归预测方法的具体应用。

例如，据经验知道，市场上高级音响设备的需求量同新结婚户的数量之间具有正相关关系，还同户均收入水平具有一定的相关关系。假设某地区从 2012—2021 年高级音响设备的销售量、新结婚户和户均收入水平的资料见表 11.3。

表 11.3　某地区高级音响设备销售量及相关因素资料

年份	音响销售量 y/千套	新结婚户数 x_1/万户	户均收入 x_2/千元
2012	70	200	45.0
2013	74	215	42.5
2014	80	235	47.5
2015	84	250	52.5
2016	88	275	55.0
2017	92	285	57.5
2018	100	300	60.0
2019	110	330	57.5
2020	112	350	62.5
2021	116	360	65.0

预计 2022 年该地区的新结婚户为 430 万户，户均收入为 72.5 千元，要求预测本年高级音响设备的需求量。

从表 11.3 中可见高级音响设备的销售量同新结婚户数、户均收入两因素存在相关关系。从而配之以二元线性回归方程：

$$\hat{y} = b_0 + b_1x_1 + b_2x_2$$

式中 $\hat{y}$——高级音响设备的预计销售量；

x_1——新结婚户数；

x_2——户均收入水平；

b_0, b_1, b_2——参数。

参数估计采用最小二乘法进行，计算公式见式（11.18）。

将相关数据代入计算公式中，求得

$$b_0 = 16.214\ 17$$
$$b_1 = 0.328\ 947\ 9$$
$$b_2 = -0.288\ 432\ 7$$

所求回归方程为：

$$\hat{y} = 16.214\ 17 + 0.328\ 947\ 9x_1 - 0.288\ 432\ 7x_2$$

在求得线性回归方程后，还需进行相关检验，通过检验后才能用于预测。读者可按前述方法进行检验，这里不再详述。

当 $x_1 = 430$，$x_2 = 72.5$ 时，

$$\hat{y} = 16.214\ 17 + 0.328\ 947\ 9 \times 430 - 0.288\ 432\ 7 \times 72.5 \approx 136.75\text{（千套）}$$

即到 2022 年时，如果该地区的新结婚户数为 4.3 万户，户均收入为 72 500 元，则预计该地区高级音响的需求量可达到 136.75 千套。

这是点预测值。还可以进一步测算出这个预测值的波动幅度及其置信区间。为此，先计算其波动的标准差，计算公式为：

$$s = \sqrt{\frac{\sum (y_i - \hat{y}_i)^2}{n-m-1}} \tag{11.25}$$

根据正态分布的理论，若要达到 95%的置信水平，则置信区间为：

$$y_{上限} = \hat{y} + 2s = b_0 + 2s + b_1x_1 + b_2x_2$$

$$y_{下限} = \hat{y} - 2s = b_0 - 2s + b_1x_1 + b_2x_2$$

将有关数据代入前述公式，计算得

$$s = 2.645\ 751\ 311$$

于是，得到置信区间的上限和下限分别为：

$$y_{上限} = b_0 + 2s + b_1x_1 + b_2x_2$$

$$= 16.214\,17 + 2\times 2.646\,751\,311 + 0.328\,947\,9x_1 - 0.288\,432\,7x_2$$
$$= 21.505\,672\,62 + 0.328\,947\,9x_1 - 0.288\,432\,7x_2$$
$$y_{下限} = b_0 - 2s + b_1x_1 + b_2x_2$$
$$= 16.214\,17 - 2\times 2.646\,751\,311 + 0.328\,947\,9x_1 - 0.288\,432\,7x_2$$
$$= 10.922\,667\,38 + 0.328\,947\,9x_1 - 0.288\,432\,7x_2$$

当 $x_1 = 430$，$x_2 = 72.5$ 时，得到预测值 $\hat{y} = 136.75$ 的置信区间为：

（131.5，142.0）

也就是说，如果 2022 年该地区的新结婚户数达到 430 万户，户均收入为 72 500 元，则有 95% 的可能性，该地区的高级音响设备的需求量为 131.5 ~ 142.0 千套。

对于 3 个或 3 个以上自变量的多元线性回归预测，计算方法要复杂得多，一般使用电子计算机处理，这里不做介绍。

第四节　非线性回归分析预测法

一、非线性回归分析概述

在各种经济现象中，变量之间的关系并非都是线性关系，更多的是非线性关系。如果变量近似于线性关系，当然尽可能采用线性关系，运用线性回归分析方法处理。如果预测对象与影响因素之间明显不是线性关系，则应选择适当的非线性模型。如果仍然利用线性回归模型进行预测，就会有较大的误差，甚至导致预测失败。

对于具有非线性关系的预测对象，我们希望像线性回归预测那样，利用变量的样本观察值，确定一条曲线，建立曲线回归模型来表示变量之间的非线性关系，以便于预测。选择和建立模型的依据是：一要以相应的理论分析为指导，与市场现象相关的基本理论阐述的规律相一致；二是所选择的模型与样本数据有较好的拟合程度，使其尽量符合现象的实际运行过程；三是模型要尽可能简单，要能够表明变量变化的基本关系和规律，便于估计参数，应尽可能选用可以转换为线性模型的非线性模型。虽然对于变量而言都是非线性的，但对于参数而言却是线性的，可以转换为线性回归去估计其参数。

非线性回归模型有两种类型，一类是不可线性化的模型；另一类是经过某种变换能使其线性化的模型，称为可线性化模型。本节主要研究将可线性化模型转化为线性模型，再利用线性回归的方法求出模型参数的问题。

二、可线性化的非线性回归模型

常用的可以转换为线性模型的非线性回归模型有以下几种：

（一）二次多项式回归模型

二次多项式回归模型的数学表达式为：

$$\hat{y} = b_0 + b_1x + b_2x^2 \tag{11.26}$$

在二次多项式回归模型中，设 $x_1 = x$，$x_2 = x^2$，则二次多项式回归模型可以转化为二元线性回归模型：

$$\hat{y} = b_0 + b_1x_1 + b_2x_2$$

由 x 的实际值，求出 x_1、x_2 的数值后，运用二元线性回归预测方法求解即可。

（二）双曲线回归模型

双曲线回归模型的数学表达式为：

$$\hat{y} = a + \frac{b}{x} \tag{11.27}$$

在双曲线回归模型中，设 $x' = \frac{1}{x}, y' = y$，则双曲线回归模型可以转化为一元线性回归模型：

$$\hat{y}' = a + bx'$$

再运用一元线性回归分析预测法求解参数 a、b 即可。

（三）对数曲线回归模型

对数曲线回归模型的数学表达式为：

$$\hat{y} = a + b\ln x \tag{11.28}$$

设 $y' = \hat{y}$，$x' = \ln x$，则对数曲线回归模型转化为线性回归模型：

$$\hat{y}' = a + bx'$$

再运用一元线性回归分析预测法求解参数 a、b 即可。

（四）三角函数曲线回归模型

三角函数曲线回归模型的数学表达式为：

$$\hat{y} = a + b\sin x \quad 或 \quad \hat{y} = a + b\cos x \tag{11.29}$$

设 $y' = y$，$x' = \sin x$ 或 $x' = \cos x$，则三角函数曲线回归模型可转化为线性回归模型：

$$\hat{y}' = a + bx'$$

再运用一元线性回归分析预测法求解参数 a、b 即可。

（五）指数曲线回归模型

指数曲线回归模型的数学表达式为：

$$\hat{y} = ab^x \tag{11.30}$$

在等式两端取对数得

$$\ln\hat{y} = \ln a + x\ln b$$

设 $\hat{y}' = \ln\hat{y}$，$a' = \ln a$，$b' = \ln b$，则有

$$\hat{y}' = a + bx'$$

利用原始数据先求出 y'，再运用一元线性回归分析预测法求解参数 a'、b'，由 $a = e^{a'}$，$b = e^{b'}$ 求出 a, b 的值，就得到预测模型。

（六）幂函数曲线回归模型

幂函数曲线回归模型的数学表达式为：

$$\hat{y} = ax^b \tag{11.31}$$

等式两端取对数得

$$\ln\hat{y} = \ln a + b\ln x$$

设 $\hat{y}' = \ln\hat{y}$，$a' = \ln a$，$b' = b$，$x' = \ln x$，则有

$$\hat{y}' = a' + b'x'$$

利用原始数据先求出 x'、y'，再运用一元线性回归分析预测法求解参数 a'、b'，由 $a = e^{a'}$，$b = b'$ 求出 a, b 的值，就得到预测模型。

需要强调的是，在利用直接变换法和对数变换法求出线性模型的参数后，仍然要对模型进行各种检验，只有通过各种检验后才能利用模型进行预测。

三、应用实例

下面通过实例说明非线性模型预测的方法。

例如，某企业销售额与广告费的统计数据如表 11.4 所示。选择恰当的回归方程用于预测。

表 11.4　某企业销售额与广告费统计表　　单位：百万元

年份	销售额	广告费
2007	1 359.3	861.0
2008	1 472.8	908.5
2009	1 598.4	1 023.2
2010	1 782.8	1 163.7
2011	1 990.5	1 286.7
2012	2 249.7	1 389.0
2013	2 508.2	1 500.2
2014	2 723.0	1 633.1
2015	3 052.6	1 795.5
2016	3 166.0	1 954.0
2017	3 405.7	2 185.2
2018	3 772.2	2 363.6
2019	4 014.9	2 562.6
2020	4 240.3	2 807.7
2021	4 526.7	2 901.0

经分析，销售额受到广告费的影响，呈对数曲线分布，建立以下对数模型：

$$\hat{y}=a+b\ln x$$

式中，y 为销售额；x 为广告费。

设 $\hat{y}'=\hat{y}$，$x'=\ln x$，则对数曲线回归模型转化为线性回归模型：

$$\hat{y}'=a+bx'$$

则上述数据变换为表 11.5 的新数据。

表 11.5　某企业销售额与广告费数据计算

年份	销售额 $y'=y$	广告费 x	$x'=\ln x$
2007	1 359.3	861.0	6.758 095
2008	1 472.8	908.5	6.811 795
2009	1 598.4	1 023.2	6.930 69
2010	1 782.8	1 163.7	7.059 36
2011	1 990.5	1 286.7	7.159 836
2012	2 249.7	1 389.0	7.236 339
2013	2 508.2	1 500.2	7.313 354
2014	2 723.0	1 633.1	7.398 235
2015	3 052.6	1 795.5	7.493 039
2016	3 166.0	1 954.0	7.577 634
2017	3 405.7	2 185.2	7.689 463
2018	3 772.2	2 363.6	7.767 941
2019	4 014.9	2 562.6	7.848 778
2020	4 240.3	2 807.7	7.940 121
2021	4 526.7	2 901.0	7.972 811

再运用一元线性回归分析预测法求解参数 a、b 即得到

$$\hat{y}=-16\,329.2+2\,584.79\ln x$$

这说明，当广告费每增加一个单位时，销售额的绝对量将变化 2 584.79 百万。

前面介绍了线性回归和非线性回归的预测思想，并通过实例说明了各种预测技术的计算过程。实际应用中的计算往往要复杂得多，需要借助于电子计算机。随着计算手段和统计软件的发展，可以很方便地完成所需要的计算。

复习思考题

1. 试述回归分析的意义。
2. 回归分析预测包括哪些步骤？
3. 如何用最小二乘法建立回归直线方程？
4. 为什么要对回归方程进行检验，有哪些方法？

5. 哪些类型的非线性方程可以转化为线性方程?

6. 某家用电器的销售量与该地区新婚户数的资料如题表 11.1 所示。

题表 11.1　某家电销售量与新婚户数资料

年份	2013	2014	2015	2016	2017	2018	2019	2020	2021
家电销售量/千套	85	111	136	158	176	205	278	335	392
新婚户数/万户	116	141	171	196	221	256	336	405	478

试求:(1)建立一元线性回归方程模型。

(2)对回归模型进行显著性检验(α=0.05)。

(3)预计 2022 年该地区新婚户数为 490 万户，试预测该地家用电器的需求量。

(4)对该地家用电器的需求量做区间预测(α=0.05)。

7. 某地区 2010-2021 年商品住宅销售额(百万元)、结婚人数(对)、住房竣工面积(万平方米)的数据如题表 11.2。

题表 11.2　某地区商品住宅销售额与结婚人数、住宅竣工面积资料数据

年份	2010	2011	2012	2013	2014	2015	2016	2017	2018	2019	2020	2021
住宅销售额/百万元	82	83	86	90	94	94	122	137	155	183	233	273
结婚人数/对	764	779	802	830	852	882	1162	1290	1475	1832	2103	2485
竣工面积/万平方米	9	7.8	5.5	5.5	10.8	3.5	6.2	10.8	18.4	15.7	32.5	45.4

试求:(1)建立多元线性回归模型。

(2)当显著性水平α=0.05 时，对回归模型进行检验。

(2)如果该地区 2022 年结婚人数、住宅竣工面积在 2021 年的基础上各增长 10%，请预测该地区 2022 年商品住宅的销售额为多少万元，并做区间估计(α=0.05)。

参考文献

[1] 庄贵军. 企业营销策划[M]. 北京：清华大学出版社，2005.

[2] 李国强，苗杰. 市场调查与市场分析[M]. 北京：中国人民大学出版社，2005.

[3] [美]海格，等. 市场调查宝典：行动纲要[M]. 林岱，译. 上海：上海交通大学出版社，2005.

[4] 简明. 市场调查方法与技术[M]. 北京：中国人民大学出版社，2004.

[5] [美]丁伯恩. 市场调查宝典：技巧运用[M]. 黄伟力，译. 上海：上海交通大学出版社，2005.

[6] 姚小远，杭爱明. 市场调查原理与方法[M]. 上海：立信会计出版社，2006.

[7] 张华. 市场调查与预测 110 方法和实例[M]. 北京：中国国际广播出版社，2000.

[8] 刘德寰. 市场调查教程[M]. 北京：经济管理出版社，2005.

[9] 徐晨光. 决策科学：过去、现在与将来[J]. 财经理论与实践，2001（1）.

[10] 徐阳，张毅. 市场调查与市场预测[M]. 北京：高等教育出版社，2005.

[11] 陈启杰. 市场调研与预测[M]. 2 版. 上海：上海财经大学出版社，2004.

[12] 马连福. 现代市场调查与预测[M]. 2 版. 北京：首都经济贸易大学出版社，2005.

[13] 苏卫国. 市场调查与预测[M]. 武汉：华中科技大学出版社，2004.

[14] 王华清. 市场调查研究[M]. 徐州：中国矿业大学出版社，2003.

[15] 刘玉玲. 市场调查与预测[M]. 北京：科学出版社，2004.

[16] 龚曙明. 市场调查与预测[M]. 北京：清华大学出版社，2005.

[17] 于萍. 市场营销调研[M]. 大连：东北财经大学出版社，2004.

[18] 邱菀华. 管理决策及其应用[M]. 北京：机械工业出版社，2002.

[19] 陈殿阁. 市场调查与预测[M]. 北京：清华大学出版社，2004.

[20] 朱胜. 市场调查方法与应用[M]. 北京：中国统计出版社，2004.

[21] 袁卫，庞皓，曾五一，贾俊平. 统计学[M]. 2 版. 北京：高等教育出版社，2005.

[22] 赵伯庄. 市场调研[M]. 北京：北京邮电大学出版社，2006.

[23] 王峰. 市场调研[M]. 上海：上海财经大学出版社，2006.

[24] 赵相忠. 市场调查与预测[M]. 重庆：重庆大学出版社，2004.

[25] 于翠华. 市场调查与预测[M]. 北京：电子工业出版社，2005.

[26] 伯思斯 A C. 营销调研[M]. 梅清豪，译. 北京：中国人民大学出版社，2001.

[27] 社会调查原理与方法编委会. 社会调查原理与方法[M]. 北京：中国社会科学出版社，2001.

[28] 刘渝琳，李嘉明. 经济统计学原理[M]. 重庆：重庆大学出版社，1996.

[29] 徐金发. 市场调查与预测[M]. 杭州：杭州大学出版社，1993.

[30] 徐国详，胡清友. 统计预测和决策[M]. 上海：上海财经大学出版社，1998.

[31] 范伟达. 市场调查课程[M]. 上海：复旦大学出版社，2002.

[32] 董建谷. 市场预测方法与案例[M]. 上海：立信会计出版社，1997.
[33] 胡祖光. 市场调研预测学[M]. 杭州：浙江大学出版社，1997.
[34] 何国栋，吴同光. 市场调查与预测[M]. 北京：中国商业出版社，1991.
[35] 贾俊平，何晓群，金勇进. 统计学[M]. 2 版. 北京：中国人民大学出版社，2004.
[36] 曹智. 市场调查业发展史[J]. 合作经济与科技，2008（8）.
[37] 风笑天，龙书芹. 社会调查方法[M]. 北京：中国人民大学出版社，2012.
[38] 张灿鹏，郭砚常. 市场调查与分析预测[M]. 北京：清华大学大学出版社，北京交通大学出版社，2013.
[39] 朱星宇，陈勇强. SPSS 多元统计分析方法及应用[M]. 北京：清华大学出版社，2011.
[40] 张春国，甘伦知. 统计学[M]. 成都：西南财经大学出版社，2013.
[41] 韩明. 应用多元统计分析[M]. 上海：同济大学出版社，2013.
[42] 简明，胡玉立. 市场预测与管理决策[M]. 5 版. 北京：中国人民大学出版社，2014.
[43] 吴杨，陈兆荣. 市场调查与预测[M]. 北京：经济管理出版社，2014.
[44] 丁洪福，战颂. 市场调查与预测[M]. 大连：东北财经大学出版社，2014.
[45] 鲍亮，李倩. 实战大数据[M]. 北京：清华大学出版社，2014.
[46] 庄贵军. 市场调查与预测[M]. 北京：北京大学出版社，2014.
[47] [美]罗闻全，[美]哈桑霍德齐克. 技术分析简史市场预测方法的前世今生[M]. 北京：机械工业出版社，2014.
[48] 赵立军. 社会公平判断决策科学视角的研究[M]. 北京：科学出版社，2013.
[49] 孙宏才，田平，王莲芬. 网络层次分析法与决策科学[M]. 北京：国防工业出版社，2011.
[50] 中国系统工程学会决策科学专业委员会. 决策科学与评论[M]. 北京：知识产权出版社，2009.
[51] 侯文超. 经营管理决策分析[M]. 北京：高等教育出版社，1987.
[52] 宁宣熙，刘思峰. 管理预测与决策方法[M]. 北京：科学出版社，2003.
[53] 陈廷. 决策分析[M]. 北京：科学出版社，1987.
[54] 张盛开、张亚东. 对策论与决策方法[M]. 大连：东北财经大学出版社，2000.
[55] 陈静. 市场调查与预测[M]. 2 版. 北京：中国人民大学出版社，2020.
[56] 成文靖. 市场调查与预测[M]. 吉林：吉林大学出版社，2015.
[57] 林红菱. 市场调查与预测[M]. 北京：机械工业出版社，2009.
[58] 庄贵军. 市场调查与预测[M]. 北京：北京大学出版社，2020.
[59] 杜明汉. 市场调查与预测[M]. 大连：东北财经大学出版社，2011.
[60] 邓剑平. 市场调查与预测[M]. 北京：高等教育出版社，2010.